Waltermann
Speth

Grundlagen der Buchführung und des Wirtschaftsrechnens

Merkur
Verlag Rinteln

Wirtschaftswissenschaftliche Bücherei für Schule und Praxis
Begründet von Handelsschul-Direktor Dipl.-Hdl. Friedrich Hutkap †

Verfasser:
Aloys Waltermann, Dipl.-Kfm. Dipl.-Hdl., Fröndenberg
Dr. Hermann Speth, Professor, Dipl.-Hdl., Wangen im Allgäu

* * * * *

11. Auflage 2011

Gesamtherstellung:
MERKUR VERLAG RINTELN Hutkap GmbH & Co. KG, 31735 Rinteln

E-Mail: info@merkur-verlag.de
lehrer-service@merkur-verlag.de
Internet: www.merkur-verlag.de

ISBN 978-3-8120-**0458-9**

Vorwort

Mit diesem Buch liegt ein Rechnungswesenbuch vor, das **in allen Bildungsgängen** mit dem Ziel der Grundlagenbildung eingesetzt werden kann.

Erfahrungsgemäß ist wegen der engen stofflichen Verkettung in diesem Fachbereich eine gesicherte Grundlagenbildung von besonderer Bedeutung. Um diese zu gewährleisten, haben wir uns in diesem Buch neben einer fachgerechten Darstellung um die folgenden pädagogischen Grundprinzipien bemüht:

- um das Prinzip der kleinen Schritte,
- um eine praxisnahe Erarbeitung,
- um zusammenfassende Wiederholungen,
- um Anschauungshilfen durch konsequente farbliche Hervorhebungen.

Als unterstützende Anschauungshilfe werden in der Einführungsphase im Buchführungsteil bei allen Beispielen folgende Farben beim Buchen verwendet: Aktivkonten: grün, Passivkonten: rot, Aufwendungen: violett, Erträge: blau.

Ein ausführliches Stichwortverzeichnis hilft Ihnen, Begriffe und Erläuterungen schnell aufzufinden.

Wir wünschen Ihnen einen guten Lehr- und Lernerfolg!

Die Verfasser

Inhaltsverzeichnis

2 Grundlagen des Wirtschaftsrechnens

1 Grundlagen der Buchführung

1.1 Aufgabenbereiche des betrieblichen Rechnungswesens als Elemente eines Informations-, Steuerungs- und Kontrollsystems

Ab einer bestimmten Größenordnung eines Unternehmens wird ein modernes Rechnungswesen in die folgenden vier Teilbereiche aufgegliedert:

- **Buchführung,**
- **Kosten- und Leistungsrechnung,**
- **Statistik,**
- **Planung und Controlling.**

(1) Buchführung (Finanzbuchführung, Geschäftsbuchführung)

In der Buchführung werden zu Beginn der Geschäftsperiode die Werte der einzelnen Vermögens- und Schuldposten erfasst. Außerdem werden alle Wertveränderungen innerhalb der laufenden Geschäftsperiode festgehalten. Die Vorgänge, durch die solche Wertveränderungen ausgelöst werden, bezeichnet man als **Geschäftsvorfälle**. Da alle Wertveränderungen erfasst werden, kann zu jeder Zeit und vor allem auch am Ende der Geschäftsperiode der Wert der Vermögens- und Schuldposten ermittelt werden. Durch Vergleiche der Schlussbestände mit den Anfangsbeständen können die Veränderungen der einzelnen Werte und damit kann auch der Erfolg der Geschäftsperiode ermittelt werden. Es gilt: Ist der Wert des Reinvermögens (Vermögen – Schulden) am Ende der Geschäftsperiode höher als am Anfang, war das Ergebnis positiv. Es wurde ein Gewinn erzielt. Ist das Reinvermögen am Ende der Geschäftsperiode niedriger als am Anfang, war das Ergebnis negativ, das heißt, das Unternehmen hat einen Verlust erlitten.

(2) Kosten- und Leistungsrechnung (Betriebsbuchführung)

Die Kosten- und Leistungsrechnung bildet bei größeren Unternehmen häufig einen selbstständigen Teilbereich des Rechnungswesens. Hier geht es vor allem darum, den einzelnen Leistungsträgern (z. B. Warengruppen) die für sie entstandenen Kosten verursachungsgerecht zuzurechnen. Dadurch wird der Kaufmann in die Lage versetzt, zu erkennen, mit welchem Anteil die einzelnen Leistungsträger am Gesamtgewinn beteiligt sind. Auf der Grundlage dieser Erkenntnis kann entschieden werden, bei welchem Leistungsträger sich weitere Verkaufsanstrengungen lohnen (Werbung) bzw. welcher Leistungsträger aus dem Sortiment ausscheiden muss.

(3) Statistik

Hier werden Zahlenwerte der Buchführung und der Kosten- und Leistungsrechnung vergleichend dargestellt. Dabei können die Zahlenwerte des eigenen Betriebes im Zeitablauf verglichen werden **(innerbetrieblicher Vergleich)** oder die Zahlenwerte des eigenen Betriebes werden mit den entsprechenden Werten anderer Betriebe der gleichen Branche bzw. mit deren Durchschnittswerten verglichen **(zwischenbetrieblicher Vergleich)**. So werden z. B. Lagerbewegungen, Umsatzzahlen, Lohnkosten, Gewinne usw. in tabellarischer oder auch grafischer Form zusammengestellt und evtl. zueinander in Beziehung gesetzt, um positive oder negative Entwicklungen deutlich zu machen.

(4) Planung und Controlling

Die Marktstellung eines Unternehmens hängt nicht nur von Vergangenheits- und Gegenwartsentscheidungen ab, sondern auch in entscheidender Weise von der richtigen Einschätzung zukünftiger Entwicklungen. Hierfür liefert der Teilbereich **Planung und Controlling** die entsprechenden Unterlagen. In ihm werden die durch die drei vorher genannten Teilbereiche des Rechnungswesens erfassten Zahlenwerte unter Berücksichtigung der zukünftigen Erwartungen fortgeschrieben. Es ist klar, dass dieser Teil des Rechnungswesens aufgrund der nicht exakt vorausberechenbaren Daten der Zukunft einen erheblichen Unsicherheitsfaktor in sich birgt. Dennoch kann ein moderner Betrieb heute nicht mehr auf eine in die Zukunft weisende Planungsrechnung verzichten. Die bewertende Analyse von Alternativen im Rahmen der **Entscheidungsvorbereitung** liefert die Grundlagen für eine angezeigte betriebliche Veränderung. Je abgesicherter dieser Teil des Rechnungswesens sein Zahlenwerk erstellt hat, desto risikoloser können die darauf basierenden Entscheidungen gefällt werden. Begleitende **Controllingrechnungen** überwachen die Umsetzung der Pläne und liefern Hinweise für erforderliche Korrekturen.

In vielen Betrieben arbeiten die einzelnen Zweige des Rechnungswesens noch ziemlich isoliert nebeneinander. Durch den verstärkten Einsatz der elektronischen Datenverarbeitung kommt es aber derzeit zu einem organisatorischen Zusammenrücken der einzelnen Zweige des betrieblichen Rechnungswesens. Über die elektronische Datenverarbeitung werden alle Daten der vier Teilbereiche des Rechnungswesens zusammengefasst und gebündelt, sodass z. B. der Wertefluss vom Eingang bis zum Ausgang erfasst, verarbeitet, analysiert, kontrolliert und für neue Entscheidungen aufbereitet werden kann (computerunterstütztes Warenwirtschaftssystem).

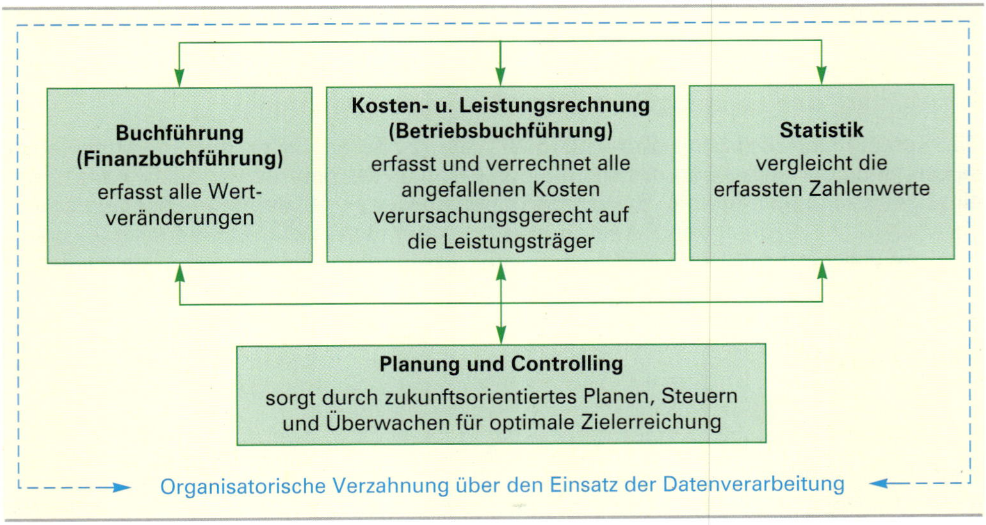

1.2 Begriff, Bedeutung, Aufgaben und Rechtsgrundlagen der Buchführung

1.2.1 Begriff und Bedeutung der Buchführung

Wer eine Übersicht über die Verwendung seines verfügbaren Geldes behalten möchte, greift zu Papier und Schreibstift, um sich alles aufzuschreiben. Das gilt für den Auszubildenden ebenso wie für die Hausfrau. Beide betreiben also Buchführung in einfachster Form. Die Notwendigkeit des Festhaltens solcher Vorgänge wird umso wichtiger, je höher und zahlreicher solche Geldbewegungen sind. Daher sind die staatlichen „Haushaltungen" (Bund, Länder und Gemeinden) verpflichtet, alle Ausgaben und Einnahmen in ihren sogenannten **Haushaltsplänen** zu erfassen.

In den privaten Unternehmen fällt täglich ebenfalls eine Vielzahl solcher barer, aber auch unbarer Vorgänge an, die Wertveränderungen des Vermögens und/oder der Schulden hervorrufen. Wir nennen sie Geschäftsvorfälle. Um die Übersicht über diese Wertveränderungen zu behalten, muss der Kaufmann sie im eigenen Interesse in seiner Buchführung erfassen. Darüber hinaus ist er auch im öffentlichen Interesse zur Buchführung verpflichtet. Diese kaufmännische Buchführung ist der Gegenstand unserer weiteren Betrachtung.

Merke:

- Unter **kaufmännischer Buchführung** versteht man das Festhalten der Anfangsbestände an Vermögen und Schulden sowie deren Veränderungen.
- Die Vorgänge, durch die solche Veränderungen ausgelöst werden, nennen wir **Geschäftsvorfälle.** Sie sind der Erfassungsgegenstand der Buchführung.
- **Geschäftsvorfälle** sind Tätigkeiten, die **Vermögenswerte** und **Schulden** der Unternehmung verändern, die zu **Geldeinnahmen** oder **Geldausgaben** führen, einen Werteverzehr **(Aufwand)** oder einen Wertezuwachs **(Ertrag)** darstellen.

1.2.2 Aufgaben der Buchführung

Die kaufmännische Buchführung erfüllt eine Vielzahl von Aufgaben, die einerseits der Unternehmensleitung dienen **(interne Aufgaben),** und andererseits für außerhalb des Unternehmens stehende Personen bzw. Institutionen gedacht sind **(externe Aufgaben).**

1.2.2.1 Aufgaben der Buchführung aus der Sicht der Unternehmensleitung

Buchführung als Gedächtnisstütze	Ursprünglich diente die Buchführung als Gedächtnisstütze. Sobald das Geschäftsvolumen einen bestimmten Umfang überschreitet, ist es dem Kaufmann nicht mehr möglich, alles im Kopf zu behalten. Das gilt besonders für die noch nicht vollständig abgewickelten Geschäfte (Zielgeschäfte, Ratengeschäfte). Diese Aufgabe der Gedächtnisstütze übernimmt die Buchführung.

Buchführung als Instrument der Erfolgsermittlung (Ergebnisermittlung)	Jeder Kaufmann möchte sich nach einer gewissen Zeit (Monat, Vierteljahr, Halbjahr), spätestens nach einem Jahr, Rechenschaft über seine Geschäftstätigkeit ablegen. Er möchte wissen, wie erfolgreich er innerhalb der Geschäftsperiode gewesen ist. Der **Erfolg** der Geschäftstätigkeit kann ein **Gewinn,** im ungünstigen Fall aber auch ein **Verlust** sein. Der Begriff Erfolg ist also als eine **neutrale Größe** anzusehen. Er darf nicht mit dem Gewinnbegriff gleichgesetzt werden. 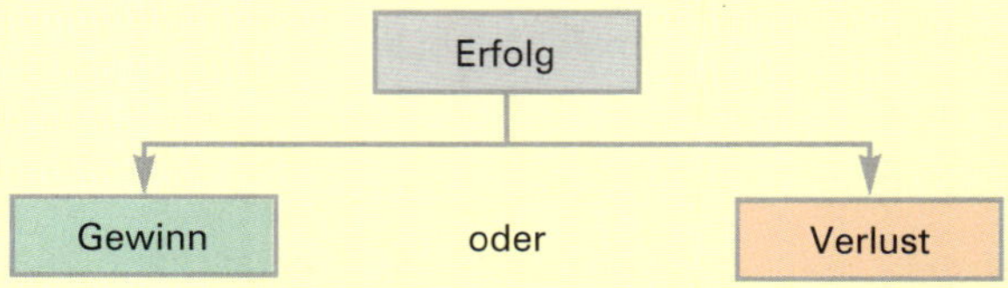
Buchführung als Instrument der Vermögens- und Schuldenermittlung	Ein Kaufmann will zum einen wissen, welchen **Erfolg** er innerhalb eines bestimmten Zeitraumes erzielt hat, und zum anderen möchte er sich zu jeder Zeit über den **Stand seines Vermögens und der Schulden** informieren können. Beides kann er mithilfe der Buchführung erreichen, da sie alle Wertveränderungen erfasst. Allerdings ist die Blickrichtung der Erfolgsermittlung und der Vermögens- und Schuldenermittlung unterschiedlich. Die **Vermögens- und Schuldenrechnung** bezieht sich auf einen bestimmten **Zeitpunkt,** die **Erfolgsermittlung** auf einen bestimmten **Zeitraum.**
Buchführung als Grundlage der Kosten- und Leistungsrechnung (Kalkulation)	Die Kalkulation ermittelt die Selbstkosten und die Verkaufspreise für die Waren. Voraussetzung hierfür ist, dass alle Kosten des Unternehmens vorliegen. Da die Buchführung alle Werteveränderungen des Betriebs erfasst, kann die Kostenrechnung hierauf zurückgreifen. Die Buchführung bildet somit auch die Grundlage für die Kosten- und Leistungsrechnung.
Buchführung als Instrument der Betriebskontrolle	Sobald ein Unternehmen eine bestimmte Größe übersteigt, ist es der Geschäftsleitung nicht mehr möglich, alle Auswirkungen der Geschäftsvorfälle am Ort des Geschehens zu kontrollieren. Mithilfe der Buchführung können die erforderlichen Kontrollen jedoch vom Schreibtisch aus erfolgen. Die Geschäftsleitung braucht sich nur die gewünschten Zahlen aus der Buchführung vorlegen zu lassen. Dabei kann sie erkennen, ob z.B. irgendwelche Aufwendungen gestiegen sind oder die Umsätze in einer Abteilung oder bei einem bestimmten Artikel nicht den Erwartungen entsprechen. Dann kann sie den Ursachen auf den Grund gehen und gegebenenfalls die erforderlichen Maßnahmen ergreifen. Insoweit ist die Buchführung auch ein Instrument der Betriebskontrolle. Mit Recht bezeichnet man die **Buchführung** als das **Spiegelbild der Geschäftstätigkeit.**

Neben den genannten Aufgaben hat die Buchführung im Zusammenwirken mit den übrigen Teilbereichen des Rechnungswesens folgende **weitere Aufgaben** zu erfüllen:

- alle wertverändernden Prozesse zu erfassen und darüber zu informieren **(Dokumentationsfunktion, Informationsfunktion),**
- diese für die anstehenden Entscheidungen aufzubereiten **(Dispositionsfunktion),**
- das benötigte Material für eine Entscheidungsfindung bereitzustellen **(Steuerungsfunktion),**
- die getroffenen Entscheidungen sowie alle sich abzeichnenden Entwicklungen zu überwachen **(Kontrollfunktion).**

1.2.2.2 Aufgaben der Buchführung aus der Sicht von außenstehenden Personen bzw. Institutionen

Die Buchführung ist eine unentbehrliche Informationsquelle für die Geschäftsleitung. Neben dem hohen Eigeninteresse der Geschäftsleitung an der Buchführung gibt es noch Interessenten, die außerhalb des Unternehmens stehen und dennoch ein berechtigtes Interesse an der Buchführung eines Unternehmens, insbesondere an deren Ergebnissen in Form der Bilanz und der Gewinn- und Verlustrechnung, nachweisen können. Die wichtigsten **außenstehenden Interessenten** sind:

- Die **Steuerbehörde,** weil für die Berechnung bestimmter Steuern (z.B. Einkommensteuer, Umsatzsteuer, Gewerbesteuer) das Zahlenmaterial der Buchführung zugrunde gelegt wird. Die Buchführung liefert die Unterlagen zur Steuerveranlagung.
- Die **Banken,** da sie bei Kreditgewährungen durch die Vorlage bestimmter Zahlen der Buchführung ihr Risiko besser abschätzen können.
- Die **Kapitalgeber** (z.B. Mitinhaber, Gläubiger), die ihr Geld eingebracht haben, besitzen ein Recht auf Information. Dieses Recht kann mithilfe der Buchführungsergebnisse befriedigt werden.
- Die **Mitarbeiter** haben ein Recht auf Unterrichtung über die wirtschaftliche und soziale Lage ihres Unternehmens [§ 43 I, II BetrVG].
- Die **Gerichte** gehen bei Vermögensstreitigkeiten im Zweifel von der Richtigkeit der Zahlen der Buchführung aus.

Aus der Sicht eines Außenstehenden hat die Buchführung u.a. die Aufgabe, eine breite Öffentlichkeit über die Vermögens- und Ertragslage eines Unternehmens zu informieren **(Informationsfunktion).** Daher sind auch alle Kapitalgesellschaften – und beim Überschreiten einer bestimmten Größenordnung auch alle anderen Unternehmen – zur Veröffentlichung ihrer Buchführungsergebnisse in Form der Bilanz und der GuV-Rechnung von Gesetzes wegen verpflichtet. Darüber hinaus dient die Buchführung bei Vermögensstreitigkeiten vor Gericht als Beweismittel **(Legitimationsfunktion).**

Merke:

<table>
<tr><th colspan="2">Aufgaben der Buchführung</th></tr>
<tr><td>Für die Unternehmensleitung hat die Buchführung eine:
■ Dokumentationsfunktion
■ Informationsfunktion
■ Dispositionsfunktion
■ Steuerungsfunktion
■ Kontrollfunktion
Im Einzelnen dient sie als:
■ Gedächtnisstütze
■ Mittel zur Feststellung des Erfolges
■ Mittel zur Feststellung der Vermögensverhältnisse
■ Grundlage für die Kalkulation
■ Kontrollmittel</td><td>Für Außenstehende hat die Buchführung eine:
■ Informationsfunktion
■ eine Legitimationsfunktion

Im Einzelnen informiert sie:
■ Steuerbehörden
■ Banken
■ Kapitalgeber
■ Mitarbeiter
Vor Gericht dient sie:
■ als Beweismittel</td></tr>
</table>

1.3 Rechtsgrundlagen der Buchführung

Es gibt ein öffentliches Interesse an der Rechenschaftslegung der Unternehmen. Der Staat hat daher gesetzliche Regelungen zur Buchführung der Unternehmen erlassen. Die wichtigsten gesetzlichen Bestimmungen sind im **Handelsgesetzbuch (HGB)** und in der **Abgabenordnung (AO)** enthalten.[1]

Buchführungspflicht: [§ 238 HGB]	Jeder Kaufmann ist verpflichtet, Bücher zu führen und in diesen seine Handelsgeschäfte und die Lage seines Vermögens **nach den Grundsätzen ordnungsmäßiger Buchführung** ersichtlich zu machen [§ 238 HGB]. Hierbei muss auch die Ertragslage des Unternehmens ausgewiesen werden. Dies ergibt sich aus § 242 II HGB, der ausdrücklich die GuV-Rechnung als Bestandteil des Jahresabschlusses nennt. Das Jahresergebnis darf demnach nicht allein durch Vermögensbestandsvergleich ermittelt werden, vielmehr müssen auch die einzelnen Bestandteile, auf denen das Jahresergebnis beruht, ausgewiesen werden.
Pflicht zur Aufstellung von Inventar und Bilanz: [§§ 240, 242 HGB]	■ **Inventar.** Jeder Kaufmann hat zu Beginn seines Handelsgewerbes seine Grundstücke, seine Forderungen und Schulden, den Betrag seines baren Geldes sowie seine sonstigen Vermögensgegenstände genau zu verzeichnen und dabei den Wert der einzelnen Vermögensgegenstände und Schulden anzugeben. Er hat demnächst für den Schluss eines jeden Geschäftsjahres ein solches Inventar aufzustellen [§ 240 HGB]. ■ **Bilanz.** Der Kaufmann hat zu Beginn seines Handelsgewerbes und für den Schluss eines jeden Geschäftsjahres einen das Verhältnis seines Vermögens und seiner Schulden darstellenden Abschluss (Eröffnungsbilanz, Bilanz) aufzustellen [§ 242 HGB].

Übungsaufgabe

1

1. 1.1 Erläutern Sie den Begriff Buchführung!
   1.2 Wie nennt man die Vorgänge, die in der Buchführung erfasst werden?
   1.3 Nennen Sie die wichtigsten Aufgaben der Buchführung für die Unternehmensleitung!
   1.4 Nennen Sie Beispiele, aus denen hervorgeht, dass die Buchführung eines Unternehmens auch für Außenstehende von Bedeutung sein kann!
2. 2.1 Stellen Sie den wesentlichen Unterschied der Buchführung als Vermögensrechnung und als Erfolgsrechnung heraus!
   2.2 Welche Rechtsquellen sind für die Buchführung von Bedeutung?
3. 3.1 Bilden Sie drei Beispiele, aus denen hervorgeht, warum die Aufzeichnung der Geschäftsvorfälle für die Geschäftsleitung des Unternehmens unentbehrlich ist!
   3.2 Überlegen Sie, welche Gründe den Staat veranlasst haben können, gesetzliche Bestimmungen zur Buchführung zu erlassen!

1 Unter **Abgaben** verstehen wir Pflichtzahlungen (Steuern, Zölle, Gebühren und Beiträge), die Bund, Länder und Gemeinden von den Staatsbürgern und von juristischen Personen fordern. Das steuerliche Grundgesetz zur Regelung des Abgabenwesens nennen wir **Abgabenordnung.** Sie enthält Vorschriften über das Besteuerungsverfahren, das Steuerstrafwesen, das Rechtsmittelverfahren gegen Steuerbescheide und die Vorschriften über die örtliche Zuständigkeit der Finanzämter.

1.4 Inventur und Inventar

1.4.1 Inventur

1.4.1.1 Ablauf der Inventur

Nach § 240 HGB ist jeder Kaufmann verpflichtet, „zu Beginn seines Handelsgewerbes" (d.h. bei der Gründung) und danach „für den Schluss eines jeden Geschäftsjahres" seine Vermögens- und Schuldposten mit ihren Werten anzugeben. Diese Aufstellung nennt der Gesetzgeber **Inventar**.

Durch den Vorgang der **Inventur** wird vor Ort festgestellt, welche Vermögens- und Schuldwerte tatsächlich vorhanden sind. Die Inventur ist also eine **Tätigkeit (körperliche Bestandsaufnahme)**.

- Man geht in den Verkaufsraum bzw. in das Lager und schaut z.B. nach, welche Menge einer **Warenart** noch vorhanden ist. Typische Tätigkeiten für diesen ersten Vorgang der Inventur sind: Zählen, Messen, Wiegen, notfalls auch Schätzen. Durch die Rechnung Menge · Einstandspreis wird anschließend der Wert der vorhandenen Ware ermittelt.
- Zur Feststellung des Wertes an **Bargeld** muss das in der Kasse vorhandene Geld gezählt werden.
- Bei anderen Geldvermögensarten, z.B. dem **Bankguthaben,** geben die Kontoauszüge Auskunft über das gegenwärtige Guthaben.
- **Kundenforderungen** bzw. **Lieferantenschulden** werden namentlich aufgelistet. Die ermittelten Salden lässt man sich von den einzelnen Kunden bzw. Lieferanten bestätigen.
- Der Wert der einzelnen Gegenstände der **Betriebs- und Geschäftsausstattung** wird unter Berücksichtigung planmäßiger Abschreibungsbeträge ermittelt.

Beispiel für eine Inventur-Aufnahmeliste (Einzelinventurliste):

Inventur-Aufnahmeliste

Filiale: *Ravensburg* **Blatt-Nr.:** *14*
Abteilung: *Möbel* **Datum:** *31.12.20..*

Aufnahme: *Fischer*
Ausrechnung: *Troll*
Kontrolle: *Spralte*

Position	Menge	Artikelnummer	Artikelbezeichnung	Warengruppe	Bruttoverkaufspreis in EUR	Einstandspreis in EUR
(1)	*30*	*30111*	*Matratzen*	*5*	*299,00*	*185,00*
(2)	*25*	*30222*	*Tische*	*7*	*119,00*	*69,00*
(3)						

Merke:

Unter **Inventur** versteht man die mengen- und wertmäßige Erfassung aller Vermögens- und Schuldenwerte eines Kaufmanns zu einem bestimmten Zeitpunkt. Die Inventur ist also eine Tätigkeit.

2 Waltermann-Speth - ISBN 978-3-8120-0458-9

1.4.1.2 Arten (Verfahren) der Inventur

(1) Stichtagsinventur (Normalverfahren)

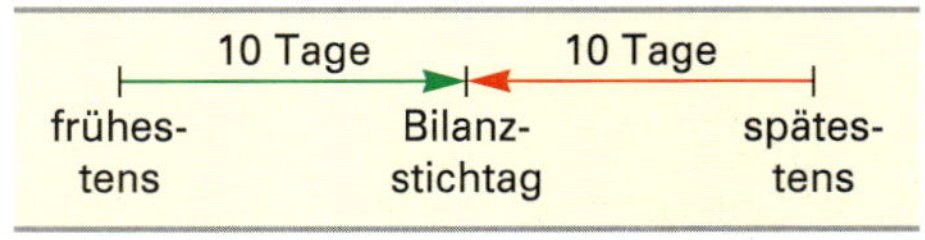

Grundsätzlich sind zu Beginn eines Handelsgewerbes und zum Schluss eines jeden Geschäftsjahres alle Vermögens- und Schuldenposten aufgrund einer körperlichen Bestandsaufnahme genau zu verzeichnen und zu bewerten. Diese zeitraubenden Inventurarbeiten sind aber in der Praxis häufig an einem Tag nicht zu bewältigen. Die Inventurarbeiten dürfen daher auch zeitnah **um den Stichtag herum** durchgeführt werden. Als zulässige Zeitspanne um den Bilanzstichtag gelten 10 Tage vor bzw. 10 Tage nach dem Bilanzstichtag.

(2) Verlegte Inventur

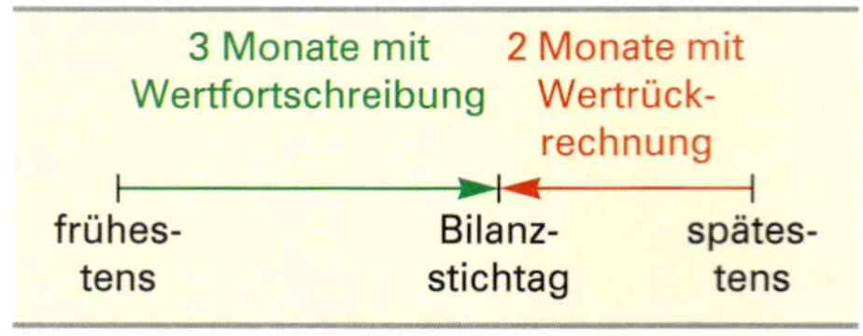

Sind für einen bestimmten Tag innerhalb von **drei Monaten vor dem Bilanzstichtag** oder innerhalb von **zwei Monaten nach dem Bilanzstichtag** die Werte von Vermögensgegenständen durch eine körperliche Bestandsaufnahme ermittelt und in einem gesonderten Verzeichnis festgehalten worden, dann braucht für diese Vermögensgegenstände eine körperliche Inventur zum Bilanzstichtag nicht mehr vorgenommen zu werden. Allerdings muss sichergestellt sein, dass durch eine ordnungsmäßige **Fortschreibung** bzw. **Rückrechnung** der Wert am Bilanzstichtag zuverlässig ermittelt werden kann.

(3) Permanente Inventur

Werden alle Zu- und Abgänge der Vermögensgegenstände nach Art, Menge und Wert fortlaufend in einer Bestandskartei erfasst, kann auf eine körperliche Bestandsaufnahme zum Bilanzstichtag gänzlich verzichtet werden. Allerdings muss dann die Bestandskartei zu einem **beliebigen** anderen **Zeitpunkt innerhalb des Jahres** durch eine körperliche Bestandsaufnahme überprüft werden.

Die permanente Inventur hat den Vorteil, dass die starke Arbeitsbelastung, die die Stichtagsinventur mit sich bringt, auf das Jahr verteilt wird und gegebenenfalls eine Betriebsschließung vermieden werden kann.

(4) Stichprobeninventur

Erfahrungsgemäß macht bei den Warenvorräten eine relativ kleine Menge (z.B. 20 % der Waren) den größten Teil des Wertes (z.B. 80 %) aus. Das ist die geeignete Situation für die Anwendung der Stichprobeninventur.

Für die **kleine Warenmenge** mit einem **hohen Wertanteil** wird eine **vollständige körperliche Bestandsaufnahme** durchgeführt. Für die **große Warenmenge** mit vergleichsweise **niedrigem Wertanteil** wird eine **Stichprobeninventur** durchgeführt.

Bei dem Teil der Warenvorräte, bei dem das Stichprobenverfahren infrage kommt, wird zunächst für einen kleinen Teil der Warenmenge (z.B. für 2 % bis 5 %) eine körperliche Bestandsaufnahme durchgeführt. Aus diesen ausgewählten einzelnen Waren (den Stichproben) wird ein Durchschnittswert ermittelt.

Durch Multiplikation der Gesamtmenge dieses Teils der Warenmenge mit dem ermittelten Durchschnittswert der Stichproben erhält man den Gesamtwert für diesen Teil der Warenvorräte.

1.4.1.3 Zielsetzung der Inventur

Die vom Gesetzgeber geforderte Inventur ist wesentlicher Bestandteil einer ordnungsmäßigen Buchführung. Die Inventur dient in erster Linie dem **Schutz der Gläubiger**. Durch eine körperliche Bestandsaufnahme soll überprüft werden, ob die in der Buchführung **ausgewiesenen Bestände (Sollbestände)** mit den **tatsächlichen Beständen (Istbeständen) übereinstimmen,** die durch die Inventur ermittelt werden. Treten Differenzen zwischen Soll- und Istbeständen auf, müssen die Ursachen aufgedeckt und entsprechende Korrekturen in der Buchführung vorgenommen werden, damit solche Differenzen nicht noch weitergeschleppt werden. Insofern übt die **Inventur** gegenüber der Buchführung eine **Kontrollfunktion** aus.

1.4.2 Inventar

Merke:

Das **Inventar** ist das übersichtlich zusammengestellte **wertmäßige Ergebnis** der Inventur. Das Inventar ist also ein Verzeichnis über die tatsächlich vorhandenen Vermögens- und Schuldenwerte an einem bestimmten Tag (Stichtag).

Obschon es **keine gesetzlichen Vorschriften** für die **formale Darstellung eines Inventars** gibt, hat es sich in der Praxis allgemein durchgesetzt, dass die Ergebnisse der Inventur nochmals zusammengefasst werden. Bei einzelnen Posten wird dann auf die Einzelverzeichnisse verwiesen.

Das Beispiel auf S. 20 soll Ihnen als Muster für den Inhalt und den Aufbau eines Inventarverzeichnisses und für die darin verwendeten Begriffe dienen.

Erläuterungen zum Inhalt und Aufbau des Inventars von S. 20

Das Inventar besteht aus drei Teilen: dem **Vermögen**, den **Schulden** und dem **Reinvermögen** (Eigenkapital).

- Das **Vermögen** gibt Aufschluss darüber, welche Gegenstände in einem Unternehmen vorhanden sind. Man unterscheidet zwischen Anlage- und Umlaufvermögen.
  - Zum **Anlagevermögen** gehören alle Vermögensposten, die dazu bestimmt sind, dem Unternehmen langfristig zu dienen. Sie bilden die Grundlage für die Betriebsbereitschaft.

    Beispiele:

    Gebäude, Grundstücke, Kassenanlagen, Geschäftsausstattung, ...
  - Zum **Umlaufvermögen** zählen alle Vermögensposten, die dadurch charakterisiert sind, dass sie sich durch die Geschäftstätigkeit laufend verändern.

    Beispiele:

    Kassenbestand, Bankguthaben, Waren, Forderungen aus Lieferungen und Leistungen, ...
- **Schulden** (Verbindlichkeiten) stellen Fremdkapital dar, das Dritte dem Unternehmen zur Verfügung stellen. Sie werden z. B. nach der Art der Schuld gegliedert.

  Beispiele:

  Verbindlichkeiten gegenüber Kreditinstituten, Verbindlichkeiten aus Lieferungen und Leistungen.

Inventar zum 31. Dezember 20..
des Kaufhauses Otto Ehrlich e. Kfm., Kornhausplatz 101, 89073 Ulm

A. Vermögen		
I. Anlagevermögen:		
1. Grundstücke		
– Kornhausplatz 101	175 000,00 EUR	
– Marktplatz 10	125 000,00 EUR	300 000,00 EUR
2. Bauten auf eigenen Grundstücken		
– Kaufhaus Marktplatz 10	1 750 000,00 EUR	
– Verwaltungsgebäude Kornhausplatz 101	675 000,00 EUR	2 425 000,00 EUR
3. Fuhrpark		
– Pkw: UL – AM 312	45 800,00 EUR	
– Lkw: UL – EW 418	98 750,00 EUR	144 550,00 EUR
4. Betriebs- und Geschäftsausstattung		
– Regale lt. Einzelinventurliste 1	18 500,00 EUR	
– Büromaschinen lt. Einzelinventurliste 2	45 600,00 EUR	
– Registrierkasse	10 775,00 EUR	
– Verkaufstheke	20 725,00 EUR	95 600,00 EUR
II. Umlaufvermögen:		
1. Warenvorräte		
– Lebensmittel	620 400,00 EUR	
– Textilien	980 700,00 EUR	
– Kosmetik	510 900,00 EUR	
– Sonstige Waren	487 725,00 EUR	2 599 725,00 EUR
2. Forderungen aus Lieferungen und Leistungen		
Kunde Otto Schulz OHG, Stuttgart	12 125,00 EUR	
Kunde Werner Müller e. Kfm., Augsburg	21 650,00 EUR	
Kunde Fritz Schäfer KG, Biberach	13 920,00 EUR	47 695,00 EUR
3. Kassenbestand lt. Einzelinventurliste 4		8 400,00 EUR
4. Guthaben bei Banken		
– Guthaben bei der A-Bank Kto.-Nr. 6534	28 780,00 EUR	
– Guthaben bei der Postbank Kto.-Nr. 10121-503	5 900,00 EUR	34 680,00 EUR
Summe des Vermögens (Rohvermögens)		5 655 650,00 EUR
B. Schulden		
1. Verbindlichkeiten gegenüber Kreditinstituten		
langfristig:		
– Darlehen bei der A-Bank		900 000,00 EUR
kurzfristig:		
– Kontokorrentkredit bei der B-Bank		1 533 150,00 EUR
2. Verbindlichkeiten aus Lieferungen und Leistungen		
– Dortmunder Tele-Technik AG	55 150,00 EUR	
– Kemptener Fernseh-Apparatebau GmbH	45 250,00 EUR	100 400,00 EUR
3. Liefererdarlehen der Rado GmbH, Leipzig		22 100,00 EUR
Summe der Schulden		2 555 650,00 EUR
C. Ermittlung des Reinvermögens (Eigenkapitals)		
Summe des Vermögens		5 655 650,00 EUR
– Summe der Schulden		2 555 650,00 EUR
= Reinvermögen (Eigenkapital)		3 100 000,00 EUR

Merke:

- Mit **Inventur** bezeichnet man den Vorgang der Erfassung der Vermögensgegenstände und der Schulden nach Art, Menge und Wert.
- Das **Inventar** ist das **Ergebnis** der Inventur in Form einer übersichtlichen Darstellung aller Vermögenswerte und Schulden nach ihrer Art, ihrer Menge und ihrem Wert.
- Zur **Aufstellung eines Inventars** ist der Kaufmann nach § 240 HGB gesetzlich verpflichtet. Die gesetzlichen Vorschriften beziehen sich nur auf den Inhalt, nicht auf die Form.
- Das **Inventar** wird in folgende Teile gegliedert: **Vermögen, Schulden** und **Reinvermögen** (Differenz zwischen Vermögen und Schulden).
- Die Inventur übt gegenüber der Buchführung eine **Kontrollfunktion** aus.
- Die Inventur ist ein **wesentlicher Bestandteil einer ordnungsmäßigen Buchführung.**
- Als **Normalverfahren** der Inventur gilt die **Stichtagsinventur.**
- **Vereinfachende Verfahren** sind:
  - die verlegte Inventur,
  - die permanente Inventur,
  - die Stichprobeninventur.

Übungsaufgaben

2

1. Welche drei Angaben müssen in einem Inventar enthalten sein?
2. Zu welchen Zeitpunkten muss jeweils ein Inventar aufgestellt werden?
3. Erläutern Sie die Begriffe Inventar und Inventur!
4. Welche praktische Bedeutung hat die Inventur im Zusammenhang mit der Buchführung?
5. Welche Werte müssen beim Auftreten von Differenzen zwischen Sollwerten (Werte der Buchführung) und Istwerten (Werte der Inventur) berichtigt werden? Begründen Sie Ihre Entscheidung!
6. Was versteht man unter einer Stichtagsinventur?
7. Nennen Sie die Voraussetzungen für die Anwendung der Stichprobeninventur!
8. Bringen Sie die folgenden Inventurarbeiten in die richtige Reihenfolge!
   8.1 Eintragen der Ergebnisse in die Inventurlisten.
   8.2 Verteilen der Inventurlisten an die Mitarbeiter.
   8.3 Zählen, Messen, Wiegen.
   8.4 Speichern der Inventurergebnisse im Warenwirtschaftssystem.
   8.5 Eventuelles Überprüfen der Inventurergebnisse durch nochmaliges Zählen (Stichproben).
   8.6 Vergleich der ermittelten Inventurbestände mit den Buchbeständen, um Inventurdifferenzen festzustellen.
9. Ordnen Sie die nachfolgenden Vermögenswerte und Schulden dem Anlage- und Umlaufvermögen sowie den kurzfristigen und langfristigen Schulden zu:
   9.1 Ladentheke
   9.2 Einkaufswagen
   9.3 Verbindlichkeiten aus Lieferungen und Leistungen
   9.4 Geschäftsgebäude

9.5 Waren
9.6 Lagergebäude
9.7 Bankdarlehen
9.8 Kasse
9.9 Büromöbel
9.10 Forderungen aus Lieferungen und Leistungen
9.11 Warenwirtschaftssystem
9.12 Bankguthaben

10. Wie können Inventurdifferenzen durch den Einzelhändler gering gehalten werden?

3

1. Stellen Sie aufgrund der angegebenen Inventurergebnisse zum 31. Dezember 20.. für Max Weber e. Kfm. ein Inventar auf!

Grundstücke		121 180,00 EUR
Bauten auf eigenen Grundstücken		535 925,00 EUR
Büroeinrichtung lt. Inventurliste 1		48 000,00 EUR
Fuhrpark (1 Kombi)		51 400,00 EUR
Forderungen lt. bestätigter Saldenliste		60 510,00 EUR
Warenvorräte:		
60 Videogeräte	15 000,00 EUR	
42 Fernsehgeräte	20 000,00 EUR	
34 Stereo-Anlagen	8 000,00 EUR	
90 Lampen	5 250,00 EUR	
Sonstiges Kleinmaterial lt. Inventurliste 2	3 000,00 EUR	51 250,00 EUR
Kassenbestand lt. Inventurliste 3		1 520,00 EUR
Guthaben bei Kreditinstituten:		
– Guthaben auf dem Kontokorrentkonto bei der A-Bank		27 790,00 EUR
– Guthaben bei der Postbank Niederlassung in der X-Stadt		2 200,00 EUR
Verbindlichkeiten gegenüber Kreditinstituten:		
– Darlehen bei der B-Bank		128 000,00 EUR
Verbindlichkeiten aus Lieferungen und Leistungen:		
– Nürnberger Teleblick AG	31 600,00 EUR	
– Berliner Funk-Fernseh GmbH	59 100,00 EUR	90 700,00 EUR

2. Stellen Sie aufgrund der angegebenen Inventurergebnisse zum 31. Dezember 20.. für Susanne Klein e. Kfr. ein Inventar auf!

Betriebs- und Geschäftsausstattung bestehend aus:		
– 20 Büroschränken	18 500,00 EUR	
– 6 Regalen	4 680,00 EUR	
– 2 PC	3 120,00 EUR	
– 4 Faxgeräte	1 150,00 EUR	27 450,00 EUR
Forderungen aus Lieferungen und Leistungen:		
– Fritz Krause e. Kfm.	1 200,00 EUR	
– Otto Selmig OHG	1 300,00 EUR	2 500,00 EUR
Verbindlichkeiten aus Lieferungen und Leistungen:		
– Otto Süß KG	9 000,00 EUR	
– Friedrich Sauer GmbH	4 000,00 EUR	
– Liane Selbach e. Kfr.	10 000,00 EUR	23 000,00 EUR
Kassenbestand lt. Inventurliste 1		1 370,00 EUR
Warenvorräte:		
– Wäsche lt. Inventurliste 2	6 250,00 EUR	
– 180 Kleider	9 000,00 EUR	15 250,00 EUR
Guthaben bei Kreditinstituten:		
– Guthaben auf dem Kontokorrentkonto bei der C-Bank		36 250,00 EUR
Unbebaute Grundstücke		132 000,00 EUR
Verbindlichkeiten gegenüber Kreditinstituten:		
– Darlehen bei der D-Bank		50 000,00 EUR
Liefererdarlehen der Kleider-Fritz GmbH		12 000,00 EUR

1.5 Bilanz

1.5.1 Gesetzliche Grundlagen zur Aufstellung der Bilanz

(1) Aufstellungspflicht

Nach § 242 HGB hat der Kaufmann zu Beginn seines Handelsgewerbes und danach für den Schluss eines jeden Geschäftsjahres eine **Bilanz**[1] aufzustellen, aus der das Verhältnis zwischen seinem Vermögen und seinen Schulden erkennbar ist.

Im Gegensatz zum Inventar stellt die Bilanz eine **kurz gefasste Übersicht** dar, die es ermöglicht, das Verhältnis zwischen Vermögen und Schulden in kurzer Zeit zu erkennen. Die Bilanz ist eine **Kurzfassung des Inventars.**

(2) Form und Gliederung der Bilanz

Die Bilanz ist in **Kontoform**[2] aufzustellen. Die **linke Seite der Bilanz** ist die **Aktivseite.** Auf ihr stehen die **Aktiva (Vermögensposten).** Die **rechte Seite der Bilanz** ist die **Passivseite.** Auf ihr stehen die **Passiva.** Die Passivseite der Bilanz weist das **Kapital**, getrennt nach Kapitalgebern (**Eigenkapital** und **Verbindlichkeiten [Fremdkapital]**) aus.

Da wir uns in der Schule, namentlich im Anfangsunterricht, nur mit einfachen Bilanzen beschäftigen können, schlagen wir für unsere vorläufige Arbeit mit Bilanzen folgendes, an der Praxis orientiertes, vereinfachtes Bilanzschema vor.[3]

Aktiva	Bilanz zum 31. Dezember 20..	Passiva
I. Anlagevermögen		**I. Eigenkapital**
1. Grundstücke und Bauten		**II. Verbindlichkeiten**
2. technische Anlagen und Maschinen		1. Verbindlichkeiten gegenüber Kreditinstituten
3. And. Anl., Betr.- u. G.-Ausstattung[4]		2. Verbindlichkeiten aus Lieferungen und Leistungen
II. Umlaufvermögen		3. Sonstige Verbindlichkeiten
1. Waren		
2. Ford. aus Lieferungen u. Leistungen		
3. Kassenbestand		
4. Guthaben bei Kreditinstituten		

Beispiel:

Wir stellen zu dem Inventar auf S. 20 die entsprechende Bilanz auf!

1 Das Wort **Bilanz** stammt aus dem Italienischen. Dort heißt es so viel wie Gleichgewicht bzw. Waage. Das bedeutet, dass beide Seiten der Bilanz wertmäßig stets gleich sein müssen.

2 Ein **Konto** ist ein zweiseitiges Verrechnungsschema, das sich in der Praxis der kaufmännischen Buchführung bewährt hat. Es wird im schulischen Bereich in der sogenannten T-Form geführt. Näheres siehe S. 35f.

3 Auf die **Entwertung des freien Raumes** beim Abschluss des Kontos durch die sogenannte „Buchhalternase" **wird verzichtet.** Dies entspricht der Vorgehensweise in der EDV-Buchhaltung.

4 Zu diesem Bilanzposten gehört bei Kapitalgesellschaften auch der Fuhrpark. In Bilanzen von Nichtkapitalgesellschaften wird der Fuhrpark häufig als gesonderter Bilanzposten ausgewiesen.

Lösung:

Aktiva — Bilanz des Kaufhauses Otto Ehrlich e.Kfm. zum 31. Dez. 20.. — Passiva

Aktiva		Passiva	
I. Anlagevermögen		**I. Eigenkapital**	3100000,00
1. Grundstücke u. Bauten	2725000,00	**II. Verbindlichkeiten**	
2. Andere Anlagen, Betriebs- u. Geschäftsausstattung	240150,00	1. Verbindlichkeiten gegenüber Kreditinstituten	2433150,00
II. Umlaufvermögen		2. Verbindlichkeiten aus Lieferungen und Leistungen	100400,00
1. Waren	2599725,00	3. Sonstige Verbindlichkeiten	22100,00
2. Forderungen aus Lieferungen und Leistungen	47695,00		
5. Kassenbestand	8400,00		
6. Guthaben bei Kreditinstituten	34680,00		
	5655650,00		5655650,00

Ulm, den 15. März 20..

Otto Ehrlich

Die Bilanz lässt auf einen Blick erkennen, wer das Kapital aufgebracht hat (Passivseite) und wie es verwendet wurde (Aktivseite).

Aktiva — Bilanz des Kaufhauses Otto Ehrlich e.Kfm. zum 31. Dez. 20.. — Passiva

Wie wurde das Kapital verwendet?		**Wer** hat das Kapital aufgebracht?	
I. Anlagevermögen	2965150,00	**I. Eigenkapital**	3100000,00
II. Umlaufvermögen	2690500,00	**II. Verbindlichkeiten**	2555650,00
Vermögen	5655650,00	**Kapital**	5655650,00
↑		↑	
Verwendung finanzieller Mittel (Investierung)		**Beschaffung** finanzieller Mittel (Finanzierung)	

Merke:

Die **Aktivseite** gibt die **Mittelverwendung (Investierung)** des Unternehmens wieder, die **Passivseite** die **Mittelbeschaffung (Finanzierung).**

(3) Bilanzgleichungen

Wir stellen fest, dass für die Bilanz folgende Grundgleichung gilt:

Aktiva ≙ Passiva

Dabei gilt:

Aktiva ≙ Vermögen
Passiva ≙ Eigenkapital + Fremdkapital[1]

1 Unter dieser mehr betriebswirtschaftlichen Betrachtungsweise benutzen wir den Begriff **Fremdkapital** (statt Verbindlichkeiten).

Hieraus lassen sich folgende weitere **Bilanzgleichungen** ableiten:

Für die Berechnung des Vermögens

Vermögen ≙ Eigenkapital + Fremdkapital

Für die Berechnung des Kapitals

Eigenkapital ≙ Vermögen – Fremdkapital
Fremdkapital ≙ Vermögen – Eigenkapital

(4) Aussagekraft der Bilanz

Am vorgegebenen Beispiel des Kaufhauses Otto Ehrlich e.Kfm. wird im Folgenden ein kurzer Überblick über die Aussagekraft einer Bilanz gegeben. Dabei beschränken wir uns darauf, das Verhältnis des Anlage- und Umlaufvermögens sowie des Eigen- und Fremdkapitals zur Bilanzsumme aufzuzeigen und auszuwerten.

Aktiva	Bilanz des Kaufhauses Otto Ehrlich e.Kfm.				Passiva
Anlagevermögen	2965150,00	52,4 %	Eigenkapital	3100000,00	54,8 %
Umlaufvermögen	2690500,00	47,6 %	Fremdkapital	2555650,00	45,2 %
	5655650,00	100,0 %		5655650,00	100,0 %

Zur Vermögenszusammensetzung (Vermögensstruktur)

Wir sehen, dass das Anlagevermögen einen höheren Anteil hat als das Umlaufvermögen! Das ist ungewöhnlich, denn Einzelhandelsunternehmen weisen in der Regel einen höheren Anteil an Umlaufvermögen aus. Im vorliegenden Fall sind die Gebäude mit einem hohen Wert ausgewiesen (siehe Inventar S. 20). Das lässt darauf schließen, dass sie vor nicht allzulanger Zeit saniert worden sind, um das Unternehmen wettbewerbsfähig zu halten.

Zur Kapitalzusammensetzung (Kapitalstruktur)

Das Verhältnis Eigen- und Fremdkapital zur Bilanzsumme zeigt, dass der Anteil des Eigenkapitals höher ist als der des Fremdkapitals. Das bedeutet, der Einzelhändler ist nicht von den Gläubigern abhängig und die Zinslast ist überschaubar. Auffallend ist der hohe kurzfristige Kredit (Kontokorrentkredit, siehe Inventar S. 20). Das deutet darauf hin, dass das Unternehmen seine Wareneinkäufe überwiegend mit kurzfristigem Fremdkapital finanziert. Diese Finanzierungsform ist sinnvoll, da der Kredit nach dem Verkauf der Waren unmittelbar wieder zurückgeführt werden kann.

1.5.2 Zusammenhang zwischen Inventur, Inventar, Buchführung und Bilanz

Um den Zusammenhang aufzuzeigen, der zwischen Inventar und Bilanz besteht, ist zunächst festzuhalten, dass beide Verzeichnisse **außerhalb der Buchführung** stehen.

Zwischen der Buchführung und der Bilanz besteht ein enger Zusammenhang, denn jede Bilanz – mit Ausnahme der Eröffnungsbilanz – baut auf den Zahlengrundlagen der Buchführung auf. Bevor jedoch diese Ergebnisse der Buchführung über die Bilanz der Öffentlichkeit präsentiert werden, soll sichergestellt sein, dass diese Werte auch tatsächlich vorhanden sind. Es könnten ja Unregelmäßigkeiten (z. B. Rechenfehler, Buchungsfehler, Diebstahl usw.) aufgetreten sein. Diese Sicherstellung erfolgt über die Inventur, bei der – völlig unabhängig von der Buchführung – vor Ort festgestellt wird, was vorhanden ist. Ohne die Inventur ist ein ordnungsmäßiger Jahresabschluss nicht möglich. Man unterscheidet daher **Inventurbestand (Istbestand)** und **Buchbestand (Sollbestand).**

Liegen Abweichungen zwischen Soll- und Istbeständen vor, müssen die Gründe dafür aufgedeckt und entsprechende Korrekturen in der Buchführung vorgenommen werden, damit die Werte der Buchführung auch mit den tatsächlich vorhandenen übereinstimmen. Die Inventur – mit dem Inventar als Ergebnis – hat also gegenüber der Buchführung eine **Kontrollfunktion.**

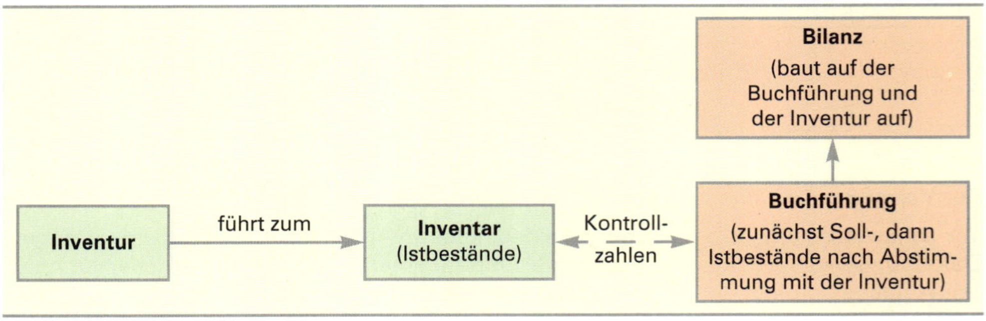

Merke:

- Nach § 242 HGB hat der Kaufmann zu Beginn seines Handelsgewerbes und danach am Schluss eines jeden Geschäftsjahres eine **Bilanz** aufzustellen, in der das **Verhältnis von Vermögen** und **Schulden** dargestellt wird.
- In der Bilanz erscheinen nur **Werte,** keine Mengen.
- In der Bilanz werden verschiedene Arten von Wirtschaftsgütern zu einem **Bilanzposten** zusammengefasst.
- Auf der **Aktivseite** der Bilanz stehen die **Vermögensposten,** auf der **Passivseite** die **Kapitalposten** (Eigenkapital und Verbindlichkeiten[1]).
- Die Bilanz ist in **Kontoform** aufzustellen.

1 Verbindlichkeiten sind Fremdkapital.

- Gegenüberstellung von Inventar und Bilanz:

Inventar	Bilanz
Das Inventar ist eine **ausführliche wert- und mengenmäßige** Gegenüberstellung der Vermögens- und Schuldposten.	Die Bilanz ist eine **gedrängte wertmäßige** Gegenüberstellung aller Vermögens- und Schuldposten.
Im Inventar werden alle selbstständig bewertbaren Gegenstände eines Postens erfasst. Es ist **sehr ausführlich** und dadurch **unübersichtlich.**	Die Bilanz weist jeden Posten nur mit einer Summe aus. Sie ist **weniger ausführlich,** dadurch aber **übersichtlich.**
Im Inventar stehen Vermögen und Schulden **untereinander.**	In der Bilanz stehen Vermögen und Schulden **nebeneinander.**
Die Differenz zwischen Vermögen und Schulden heißt **Reinvermögen.**	Die Differenz zwischen Vermögen und Schulden heißt **Eigenkapital.**
Das Inventar bzw. die Inventur übt gegenüber den Ergebnissen der Buchführung eine **Kontrollfunktion** aus.	Die Bilanz **baut auf den Zahlenunterlagen der Buchführung und denen der Inventur auf.**
Das Inventar (die Inventur) dient **innerbetrieblichen Zwecken** (Soll-Ist-Vergleich).	Die Bilanz informiert die **Außenwelt.**
Gesetzliche **Gliederungsvorschriften** für das Inventar **bestehen nicht.**	Es **bestehen gesetzliche Gliederungsvorschriften.** Nach dem Handelsgesetzbuch ist eine Bilanz nach bestimmten Vorschriften zu gliedern, die Einzelkaufleuten und Personengesellschaften einen relativ großen Freiheitsspielraum einräumen [§ 247 HGB], die dagegen bei Kapitalgesellschaften sehr genau festgelegt sind [§ 266 HGB].

Übungsaufgaben

4 1. Stellen Sie unter Beachtung des einfachen Bilanzgliederungsschemas auf S. 23 aus den Inventaren der Aufgabe 3 (1. und 2.), S. 22 die entsprechenden Bilanzen auf!

2. 2.1 Erstellen Sie für ein Kaufhaus aufgrund folgender Angaben eine Bilanz:

Bebaute Grundstücke 380000,00 EUR, Geschäftsgebäude 275000,00 EUR, Betriebs- und Geschäftsausstattung 210000,00 EUR, Fuhrpark 114500,00 EUR, Warenvorräte 1330600,00 EUR, Forderungen gegenüber Kunden 526150,00 EUR, Kassenbestand 3420,00 EUR, Guthaben: bei der Stadtsparkasse 29960,00 EUR, bei der Commerzbank 41390,00 EUR, Eigenkapital 1019580,00 EUR, Verbindlichkeiten aus Darlehen bei der Volksbank 1050000,00 EUR, Verbindlichkeiten bei Lieferanten 761460,00 EUR, Verbindlichkeiten aus Steuern 79980,00 EUR.

2.2 Berechnen Sie nach Erstellung der Bilanz das Verhältnis von Anlage- und Umlaufvermögen sowie von Eigen- und Fremdkapital zur Bilanzsumme und beurteilen Sie die Vermögens- und Kapitalstruktur!

5 1. Geben Sie einige wichtige Unterscheidungsmerkmale zwischen Inventar und Bilanz an!

2. Nennen Sie die beiden Hauptgruppen auf der Aktivseite der Bilanz!
3. 3.1 Erläutern Sie den Begriff Anlagevermögen!
   3.2 Nennen Sie drei Posten, die zum Anlagevermögen gehören!
4. 4.1 Erläutern Sie den Begriff Umlaufvermögen!
   4.2 Nennen Sie vier Posten, die zum Umlaufvermögen zählen!
5. Erläutern Sie den Begriff Bilanz!
6. Stellen Sie die Grundgleichung einer Bilanz auf!
7. Wie ist das Eigenkapital rechnerisch zu ermitteln?
8. Unterscheiden Sie zwischen Eigenkapital und Fremdkapital!
9. Erläutern Sie den Zusammenhang zwischen Buchführung, Inventar (Inventur) und Bilanz!

1.5.3 Wertveränderungen der Bilanzposten durch Geschäftsvorfälle (vier Grundfälle)

Die Bilanz stellt die Werte des Vermögens und der Schulden für einen ganz bestimmten Zeitpunkt dar, und zwar im Allgemeinen für den Schluss eines jeden Geschäftsjahres. Durch Gegenüberstellung der Werte am Schluss des laufenden Geschäftsjahres mit den Werten am Schluss des vorangegangenen Geschäftsjahres können dann die Wertveränderungen der einzelnen Bilanzposten festgestellt werden. Ursache für diese Wertveränderungen sind die **Geschäftsvorfälle.** Will man diese Wertveränderungen in der übersichtlichen Form einer Bilanz verfolgen, müssten Bilanzen in kürzeren Zeitabständen aufgestellt werden, aus theoretischer Sicht nach jedem Geschäftsvorfall. Da das zu umständlich ist, können wir jetzt schon festhalten, dass die durch die Geschäftsvorfälle hervorgerufenen Veränderungen außerhalb der Bilanz, nämlich in der Buchführung, festgehalten werden.

Im Folgenden benutzen wir diese unrealistische Sicht jedoch, um grundsätzlich die unterschiedlichen Auswirkungen der verschiedenen Geschäftsvorfälle auf die in der Bilanz dargestellten Vermögens- und Schuldenwerte darzustellen.

Merke:

- **Bilanzen** gelten immer nur für einen ganz **bestimmten Zeitpunkt.**
- Die in der Bilanz dargestellten Werte werden durch jeden danach erfolgten **Geschäftsvorfall verändert.**
- **Geschäftsvorfälle** sind Vorgänge, die Veränderungen des Vermögens bzw. der Schulden auslösen.
- Die Veränderungen aufgrund der Geschäftsvorfälle werden in der **Buchführung** festgehalten.
- Unter **Buchführung** versteht man die planmäßige und lückenlose Erfassung aller Geschäftsvorfälle eines Betriebs für einen bestimmten Zeitabschnitt.

Beispiel:

Aktiva	**Ausgangsbilanz**		Passiva
And. Anl., Betr.- u. Geschäftsausst.	40 000,00	Eigenkapital	42 000,00
Waren	2 000,00	Verb. a. Lief. und Leistungen	16 000,00
Kassenbestand	4 000,00		
Guthaben bei Kreditinstituten	12 000,00		
	58 000,00		58 000,00

Anmerkung: Wegen der geringen Anzahl von Posten wird auf die Gliederung in Anlagevermögen und Umlaufvermögen bzw. Eigenkapital und Verbindlichkeiten verzichtet.

Aufgaben:

Stellen Sie nach jedem Geschäftsvorfall die Bilanz neu auf, geben Sie an, in welche Richtung (+ oder –) sich die einzelnen Bilanzposten geändert haben und charakterisieren Sie jeweils die Bilanzveränderungen. Machen Sie außerdem eine Aussage über die Bilanzsumme.

Lösungen:

1. Geschäftsvorfall: Wir kaufen Waren gegen Barzahlung für 1 800,00 EUR.

Auswirkungen auf die Bilanz

Aktiva	1. veränderte Bilanz		Passiva
And. Anl., Betr.- u. Geschäftsausst.	40 000,00	Eigenkapital	42 000,00
Waren	3 800,00	Verb. a. Lief. und Leistungen	16 000,00
Kassenbestand	2 200,00		
Guthaben bei Kreditinstituten	12 000,00		
	58 000,00		58 000,00

Waren	(Aktivposten)	+
Kassenbestand	(Aktivposten)	–

AKTIVTAUSCH
Die Bilanzsumme bleibt unverändert

Erläuterungen:

Es werden zwei Aktivposten verändert. Der Aktivposten Waren nimmt um 1 800,00 EUR zu, der Aktivposten Kassenbestand nimmt um den gleichen Betrag ab.

2. Geschäftsvorfall: Eine Verbindlichkeit aus Lieferungen und Leistungen von 5 000,00 EUR wird in ein Liefererdarlehen (Bilanzposition „Sonstige Verbindlichkeiten") umgewandelt.

Auswirkungen auf die Bilanz

Aktiva	2. veränderte Bilanz		Passiva
And. Anl., Betr.- u. Geschäftsausst.	40 000,00	Eigenkapital	42 000,00
Waren	3 800,00	Verb. a. Lief. und Leistungen	11 000,00
Kassenbestand	2 200,00	Sonstige Verbindlichkeiten	5 000,00
Guthaben bei Kreditinstituten	12 000,00		
	58 000,00		58 000,00

Sonstige Verbindlichkeiten	(Passivposten) +	**PASSIVTAUSCH**
Verb. a. Lief. u. Leist.	(Passivposten) –	**Die Bilanzsumme bleibt unverändert.**

Erläuterungen:

Die Veränderungen erfolgen auf der Passivseite. Der Passivposten Verbindlichkeiten aus Lieferungen und Leistungen nimmt um 5000,00 EUR ab. In Höhe des gleichen Betrages kommt ein neuer Passivposten, der Passivposten Sonstige Verbindlichkeiten, hinzu.

3. Geschäftsvorfall: Eine Verbindlichkeit aus Lieferungen und Leistungen in Höhe von 3000,00 EUR wird durch eine Banküberweisung getilgt.

Auswirkungen auf die Bilanz

Aktiva — 3. veränderte Bilanz — Passiva

Aktiva		Passiva	
And. Anl., Betr.- u. Geschäftsausst.	40000,00	Eigenkapital	42000,00
Waren	3800,00	Verb. a. Lief. und Leistungen	8000,00
Kassenbestand	2200,00	Sonstige Verbindlichkeiten	5000,00
Guthaben bei Kreditinstituten	9000,00		
	55000,00		55000,00

Verb. a. Lief. u. Leist.	(Passivposten) –	**Aktiv-Passivminderung**
Guth. bei Kreditinstituten	(Aktivposten) –	**Die Bilanzsumme vermindert sich.**

Erläuterungen:

Es werden ein Aktivposten und ein Passivposten berührt. Der Passivposten Verbindlichkeiten aus Lieferungen und Leistungen nimmt um 3000,00 EUR ab, der Aktivposten Guthaben bei Kreditinstituten nimmt ebenfalls um den gleichen Betrag ab.

4. Geschäftsvorfall: Wir kaufen Waren auf Ziel für 6000,00 EUR.

Auswirkungen auf die Bilanz

Aktiva — 4. veränderte Bilanz — Passiva

Aktiva		Passiva	
And. Anl., Betr.- u. Geschäftsausst.	40000,00	Eigenkapital	42000,00
Waren	9800,00	Verb. a. Lief. und Leistungen	14000,00
Kassenbestand	2200,00	Sonstige Verbindlichkeiten	5000,00
Guthaben bei Kreditinstituten	9000,00		
	61000,00		61000,00

Waren	(Aktivposten) +	**Aktiv-Passivmehrung**
Verb. a. Lief. u. Leist.	(Passivposten) +	**Die Bilanzsumme erhöht sich.**

Erläuterungen:

Es werden ein Aktivposten und ein Passivposten berührt. Der Aktivposten Waren nimmt um 6000,00 EUR zu, der Passivposten Verbindlichkeiten aus Lieferungen und Leistungen nimmt ebenfalls um diesen Betrag zu.

Ein Blick auf das **Eigenkapital** zeigt, dass bei allen vier Geschäftsvorfällen das Eigenkapital **unverändert** blieb. Es handelte sich also um **erfolgsunwirksame (erfolgsneutrale) Geschäftsvorfälle.**

Merke:

- Jeder Geschäftsvorfall verändert die Bilanz.
- Bezüglich der Auswirkungen von Geschäftsvorfällen auf die Bilanz sind **vier Grundfälle** denkbar:
  - **Aktivtausch:** Ein Aktivposten nimmt im gleichen Maße ab, wie ein anderer Aktivposten zunimmt. Die Bilanzsumme bleibt unverändert.

    Beispiel: Wir zahlen auf das Bankkonto bar ein.
  - **Passivtausch:** Ein Passivposten nimmt im gleichen Maße ab, wie ein anderer Passivposten zunimmt. Die Bilanzsumme bleibt unverändert.

    Beispiel: Eine Verbindlichkeit aus Lieferungen und Leistungen wird in ein Liefererdarlehen umgewandelt.
  - **Aktiv-Passivminderung:** Auf der Aktiv- und der Passivseite nimmt jeweils ein Posten um den gleichen Wert ab. Die Bilanzsumme wird verringert.

    Beispiel: Wir zahlen eine Liefererrechnung durch Banküberweisung.
  - **Aktiv-Passivmehrung:** Auf der Aktiv- und der Passivseite nimmt jeweils ein Posten um den gleichen Wert zu. Die Bilanzsumme wird dadurch erhöht.

    Beispiel: Wir kaufen Waren auf Ziel.
- Geschäftsvorfälle, die das Eigenkapital nicht verändern, nennt man **erfolgsunwirksame** (erfolgsneutrale) Geschäftsvorfälle.

Übungsaufgaben

6

I. Geschäftsvorfälle:

1.	Wir zahlen eine Lieferantenrechnung durch Banküberweisung	4500,00 EUR
2.	Wir kaufen einen Schreibtisch bar	1020,00 EUR
3.	Wir kaufen Ware bar	821,00 EUR
4.	Wir zahlen ein Liefererdarlehen durch Banküberweisung zurück	9500,00 EUR
5.	Ein Kunde zahlt einen Rechnungsbetrag durch Banküberweisung	1100,00 EUR
6.	Wir kaufen einen Laptop bar	845,00 EUR
7.	Wir heben von unserem Bankkonto bar ab und legen das Geld in die Geschäftskasse	3000,00 EUR
8.	Eine Verbindlichkeit aus Lieferungen und Leistungen wird in ein Liefererdarlehen umgewandelt	12000,00 EUR

II. Aufgaben:

1. Geben Sie bei den angegebenen Geschäftsvorfällen jeweils die Änderungen der Bilanzposten an!
2. Zeigen Sie auf, um welchen der vier Grundfälle es sich jeweils handelt!

Bearbeitungshinweis:

Zur Lösung der Aufgabe verwenden Sie bitte das folgende Schema:

Nr.	Bilanzposten		Art des Grundfalles
1.	Verb. aus Lief. u. Leistungen	– 4500,00	Aktiv-Passivminderung
	Guthaben bei Kreditinstituten	– 4500,00	

7 Lesen Sie die nachfolgenden Aussagen zur Bilanz:

1. Der Geschäftsvorfall führt zu einer Vermehrung des Vermögens und der Schulden.
2. Der Geschäftsvorfall führt zu einer Vermehrung eines Vermögenspostens und gleichzeitig zu der Verminderung eines anderen Vermögenspostens.
3. Der Geschäftsvorfall führt zu einer Verminderung des Vermögens und der Schulden.
4. Der Geschäftsvorfall erhöht die Bilanzsumme.

Aufgabe:

Bilden Sie zu jeder angegebenen Aussage als Beispiel einen Geschäftsvorfall!

8 In einem Unternehmen weist die Bilanz folgende Veränderungen auf:

1.	Kasse	+	1400,00 EUR
	Forderungen aus Lieferungen und Leistungen	–	1400,00 EUR
2.	Verbindlichkeiten gegenüber Kreditinstituten	–	5000,00 EUR
	Bank	–	5000,00 EUR
3.	Verbindlichkeiten aus Lieferungen und Leistungen	–	10000,00 EUR
	Sonstige Verbindlichkeiten	+	10000,00 EUR
4.	Waren	+	4100,00 EUR
	Verbindlichkeiten aus Lieferungen und Leistungen	+	4100,00 EUR

Aufgabe:

Formulieren Sie jeweils den zugrunde liegenden Geschäftsvorfall und geben Sie an, um welche Art der Bilanzveränderung es sich handelt!

1.6 Bestandskonten

1.6.1 Von der Bilanz zu den Konten

Es ist nicht notwendig nach jedem Geschäftsvorfall eine Bilanz neu zu erstellen, da wir die Wertveränderungen, die durch Geschäftsvorfälle hervorgerufen werden, auch **außerhalb der Bilanz** auf besonderen **Konten in der Buchführung** erfassen können. Wir müssen also nur für jeden Vermögens- und Schuldposten – einschließlich für den Posten Eigenkapital – entsprechende Konten einrichten und den vorhandenen Anfangsbestand darauf vortragen. Die **Summe dieser benötigten Konten** bezeichnen wir als unsere **Buchführung.**

Da auf diesen Konten Bestände und deren Veränderungen erfasst werden, nennt man diese Konten **Bestandskonten** (bzw. **Bilanzkonten**).

Merke:

- In der **Buchführung** werden alle **Veränderungen der Bestände** auf Konten erfasst. Ursache für diese Veränderungen sind die **Geschäftsvorfälle.**
- In unserer Buchführung führen wir **Vermögenskonten (Aktivkonten)** und **Schuldkonten (Passivkonten).** Zu den Schuldkonten gehört auch das **Eigenkapitalkonto.**
- Die **Vermögens- und Schuldkonten** bilden die Gruppe der **Bestandskonten (Bilanzkonten).**

Beispiel:

Die Anfangsbestände zu Beginn der Geschäftsperiode sind in folgender Bilanz zusammengefasst:

Aufgabe:

Richten Sie für die einzelnen Bilanzposten Konten ein und tragen Sie die Bilanzwerte als Anfangsbestände darauf vor!

Dabei vereinbaren wir, dass wir die **Anfangsbestände** bei den **Aktivkonten auf der Sollseite** und die **Anfangsbestände** bei den **Passivkonten auf der Habenseite** eintragen.

Lösung:

Ausgangsbilanz

Aktiva		Passiva	
① And. Anl., Betr.- u. G.-Ausst.[1]	30 000,00	① Eigenkapital	52 000,00
② Waren	15 000,00	② Verb. gegen. Kreditinstituten	3 000,00
③ Ford. aus Lief. u. Leistungen	5 000,00	③ Verb. aus Lief. u. Leistungen	5 000,00
④ Kassenbestand	2 500,00		
⑤ Guthaben bei Kreditinstituten	7 500,00		
	60 000,00		60 000,00

In unserer Buchführung haben wir

Aktivkonten

Soll	Betr.- u. Geschäftsausstattung	Haben
① AB	10 000,00	

Soll	Fuhrpark	Haben
① AB	20 000,00	

Soll	Waren[2]	Haben
② AB	15 000,00	

Soll	Ford. a. Lief. u. Leistungen	Haben
③ AB	5 000,00	

Soll	Kasse[3]	Haben
④ AB	2 500,00	

Soll	Bank[3]	Haben
⑤ AB	7 500,00	

Passivkonten

Soll	Eigenkapital	Haben
	AB	52 000,00 ①

Soll	Langfr. Bankverbindlichkeiten[4]	Haben
	AB	3 000,00 ②

Soll	Verb. a. Lief. u. Leistungen	Haben
	AB	5 000,00 ③

Bestandskonten
(Bilanzkonten)

1 Wenn keine zusätzlichen Erläuterungen gegeben werden, beinhaltet der Bilanzposten „Andere Anlagen, Betriebs- und Geschäftsausstattung" nur Gegenstände der **Betriebs- und Geschäftsausstattung.**

2 Da in diesem Buch nach dem **aufwandsrechnerischen Verfahren** gebucht werden soll, werden vor Einführung der Erfolgskonten keine Einkäufe von Waren vorgenommen, weil sonst die Lernenden bei der Einführung der Erfolgskonten vom bestandsrechnerischen Verfahren zu dem aufwandsrechnerischen Verfahren umlernen müssten.

3 Die folgenden Konten werden der Einfachheit halber in verkürzter Form benannt:
- für den Bilanzposten „Kassenbestand" bezeichnen wir das einzurichtende Konto mit **Kasse**
- für den Bilanzposten „Guthaben bei Kreditinstituten" bezeichnen wir das einzurichtende Konto kurz mit **Bank.**

4 Für den Bilanzposten „Verbindlichkeiten gegenüber Kreditinstituten" ist je nach Art der Bankschuld das Konto **„Langfristige Bankverbindlichkeiten"** oder **„Kurzfristige Bankverbindlichkeiten"** einzurichten.

3 Waltermann-Speth - ISBN 978-3-8120-0458-9

1.6.2 Buchungen auf den Aktivkonten (Vermögenskonten)

1.6.2.1 Buchungsregeln für die Buchungen auf den Aktivkonten

Bei den **Aktivkonten (Vermögenskonten)** gehören der **Anfangsbestand** und die **Zugänge** auf die **Sollseite,** die **Abgänge** und der **Schlussbestand** (Saldo) auf die **Habenseite.**

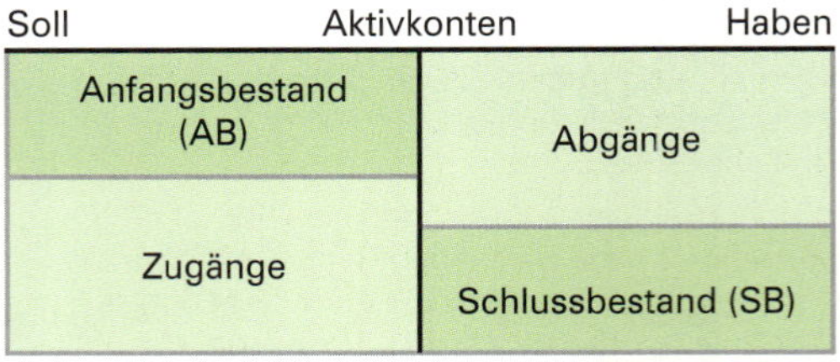

1.6.2.2 Einseitige Buchungen auf den Aktivkonten

(1) Standpunkt für die Erfassung von Geschäftsvorfällen

Ein Geschäftsvorfall kann immer von zwei Seiten aus betrachtet werden.

Beispiel:

Wir kaufen einen Laptop bar

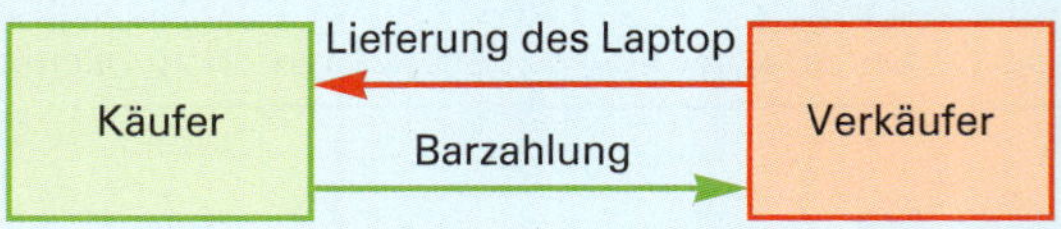

Auf der einen Seite haben wir den Käufer, auf der anderen Seite den Verkäufer. Es taucht daher die Frage auf, ob der Geschäftsvorfall aus Sicht des Käufers oder aus Sicht des Verkäufers erfasst werden soll.

Um keine Missverständnisse aufkommen zu lassen und um nicht ständig umdenken zu müssen, werden **alle Geschäftsvorfälle** nur von **einem Standpunkt** aus betrachtet und erfasst. Dabei versetzen wir uns in die Rolle eines Kaufmanns, der seine Bücher führt. Alle Geschäftsvorfälle sind als Ereignisse **unseres Betriebs** anzusehen. Wie der Geschäftsvorfall bei unserem Geschäftspartner zu buchen ist, interessiert uns daher aufgrund dieser Vereinbarung im Allgemeinen nicht.

Die Fälle, in denen der „Wir-Standpunkt" nicht ausdrücklich in die Formulierung aufgenommen ist, sind in gleicher Weise zu verstehen.

Beispiele:

Wareneinkauf bar → d.h. „**Wir** kaufen Waren bar."

Banküberweisung eines Kunden → d.h. „Der Kunde überweist **uns** einen Rechnungsbetrag."

Zahlung einer Liefererrechnung durch Banküberweisung → d.h. „**Wir** zahlen eine Liefererrechnung durch Banküberweisung."

(2) Einseitige Buchungen

Bei den folgenden Aufgaben sollen die Auswirkungen von Geschäftsvorfällen zunächst nur im Hinblick auf **ein Konto** betrachtet werden. Dieses Konto soll jeweils ein **Aktivkonto** sein. Auf diese Weise werden die Auswirkungen eines Geschäftsvorfalles zunächst nur einseitig beurteilt, nämlich im Hinblick auf das vorgegebene Aktivkonto.

Beispiel:

I. Sachverhalt:

Wir betreiben ein Elektrogeschäft. Es sollen die Einnahmen und Ausgaben der Geschäftskasse in unserem Unternehmen auf einem Kassenkonto festgehalten werden. Vorgänge, die Einnahmen oder Ausgaben der Kasse hervorrufen, bezeichnet man als Bargeschäfte.

Es ereignen sich folgende Bargeschäfte:

1. Karl Kunde kauft ein Fernsehgerät zum Preis von 1 750,00 EUR.
2. Fritz Müller kauft verschiedene Elektrogeräte zum Gesamtpreis von 6 500,00 EUR.
3. Wir zahlen für einen Auszubildenden die Ausbildungsvergütung in Höhe von 620,00 EUR.
4. Wir erhalten eine Lieferung Ersatzteile per Nachnahme. Wir lösen die Nachnahme über 1 480,00 EUR ein.
5. Klaus Abel zahlt für eine Waschmaschine 1 980,00 EUR.
6. Anton Beyer kauft diverse Lampen für insgesamt 1 460,00 EUR.

II. Aufgabe:

Führen Sie das Kassenkonto!

Lösung:

Aus den Buchungsregeln für die Aktivkonten ist abzuleiten, dass alle Einnahmen aus Bargeschäften auf der Sollseite[1] des Kassenkontos und demnach alle Barausgaben auf der Habenseite[1] zu buchen sind.

Soll		Kasse	Haben
Karl Kunde	1 750,00	Ausbildungsvergütung	620,00
Fritz Müller	6 500,00	Nachnahme	1 480,00
Klaus Abel	1 980,00		
Anton Beyer	1 460,00		

(3) Kontenabschluss und Saldovortrag

Zur Feststellung des Schlussbestandes muss das Konto **abgeschlossen** werden. Den ermittelten Schlussbestand nennt man in der Sprache des Buchhalters **Saldo,** den Vorgang des Kontoabschlusses bezeichnet man als **Saldieren.**

Um **nach dem Abschluss** weitere Eintragungen vornehmen zu können, muss ein bereits abgeschlossenes Konto wieder **neu eröffnet** werden.

1 Die Seitenbezeichnungen **„Soll"** und **„Haben"** hängen mit der Entwicklungsgeschichte der Buchführung zusammen. Es sind Restbestände aus der Führung der ersten Konten, bei denen es sich um Personenkonten handelte (Kunden **„sollen"** zahlen [Warenlieferungen] und sie **„haben"** gezahlt [Zahlungen]). Diese für **alle** Konten geltenden Seitenbezeichnungen können bei anderen Konten nicht mehr zum Konteninhalt in Beziehung gebracht werden.

Abschluss des Kontos:[1]

Soll		Kasse	Haben
Karl Kunde	1750,00	Ausbildungsvergütung	620,00
Fritz Müller	6500,00	Nachnahme	1480,00
Klaus Abel	1980,00	Schlussbestand (Saldo)	9590,00
Anton Beyer	1460,00		
	11690,00		11690,00

Schematische Darstellung:

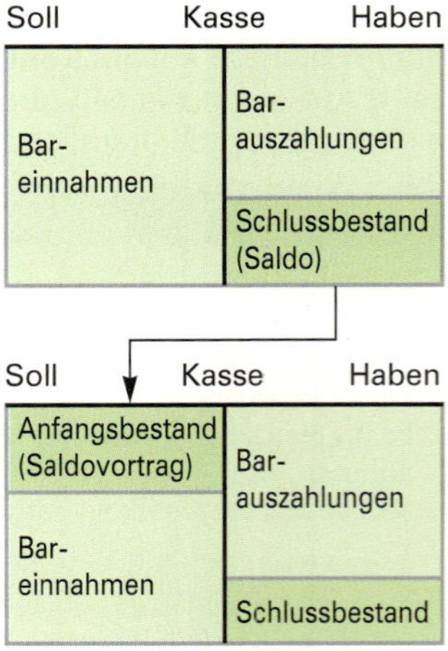

Neueröffnung des Kontos:

Soll		Kasse	Haben
Anfangsbestand (Saldovortrag)	9590,00		

Erläuterungen:

Der ermittelte Restbetrag (Saldo) auf einem Konto heißt **Schlussbestand.** Dieser steht immer auf der wertmäßig kleineren Seite. Das ist bei einem Kassenkonto die Habenseite (niemand kann mehr Geld aus der Kasse entnehmen als vorher hineingelegt wurde).

Der **Anfangsbestand** (Saldovortrag) auf dem neu eröffneten Konto steht immer auf der entgegengesetzten Seite wie der Schlussbestand (Saldo). Da auf dem Kassenkonto der Schlussbestand auf der Habenseite steht, muss der Anfangsbestand auf der Sollseite erscheinen.

Der Abschluss eines Kontos vollzieht sich in fünf Schritten:

1. Schritt: Das Wort Schlussbestand wird auf der wertmäßig kleineren Seite eingetragen.

2. Schritt: Die wertmäßig größere Seite wird addiert.

3. Schritt: Die errechnete Summe wird auf die wertmäßig kleinere Seite übertragen.

4. Schritt: Der Schlussbestand (Saldo) wird ermittelt und zum Ausgleich der Seiten auf der wertmäßig kleineren Seite eingetragen.

5. Schritt: Die Abschlussstriche sind zu ziehen.

Übungsaufgaben

9 Führen Sie das Konto **Kasse** und schließen Sie es nach Buchung der Geschäftsvorfälle ab!

Bearbeitungshinweis:

Denken Sie daran, dass alle Geschäftsvorfälle jeweils nur nach ihrer Auswirkung auf den Kassenbestand befragt werden müssen. Für die Beantwortung gibt es nur zwei Möglichkeiten: Entweder der Kassenbestand nimmt durch den Geschäftsvorfall zu oder er nimmt ab. Zugänge gehören bei der Kasse auf die Sollseite, Abgänge auf die Habenseite.

1 **Zur Erinnerung:** Auf die **Entwertung des freien Raumes** beim Abschluss des Kontos durch die sogenannte „Buchhalternase" **wird verzichtet.** Dies entspricht der Vorgehensweise in der EDV-Buchhaltung.

I. Anfangsbestand:

Bei Geschäftseröffnung weist die Kasse einen Anfangsbestand (Saldovortrag) von 2160,00 EUR aus.

II. Geschäftsvorfälle:

Es ereignen sich folgende Geschäftsvorfälle, die den Kassenbestand verändern:

Barverkauf von Waren	3070,00 EUR
Zeitungsinserat bar bezahlt	190,00 EUR
Kauf von Briefmarken	45,00 EUR
Barzahlung eines Kunden	910,00 EUR
Mietzahlung unseres Mieters bar	300,00 EUR
Barzahlung einer Lieferantenrechnung	1940,00 EUR
Barverkauf von Waren	180,00 EUR
Provisionszahlung bar	2700,00 EUR

10 Führen Sie das **Bankkonto** und schließen Sie es nach Buchung der Geschäftsvorfälle ab!

Anfangsbestand[1]	2500,00 EUR
Wir überweisen an einen Lieferanten	280,00 EUR
Wir heben Bargeld vom Bankkonto ab und legen das Geld in die Geschäftskasse	350,00 EUR
Ein Kunde überweist einen Rechnungsbetrag auf unser Bankkonto	420,00 EUR
Wir begleichen betriebliche Steuern durch Banküberweisung	750,00 EUR
Ein Kunde zahlt einen Rechnungsbetrag durch Banküberweisung	365,00 EUR

11 Führen Sie die folgenden Vermögenskonten und stellen Sie jeweils durch Abschluss der Konten den Schlussbestand fest!

Forderungen aus Lieferungen und Leistungen	
Anfangsbestand	4150,00 EUR
1. Ein Kunde zahlt einen Rechnungsbetrag bar	2000,00 EUR
2. Ein Kunde überweist einen Rechnungsbetrag auf unser Bankkonto	1500,00 EUR
Betriebs- und Geschäftsausstattung	
Anfangsbestand	3750,00 EUR
3. Wir kaufen einen Laptop bar	1350,00 EUR
4. Wir verkaufen ein ausgedientes Faxgerät bar zum Buchwert	50,00 EUR
Bank	
Anfangsbestand	5150,00 EUR
5. Wir heben Bargeld vom Bankkonto ab und legen das Geld in die Geschäftskasse	1200,00 EUR
6. Ein Kunde überweist einen Rechnungsbetrag auf unser Bankkonto	1500,00 EUR
Kasse	
Anfangsbestand	560,00 EUR
7. Ein Kunde zahlt einen Rechnungsbetrag bar	2000,00 EUR
8. Wir heben Bargeld vom Bankkonto ab und legen das Geld in die Geschäftskasse	1200,00 EUR
9. Wir kaufen einen Laptop bar	1350,00 EUR
10. Wir verkaufen ein ausgedientes Faxgerät bar zum Buchwert	50,00 EUR

1 In diesem Lehrbuch gehen wir davon aus, dass das Bankkonto immer ein Guthaben aufweist.

1.6.2.3 Überleitung zum System der doppelten Buchführung

(1) Buchung von Geschäftsvorfällen mithilfe eines Überlegungsschemas

Anstatt die Auswirkungen eines Geschäftsvorfalles nur einseitig von einem bestimmten Konto ausgehend zu betrachten, wollen wir jetzt den Geschäftsvorfall in seinen gesamten Auswirkungen untersuchen. Das führt zu einem anderen Ausgangspunkt in unserer Betrachtungsweise und daher auch zu einer anderen Fragestellung. Wir wählen nicht mehr ein bestimmtes Konto zum Ausgangspunkt unserer Betrachtung, sondern den Geschäftsvorfall selbst. Wir fragen daher nicht mehr: Wie wird dieses Konto durch einen bestimmten Geschäftsvorfall verändert, sondern wir fragen jetzt: Welche Konten werden durch diesen Geschäftsvorfall verändert und erst danach: Wie verändert sich jeweils der Bestand auf den Konten?

Beispiel:

Geschäftsvorfall: Ein Kunde zahlt bar 2000,00 EUR.

- bar → Konto Kasse → Bestand nimmt zu → daher → Sollseite
- Kunde → Konto Forderungen a. Lief. u. Leist. → Bestand nimmt ab → daher → Habenseite

Um die Auswirkungen von mehreren Geschäftsvorfällen übersichtlich darstellen zu können, schlagen wir das folgende Überlegungsschema vor:

Geschäftsvorfälle	I. Welche Konten werden berührt?	II. Wie verändert sich jeweils der Bestand auf den Konten?	III. Auf welcher Kontoseite ist jeweils zu buchen?	
			Soll	Haben
1. Ein Kunde zahlt einen Rechnungsbetrag bar 2000,00 EUR.	Kasse → Ford.a.Lief.u.Leist. →	Zugang → Abgang →	2000,00	 2000,00

Übungsaufgabe

Stellen Sie anhand des Überlegungsschemas fest, welche Konten durch die folgenden Geschäftsvorfälle berührt werden, welche Veränderung sich auf dem jeweiligen Konto ergibt und auf welcher Seite jeweils zu buchen ist!

12

1. Ein Kunde zahlt einen Rechnungsbetrag bar — 350,00 EUR
2. Wir kaufen eine Ledercouch für das Konferenzzimmer gegen Banküberweisung — 1250,00 EUR
3. Wir verkaufen einen nicht mehr benötigten Schreibtisch bar zum Buchwert — 150,00 EUR
4. Ein Kunde bezahlt einen Rechnungsbetrag mit Bankscheck — 720,00 EUR
5. Wir heben vom Bankkonto ab und legen das Geld in die Geschäftskasse — 900,00 EUR
6. Wir kaufen eine PC-Anlage gegen Bankscheck — 4310,00 EUR

7.	Wir verkaufen eine nicht mehr benötigte Ladentheke gegen Bankscheck zum Buchwert	680,00 EUR
8.	Ein Kunde zahlt einen Rechnungsbetrag durch Banküberweisung	165,00 EUR
9.	Wir zahlen auf unser Bankkonto bar ein	2200,00 EUR
10.	Kundenüberweisung lt. Bankauszug	910,00 EUR
11.	Wir heben vom Bankkonto ab und legen das Geld in die Kasse	10000,00 EUR
12.	Wir kaufen einen Kombiwagen bar	42000,00 EUR
13.	Ein Kunde zahlt einen Rechnungsbetrag bar	1200,00 EUR
14.	Wir zahlen auf das Bankkonto bar ein	500,00 EUR
15.	Wir kaufen zwei Schredder gegen Bankscheck	1750,00 EUR
16.	Wir richten bei der Bank ein Konto ein und zahlen darauf bar ein	500,00 EUR
17.	Ein Kunde überweist einen Rechnungsbetrag auf unser Bankkonto	3200,00 EUR
18.	Die Forderung gegenüber dem Kunden (vgl. Nr. 17) beträgt nur 2300,00 EUR. Wir zahlen daher dem Kunden den irrtümlich zu viel gezahlten Betrag durch Banküberweisung zurück	900,00 EUR
19.	Ein Kunde zahlt einen Rechnungsbetrag mit Bankscheck	780,00 EUR
20.	Wir verkaufen einen nicht mehr benötigten Computer bar zum Buchwert	500,00 EUR
21.	Wir kaufen eine Glasvitrine für eine Ausstellung bar	325,00 EUR
22.	Wir kaufen einen neuen Computer gegen Banküberweisung	1500,00 EUR

(2) Buchung von Geschäftsvorfällen im System der doppelten Buchführung (im Überlegungsschema und auf Konten)

Um die Vorteile der neuen Sichtweise, bei der als Ausgangspunkt nicht ein bestimmtes Konto, sondern der Geschäftsvorfall gewählt wird, besser verstehen zu können, greifen wir auf die Aufgabe Nr. 11 auf der S. 37 zurück. Bei der alten Sichtweise, bei der wir von einem bestimmten Konto ausgingen, musste jeder Geschäftsvorfall zweimal erscheinen, da jeder Geschäftsvorfall zwei Konten berührt (vgl. in Aufgabe 11 z.B. Nr. 1 und Nr. 7, Nr. 2 und Nr. 6 usw.). Bei der neuen Vorgehensweise, bei der wir den **Geschäftsvorfall als Ausgangspunkt** unserer Bearbeitung wählen, kommen wir bei der gleichen Aufgabe mit der Hälfte der Geschäftsvorfälle aus. Wir wählen dabei nur eine andere Form der Aufgabenstellung und kommen zu den gleichen Ergebnissen auf den Konten.

Beispiel mit Lösung (Rückgriff auf Aufgabe 11):

I. Anfangsbestände:

Forderungen aus Lieferungen und Leistungen 4150,00 EUR; Betriebs- und Geschäftsausstattung 3750,00 EUR; Bank 5150,00 EUR; Kasse 560,00 EUR.

II. Aufgaben:

1. Stellen Sie mithilfe der drei Fragen unseres eingeführten Überlegungsschemas (siehe S. 38) jeweils fest, auf welcher Kontoseite die Auswirkungen der folgenden Geschäftsvorfälle jeweils zu buchen sind!
2. Übertragen Sie die Ergebnisse Ihrer Überlegungen jeweils auf die Konten und schließen Sie die Konten ab!

Lösungen:

Zu 1.: Feststellung der Auswirkungen der Geschäftsvorfälle

III. Geschäftsvorfälle	I. Welche Konten werden berührt?	II. Wie verändert sich jeweils der Bestand auf den Konten?	III. Auf welcher Kontoseite ist jeweils zu buchen? Soll	Haben
1. Ein Kunde zahlt einen Rechnungsbetrag bar 2000,00 EUR	Kasse Ford. a. Lief. u. Leist.	Zugang[1] Abgang[1]	2000,00	 2000,00
2. Ein Kunde überweist einen Rechnungsbetrag auf unser Bankkonto 1500,00 EUR	Bank Ford. a. Lief. u. Leist.	Zugang Abgang	1500,00	 1500,00
3. Wir kaufen einen Laptop bar 1350,00 EUR	Betr.- u. G.-Ausst. Kasse	Zugang Abgang	1350,00	 1350,00
4. Wir verkaufen ein ausgedientes Faxgerät bar zum Buchwert 50,00 EUR	Kasse Betr.- u. G.-Ausst.	Zugang Abgang	50,00	 50,00
5. Wir heben Bargeld vom Bankkonto ab 1200,00 EUR und legen das Geld in die Geschäftskasse	Kasse Bank	Zugang Abgang	1200,00	 1200,00

Zu 2.: Übertragung der festgestellten Auswirkungen auf die Konten und Abschluss der Konten

Soll	Forderungen a. Lief. u. Leist.		Haben
AB	4150,00	Kasse	2000,00
		Bank	1500,00
		SB	650,00
	4150,00		4150,00

Soll	Betriebs- u. Geschäftsausst.		Haben
AB	3750,00	Kasse	50,00
Kasse	1350,00	SB	5050,00
	5100,00		5100,00

Soll	Kasse		Haben
AB	560,00	BGA	1350,00
Ford.a.L.u.L.	2000,00	SB	2460,00
BGA	50,00		
Bank	1200,00		
	3810,00		3810,00

Soll	Bank		Haben
AB	5150,00	Kasse	1200,00
Ford.a.L.u.L.	1500,00	SB	5450,00
	6650,00		6650,00

Erläuterungen zu den Buchungen auf den Konten:

Die erforderlichen Buchungen auf den Konten sind jeweils aus dem Überlegungsschema abzulesen. Aus dem Geschäftsvorfall Nr. 1 ist z. B. ablesbar, dass auf dem Kassenkonto auf der Sollseite 2000,00 EUR einzutragen sind und auf dem Forderungskonto ebenfalls 2000,00 EUR, allerdings auf der Habenseite.

Um feststellen zu können, wie es zu diesem Betrag auf dem betreffenden Konto gekommen ist, trägt man in Höhe des gebuchten Betrages jeweils das andere Konto (das sogenannte Gegenkonto) ein. Aus praktischen Gründen (Platzmangel, Zeit) kann der Kontoname abgekürzt werden.

1 **Hinweis:** Die scheinbare Gesetzmäßigkeit in Spalte II (Zugang einerseits, Abgang andererseits) haben wir bewusst nicht angesprochen. Dieses Wechselspiel gilt nur im Bereich der Aktivkonten. Außerdem haben wir die Reihenfolge der Konten so gewählt, dass das Konto, auf dem auf der Sollseite zu buchen ist, immer an erster Stelle steht. An diese Ordnung sind Sie vorläufig nicht gebunden.

Merke:

- Jeder Geschäftsvorfall wird **doppelt gebucht** und berührt **(mindestens) zwei Konten.**
- Bei jedem Geschäftsvorfall wird der Betrag auf einem Konto auf der **Sollseite** und auf einem anderen Konto auf der **Habenseite** gebucht.
- Für jeden Geschäftsvorfall gilt:

gebuchter Sollbetrag ≙ gebuchter Habenbetrag

Das ist das **Grundprinzip** des Systems der doppelten Buchführung.[1]

Übungsaufgaben

13 **I. Anfangsbestände:**

Unbebaute Grundstücke 420000,00 EUR; Betriebs- und Geschäftsausstattung 20000,00 EUR; Waren 35900,00 EUR; Forderungen aus Lieferungen und Leistungen 16450,00 EUR; Kasse 3500,00 EUR; Bank 9100,00 EUR.

II. Geschäftsvorfälle:

1.	Wir kaufen ein Kopiergerät bar	3000,00 EUR
2.	Wir heben Bargeld vom Bankkonto ab und legen das Geld in die Kasse	2500,00 EUR
3.	Wir kaufen einen Aktenschrank und zahlen mit Bankscheck	1750,00 EUR
4.	Ein Kunde überweist einen Rechnungsbetrag auf unser Bankkonto	2000,00 EUR
5.	Wir kaufen Schreibtische gegen Banküberweisung	2000,00 EUR
6.	Ein nicht mehr benötigtes Faxgerät wird zum Buchwert bar verkauft	250,00 EUR

III. Aufgaben:

1. Richten Sie für die angegebenen Anfangsbestände die Konten ein und tragen Sie die Anfangsbestände vor!
2. Erfassen Sie die Veränderungen durch die Geschäftsvorfälle zunächst in dem eingeführten Überlegungsschema und übertragen Sie diese anschließend unter Angabe der entsprechenden Gegenkonten auf die Konten!
3. Schließen Sie die Konten ordnungsmäßig ab!

14 **I. Anfangsbestände:**

Betriebs- und Geschäftsausstattung 12400,00 EUR; Waren 8900,00 EUR; Forderungen aus Lieferungen und Leistungen 10400,00 EUR; Kasse 1700,00 EUR; Bank 4200,00 EUR.

II. Geschäftsvorfälle:

1.	Wir kaufen einen Büroschrank gegen Banküberweisung	1400,00 EUR
2.	Ein Kunde zahlt den Rechnungsbetrag bar	2200,00 EUR
3.	Wir kaufen einen Aktenvernichter gegen Bankscheck	460,00 EUR
4.	Wir heben Bargeld vom Bankkonto ab und legen das Geld in die Geschäftskasse	900,00 EUR
5.	Ein Kunde zahlt den Rechnungsbetrag durch Überweisung auf das Bankkonto	400,00 EUR
6.	Wir verkaufen einen nicht mehr benötigten Schreibtisch zum Buchwert bar	400,00 EUR

1 Das System der doppelten Buchführung war bereits im Mittelalter bekannt. Es ist von dem Grundgedanken her so genial, dass es sich bis in unsere heutigen Tage bewährt hat.

III. Aufgaben:

1. Richten Sie für die angegebenen Anfangsbestände die Konten ein und tragen Sie die Anfangsbestände vor!
2. Erfassen Sie die Veränderungen durch die Geschäftsvorfälle zunächst in dem eingeführten Überlegungsschema und übertragen Sie diese anschließend unter Angabe der entsprechenden Gegenkonten auf die Konten!
3. Schließen Sie die Konten ordnungsmäßig ab!

1.6.3 Buchungen auf den Passivkonten (Schuldkonten)

Der gegensätzliche Charakter von Vermögen und Schulden führt zwangsläufig dazu, dass auf den Passivkonten **anders** zu buchen ist als auf den Aktivkonten. Auf einem Konto, das durch die zweiseitige Verrechnungsmöglichkeit charakterisiert ist (Soll- oder Habenseite), kann das Wort „anders" nur bedeuten: „auf der **anderen Kontoseite".** Das führt dazu, dass auf den **Passivkonten** der **Anfangsbestand** und die **Zugänge** auf der **Habenseite,** die **Abgänge** und der **Schlussbestand** auf der **Sollseite** zu buchen sind. In der Gegenüberstellung zu den Aktivkonten ergeben sich daher für die Passivkonten, zu denen auch das Eigenkapitalkonto gehört, folgende Buchungsregeln:

Soll	Aktivkonto Haben
Anfangsbestand	Abgänge
Zugänge	Schlussbestand

Soll	Passivkonto Haben
Abgänge	Anfangsbestand
Schlussbestand	Zugänge

Buchungsregeln	
... für die Aktivkonten	**... für die Passivkonten**
Bei den **Aktivkonten** (Vermögenskonten) erscheinen: der **Anfangsbestand** und die **Zugänge** auf der **Sollseite,** die **Abgänge** und der **Schlussbestand** auf der **Habenseite.**	Bei den **Passivkonten** (Schuldkonten und Eigenkapitalkonto) erscheinen: der **Anfangsbestand** und die **Zugänge** auf der **Habenseite,** die **Abgänge** und der **Schlussbestand** auf der **Sollseite.**

Beispiel:

Wir kaufen bei der Karl Sende OHG einen Laptop auf Ziel (Zahlung später) für 2500,00 EUR.

Aufgabe:
Buchen Sie den Geschäftsvorfall auf den entsprechenden Konten!

Lösung:

Der Geschäftsvorfall besagt, dass wir bei der Karl Sende OHG einen Laptop einkaufen und zunächst Schulden machen, weil wir die Rechnung nicht unverzüglich zahlen. Die Karl Sende OHG ist unser Lieferant. Schulden bei Lieferanten buchen wir auf dem Schuldkonto „Verbindlichkeiten aus Lieferungen und Leistungen".

Der Geschäftsvorfall berührt also die beiden Konten **Betriebs- und Geschäftsausstattung** und **Verbindlichkeiten aus Lieferungen und Leistungen**.

Betrachtungspunkt: Konto Betriebs- u. Geschäftsausstattung	**Betrachtungspunkt: Konto Verbindlichkeiten aus Lieferungen und Leistungen**
Durch den Kauf des Laptops nimmt der Bestand auf dem Konto Betriebs- und Geschäftsausstattung **zu.** Das Konto Betriebs- und Geschäftsausstattung ist ein Aktivkonto. Der **Zugang** auf einem **Aktivkonto** wird nach den festgelegten Buchungsregeln auf der **Sollseite** erfasst.	Durch den Einkauf des Laptops auf Ziel nehmen die Verbindlichkeiten **zu.** Das Konto Verbindlichkeiten aus Lieferungen und Leistungen ist ein Passivkonto. Der **Zugang** bei **Passivkonten** wird nach den geltenden Buchungsregeln auf der **Habenseite** erfasst.

Soll	Betr.- u. Geschäftsausstattung	Haben
Verb.a.L.u.L. 2 500,00		

Soll	Verbindlichkeiten a. Lief. u. Leist.	Haben
		BGA 2 500,00

Erläuterungen:

Auf **beiden Konten** ist ein **Zugang** zu verzeichnen. Damit wird klargestellt, dass das Prinzip der doppelten Buchführung nicht in einem Wechsel von Zugang und Abgang besteht. Das ist, wie dieser Fall zeigt, eben nicht so. Dagegen bleibt das Grundprinzip der doppelten Buchführung (Sollbuchung auf dem einen Konto, Habenbuchung auf dem anderen Konto) selbstverständlich erhalten. Um nachvollziehen zu können, wie es jeweils zu dem Betrag auf dem Konto gekommen ist, tragen wir vor dem Betrag jeweils das andere Konto (Gegenkonto) ein.

Merke:

Um auf den Bestandskonten (Aktiv- und Passivkonten) richtig buchen zu können, muss man die **Buchungsregeln** kennen, die schematisch dargestellt wie folgt lauten:

Kontoart	**Soll**	**Haben**
Aktivkonto (Vermögenskonto)	Anfangsbestand Zugänge	Abgänge Schlussbestand
Passivkonto (Schuldkonto)	Abgänge Schlussbestand	Anfangsbestand Zugänge

Übungsaufgaben

15 Buchen Sie die nachfolgenden Geschäftsvorfälle!

1.	Zielkauf eines Bürostuhls	340,00 EUR
2.	Wir kaufen ein Regal für das Büro auf Ziel	980,00 EUR
3.	Wir bezahlen eine bereits gebuchte Liefererrechnung mit Bankscheck[1]	1 210,00 EUR
4.	Wir tilgen einen Teil des Bankdarlehens durch Banküberweisung	600,00 EUR
5.	Ein Kunde zahlt einen Rechnungsbetrag bar	55,00 EUR
6.	Kauf eines PCs auf Ziel	3 980,00 EUR

1 Bei Zahlungen an Lieferanten bzw. Zahlungseingängen von Kunden ist stets davon auszugehen, dass die entsprechenden Eingangs- bzw. Ausgangsrechnungen bereits gebucht wurden, auch wenn nicht ausdrücklich darauf hingewiesen wird.

7. Barabhebung vom Bankkonto zur Auffüllung der Geschäftskasse 500,00 EUR
8. Zielkauf eines Notebooks 1720,00 EUR
9. Kauf eines Büroschrankes auf Ziel 598,00 EUR

Bearbeitungshinweise:

Um Fehler soweit wie möglich zu vermeiden, verwenden Sie bitte das nachfolgende **Überlegungsschema.** Da wir es jetzt mit zwei unterschiedlichen Kontoarten zu tun haben, müssen wir das bereits auf S. 40 eingeführte Überlegungsschema um eine weitere Spalte erweitern.

Geschäftsvorfälle	I. Welche Konten werden berührt?	II. Um welche Kontoart handelt es sich?	III. Wie verändert sich jeweils der Bestand auf den Konten?	IV. Auf welcher Kontoseite ist jeweils zu buchen?	
				Soll	Haben
1. Zielkauf eines Bürostuhls	Betr.- u. G.-Ausst. Verb. a. Lief. u. Leist.	Aktivkonto Passivkonto	Zugang Zugang	340,00	 340,00

16 Buchen Sie mithilfe des oben dargestellten Überlegungsschemas die nachfolgenden Geschäftsvorfälle!

1. Zahlung der Liefererrechnung durch Banküberweisung 14950,00 EUR
2. Banküberweisung zwecks Tilgung eines Bankdarlehens 7000,00 EUR
3. Einkauf von Lagerregalen auf Ziel 6812,00 EUR
4. Einkauf eines Bürosessels bar 1745,00 EUR
5. Bareinzahlung auf unser Bankkonto 10800,00 EUR
6. Ein Kunde begleicht eine Rechnung durch Banküberweisung 14500,00 EUR
7. Barkauf einer PC-Anlage 19220,00 EUR
8. Aufnahme eines Darlehens bei der Bank in Höhe von 50000,00 EUR
   Der Betrag wird uns von der Bank auf dem Kontokorrentkonto zur Verfügung gestellt.
9. Barverkauf eines nicht mehr benötigten Faxgerätes zum Buchwert von 120,00 EUR
10. Ein Kunde überweist einen Rechnungsbetrag auf unser Bankkonto 1730,00 EUR
11. Zahlung einer Liefererrechnung durch Bankscheck in Höhe von 960,00 EUR
12. Barabhebung vom Bankkonto in Höhe von 1500,00 EUR zur Auffüllung der Geschäftskasse
13. Barkauf eines Schreibtisches für das Chefbüro im Wert von 595,00 EUR
14. Ein Geschäftsfahrzeug wird zum Buchwert von 4500,00 EUR gegen Barzahlung verkauft
15. Bareinzahlung auf das Bankkonto 4200,00 EUR
16. Ein Kunde zahlt eine Rechnung auf unser Bankkonto durch Banküberweisung 430,00 EUR
17. Kundenüberweisung lt. Lastschrifteinzug 7070,00 EUR
18. Wir richten bei einer Bank ein Konto ein und zahlen darauf bar ein 800,00 EUR
19. Die Forderung gegenüber dem Kunden beträgt nur 7000,00 EUR (vgl. Fall 17).
    Wir zahlen daher dem Kunden den von ihm irrtümlich zu viel gezahlten Betrag durch Bankscheck zurück 70,00 EUR
20. Barverkauf eines nicht mehr benötigten Kassencomputers zum Buchwert von 450,00 EUR
21. Barkauf eines Regals für das Büro 1780,00 EUR
22. Ein Geschäftsfahrzeug wird zum Buchwert gegen Barzahlung verkauft 8000,00 EUR

1.6.4 Buchungssatz

1.6.4.1 Einfacher Buchungssatz ohne Buchungen nach Belegen

Das bisher benutzte „Überlegungsschema" (vgl. S. 44) zur Festlegung der erforderlichen Buchungen auf den Konten ist recht aufwendig. Es genügt, wenn wir uns in Zukunft auf zwei Angaben beschränken:

- die **Konten,** auf denen zu buchen ist,
- die Angabe der **Kontoseite,** auf der jeweils auf dem Konto zu buchen ist.

Diese beiden Angaben sind in den Spalten I und IV unseres Überlegungsschemas enthalten. Die übrigen Spalten (II und III) sind daher entbehrlich. Eine solche auf das Mindestmaß beschränkte Buchungsanweisung nennen wir **Buchungssatz.**

Beispiel:

Geschäftsvorfall	Konten	Soll	Haben
Wir kaufen ein Kopiergerät auf Ziel für 1 500,00 EUR	Betr.- u. Geschäftsausstattung an Verbindlichk. a. Lief. u. Leist.	1 500,00	 1 500,00
	Buchungssatz		

Erläuterungen:

- Da bezüglich der Kontoseite immer nur zwei Möglichkeiten infrage kommen können (Soll- oder Habenseite), hat man die Vereinbarung getroffen, dass das Konto, auf dem auf der **Sollseite** zu buchen ist, immer **zuerst** genannt wird. Des Weiteren hat man vereinbart, **vor** das Konto, auf dem auf der Habenseite zu buchen ist, das Wörtchen **„an"** zu setzen. Unter Beachtung dieser Vereinbarung kann ein Buchungssatz daher immer nur lauten:

  Konto mit der **Sollbuchung**
  an Konto mit der **Habenbuchung.**

- Zur Vereinheitlichung der Schreibweise legen wir fest, dass beim Bilden von Buchungssätzen für jedes Konto eine Zeile benutzt wird. Es sollen auch immer die drei Spalten des oben dargestellten Schemas eingerichtet werden. Nur so ist eine eindeutige Zuordnung von Konto und Betrag möglich.

Zur Bildung des richtigen Buchungssatzes müssen selbstverständlich auch weiterhin die Denkschritte 1 – 5 vollzogen werden.

Beispiel:

Geschäftsvorfall: Wir kaufen ein Kopiergerät auf Ziel für 1 500,00 EUR.

Aufgabe:

Bilden Sie zu dem Geschäftsvorfall den Buchungssatz!

Lösung:

Wir fragen:	Wir antworten:		
1. **Welche Konten werden berührt?**	Das Konto Betriebs- und Geschäftsausstattung und das Konto Verbindlichkeiten aus Lieferungen und Leistungen.		
2. **Um welche Kontoart handelt es sich jeweils?**	Das Konto Betriebs- und Geschäftsausstattung ist ein Vermögenskonto. Das Konto Verbindlichkeiten aus Lieferungen und Leistungen ist ein Schuldkonto.		
3. **Welche Veränderungen ergeben sich jeweils auf den Konten?**	Der Bestand auf dem Betriebs- und Geschäftsausstattung nimmt zu, die Verbindlichkeiten aus Lieferungen und Leistungen nehmen ebenfalls zu.		
4. **Welche Buchungsregeln sind jeweils anzuwenden?**	Zugänge auf dem Konto Betriebs- und Geschäftsausstattung (Aktivkonto) erscheinen auf der Sollseite. Zugänge auf dem Konto Verbindl. a. Lief. u. Leist. (Passivkonto) gehören auf die Habenseite.		
5. **Wie lautet der Buchungssatz?** (zuerst das Konto mit der Sollbuchung angeben!)	Konten	Soll	Haben
	Betr.- und Geschäftsausstattung an Verbindl. a. Lief. u. Leist.	1 500,00	 1 500,00

Merke:

- Der **Buchungssatz** ist das Verständigungsmittel unter Fachleuten. Er gibt mit kurzen und eindeutigen Hinweisen an, wie ein Geschäftsvorfall auf den Konten zu buchen ist.

  Dabei wird das Konto, auf dem auf der **Sollseite** zu buchen ist, **zuerst genannt.** Danach folgt das Konto, auf dem auf der Habenseite zu buchen ist.
- Vor dem **Konto mit der Habenbuchung** sollte das Verbindungswort **„an"** stehen. Zur Vermeidung von Missverständnissen sollte der Übersicht halber für die Eintragung der erforderlichen Daten beim Buchungssatz das folgende Drei-Spalten-Schema benutzt werden:

Konten	**Soll**	**Haben**
Konto x an Konto y	…	 …

Übungsaufgabe

17 Bilden Sie zu folgenden Geschäftsvorfällen die Buchungssätze bzw. ermitteln Sie die Geschäftsvorfälle:

1.	Wir zahlen auf unser Bankkonto bar ein	500,00 EUR
2.	Wir zahlen eine Lieferantenrechnung durch Banküberweisung	375,00 EUR
3.	Ein Kunde zahlt einen Rechnungsbetrag bar	570,00 EUR
4.	Wir kaufen einen Aktenvernichter bar	1 250,00 EUR

5. Wir kaufen ein Kopiergerät bar 1 320,00 EUR
6. Wir zahlen die Tilgungsrate für ein Bankdarlehen bar 500,00 EUR
7. Ein Kunde zahlt einen Rechnungsbetrag durch Banküberweisung 650,00 EUR
8. Wir heben vom Bankkonto bar ab und legen das Geld in die Kasse 750,00 EUR
9. Welche Geschäftsvorfälle lagen folgenden Buchungssätzen zugrunde?

Nr.	Konten	Soll	Haben
9.1	Verbindlichkeiten a. Lief. u. Leist. an Bank	900,00	 900,00
9.2	Kasse an Bank	500,00	 500,00
9.3	Fuhrpark an Kasse	33 350,00	 33 350,00

10. Wir kaufen einen Laptop auf Ziel 1 500,00 EUR
11. Der Laptop wird wegen eines Mangels an den Lieferanten zurückgeschickt 1 500,00 EUR
12. Ein Kunde zahlt einen Rechnungsbetrag bar 500,00 EUR
13. Ein Kunde zahlt durch Banküberweisung einen Betrag von 700,00 EUR
14. Eine Lieferantenrechnung wird durch Bankscheck beglichen 450,00 EUR
15. Wie lauten die Geschäftsvorfälle zu den folgenden Buchungssätzen?

Nr.	Konten	Soll	Haben
15.1	Verbindlichkeiten a. Lief. u. Leist. an Kasse	300,00	 300,00
15.2	Kasse an Forderungen a. Lief. u. Leist.	470,00	 470,00
15.3	Bank an Forderungen a. Lief. u. Leist.	480,00	 480,00

1.6.4.2 Einfacher Buchungssatz mit Buchungen nach Belegen

(1) Grundsätzliches

In der Praxis existiert über jedes Handelsgeschäft ein Beleg. Die Buchungssätze werden somit dort immer nur aufgrund von Belegen (Überweisungen, Rechnungen, Quittungen, Lohnlisten usw.) gebildet.

Merke:

In der Praxis gilt der Grundsatz: **Keine Buchung ohne Beleg!**

(2) Bearbeitung der Buchungsbelege

Die **Buchungsanweisung (Buchungssatz, Kontierung)** wird auf dem Beleg festgehalten. Zu diesem Zweck benutzt man in der Regel einen sogenannten **Kontierungsstempel,** mit dem man die benötigten Spalten auf den Beleg aufdruckt, sodass diese nur noch mit den erforderlichen Daten versehen werden müssen. Da später so gebucht wird wie kontiert wurde, ist die Kontierungsarbeit von grundlegender Bedeutung.

An die Kontierung schließt sich dann der eigentliche **Buchungsvorgang** an. Hierbei wird bei jeder Buchung im Grundbuch[1] die Belegnummer vermerkt (z.B. ER 9 entspricht der Eingangsrechnungsnummer 9), um jederzeit von der Buchung auf den Beleg schließen zu können. Da der Buchhalter auch den Beleg mit einem Buchungsvermerk versieht (Buchungsnummer, Seitennummer, Datum, Zeichen des Buchhalters), kann umgekehrt auch vom Beleg auf die Buchung geschlossen werden.

Beispiel:

Franz Kayser GmbH
Ladenbau Mannheim

ER 9 ← Beleg-Nummerierung

F. Kayser GmbH · Edisonstr. 15 · 68309 Mannheim

Mannheim, Telefon 0621 2371
Bankkonten:
Deutsche Bank Mannheim 3101011 BLZ 67070010
Commerzbank Mannheim 117460 BLZ 67040031

Früchtehandlung
Herbert Loske. e. Kfm.[2]
Kantstraße 15
71640 Ludwigsburg

EINGEGANGEN
1. AUG. 20..
Erl. ....

Bei Bezahlung und Schriftwechsel angeben		
Kundennummer	Rechnungsnummer	Datum
411/721	679	31. Juli 20..

Rechnung

Liefer-datum	Menge	Artikel-nummer	Bezeichnung	Einzelpreis in EUR	Gesamtpreis in EUR
17. Juli 20..	5	17/411	Ladentheke	2459,71	12298,55*

Konten	Soll	Haben
Laden-Ausst.	12298,55	
an Verb.a.L.u.L.		12298,55
Gebucht: J VIII/7 2. Aug./Hu		

← Vorkontierung

Abkürzungen:
J: Journal
VIII: August
7: Journalseite 7
2. Aug.: Buchungsdatum
Hu: Buchhalter Huchler

Bei Barzahlung innerhalb 8 Tagen 2 % Skonto. Die Ware bleibt bis zur völligen Bezahlung mein Eigentum.
Sitz der Gesellschaft: Mannheim; RG Mannheim: HRA 2785[2] Steuer-Nr.: 91479/17040[2]

* Da die Umsatzsteuer aufgrund des Lehrplans noch nicht behandelt wurde, bleibt sie hier unberücksichtigt.

1 Im **Grundbuch** werden die Buchungen in zeitlicher Reihenfolge (chronologisch) erfasst. Zu Einzelheiten siehe S. 61f.

2 Bei allen Kaufleuten ist auf den Geschäftsbriefen die Firma, die Bezeichnung als Kaufmann (z.B. e.Kfm., GmbH, KG), der Ort der Handelsniederlassung, das Registergericht (HRA → für Einzelunternehmen und Personengesellschaften, HRB → für Kapitalgesellschaften) und die Nummer, unter der die Firma in das Handelsregister eingetragen ist, anzugeben. Zudem muss die Steuernummer oder die Umsatzsteuer-Identifikationsnummer des Bundesamtes für Finanzen ausgewiesen werden [§ 14 IV, S. 1, Nr. 2 UStG]. Zu weiteren Pflichtangaben nach dem Umsatzsteuergesetz siehe S. 94.

Merke:

- In der Praxis gilt der Grundsatz: Keine Buchung ohne Beleg!
- Belege dokumentieren den Geschäftsvorfall und bilden die Grundlage für die Überprüfung der ordnungsmäßigen Verbuchung.
- Durch entsprechende Vermerke muss vom Beleg aus auf die Buchung und umgekehrt geschlossen werden können.

Übungsaufgaben[1]

18

1. Formulieren Sie aufgrund der vorliegenden Belege den jeweils zugrunde liegenden Geschäftsvorfall!
2. Bilden Sie die Buchungssätze für das Lebensmittelgeschäft Weber Markt e.Kfm., Huberweg 8, 91058 Erlangen!

Beleg 1

Metallfabrik Friedrich Pappe GmbH, Karlsruhe

Friedrich Pappe GmbH, Seegasse 4, 76228 Karlsruhe

Lebensmittelhandlung
Weber Markt e. Kfm.
Huberweg 8
91058 Erlangen

Rechnung Nr. 65017 Rechnungsdatum: 27. Januar 20..

Lieferdatum	Menge	Artikel-Nr.	Artikelbezeichnung	Preis je Artikel	Gesamtbetrag
20. Jan. 20..	5	234 176	Lagerregale 2000 Stahl	3070,00 EUR	15350,00 EUR

Es gelten unsere umseitigen Lieferungs- und Zahlungsbedingungen.

Sitz der Gesellschaft: Karlsruhe, Amtsgericht Karlsruhe HRB 1350 Steuer-Nr.: 71020/1793

Beleg 2

Empfangsbescheinigung
über Bareinzahlung
auf eigenes Girokonto

Kontonummer: 523 798
Name des Kontoinhabers: Weber Markt e. Kfm.
Name des Einzahlers, falls erforderlich:

500,00

Datum: 27. Januar 20..
Unterschrift: Weber
Kassierer: Maier

185 015

Beleg 3

DURCHSCHRIFT EUR **Quittung**

Betrag: 3 8 0,4 0
Nr. 1/14
inclusive % MwSt./Betrag
Betrag in Worten: dreihundertachtzig ----------------------
von: Franz Keller
für: Rechnung vom 25. Januar 20..
dankend erhalten
Datum/Ort: Erlangen, 27. Januar 20..
Buchungsvermerke
Stempel/Unterschrift des Empfängers: **Weber Markt e. Kfm.**
91058 Erlangen
Weber

Beleg 4

Beleg für Kontoinhaber/Einzahler-Quittung
Sparkasse Nürnberg — 760 501 01
Name und Sitz des Kreditinstituts des Überweisenden — Bankleitzahl
Begünstigter: Name, Vorname/Firma (max. 27 Stellen): Lener-Service Handelsgesellschaft Pfungstadt
Konto-Nr. des Begünstigten: 345 9876 — Bankleitzahl: 508 501 50
Kreditinstitut des Begünstigten: Städtische Sparkasse Pfungstadt
EUR — Betrag: Euro, Cent: 460,94 ------------
Kunden-Referenznummer - Verwendungszweck, ggf. Name und Anschrift des Überweisenden - (nur für Begünstigten): Rechnung vom 27. Jan. 20..
noch Verwendungszweck (insgesamt max. 2 Zeilen à 27 Stellen)
Kontoinhaber/Einzahler: Name, Vorname/Firma, Ort (max. 27 Stellen, keine Straßen- oder Postfachangaben): Weber Markt e.Kfm., Huberweg 8, 91058 Erlangen
Konto-Nr. des Kontoinhabers: 523 798

1 Bei den Belegen der Aufgaben 18 und 19 wird auf den Ausweis der Umsatzsteuer verzichtet, weil die Buchung der Umsatzsteuer in diesem Lehrbuch noch nicht behandelt worden ist.

4 Waltermann-Speth - ISBN 978-3-8120-0458-9

Beleg 5

BüTop
Büromöbel Topauer KG

Büromöbel Topauer KG, Tengstr. 28, 80798 München

Weber Markt e. Kfm.
Huberweg 8
91058 Erlangen

Kunden-nummer	Rechnungs-nummer	Rechnungs-datum	Liefer-datum	Auftrags-datum	Bestell-nummer
24003	1502	27-01-20..	10-01-20..	08-01-20..	268F1

Rechnung

Pos.	Art.Nr.	Bezeichnung	Menge	Einzelpreis EUR	Gesamtpreis EUR
1	20100	Computertisch Standard 160 x 80 x 75	12	525,00	6300,00
2	10100	Schreibtisch Eibe furniert 180 x 80 x 75	8	980,00	7840,00
			Rechnungsbetrag		14140,00

Zahlungs-bedingungen: Innerhalb 8 Tagen abzüglich 2 % Skonto = 278,84 EUR
Innerhalb 30 Tagen rein netto

Sitz der Gesellschaft: München
Registergericht München
HRA 8966
UID-Nr. DE 129 000 000

St.-Nr. 91417/77040

Tengstr. 28
80798 München
Tel. 089 25919-0
Fax 089 25919-10

Postbank München
0134383464, BLZ 700 100 80
HypoVereinsbank München
Nr. 4 646 232, BLZ 700 202 70

Beleg 6

Sparkasse Erlangen

Zahlen Sie gegen diesen Scheck
zweihundertvierzig
Betrag in Buchstaben

EUR | Betrag: 240,20

noch Betrag in Buchstaben

Erlangen
Ausstellungsort

an Weber Markt e.Kfm., Erlangen
oder Überbringer

27. Januar 20..
Datum

Nur zur Verrechnung

Erika Schmidt
Unterschrift des Ausstellers

121 600 000

Der vorgedruckte Schecktext darf nicht geändert oder gestrichen werden. Die Angabe einer Zahlungsfrist auf dem Scheck gilt als nicht geschrieben.

Scheck-Nr.	Konto-Nr.	Betrag	Bankleitzahl	Text
0000005654483	0142016978		62050000	01

Bitte dieses Feld nicht beschriften und nicht bestempeln

19 1. Formulieren Sie aufgrund der nachfolgenden Belege den jeweils zugrunde liegenden Geschäftsvorfall!

2. Bilden Sie die Buchungssätze für das Möbelhaus Konrad Krause KG, Schlesienstr. 14–18, 53119 Bonn!

Beleg 1

Möbelfabrik
Hans Werner GmbH
Essen

Hans Werner GmbH, Winkelstr. 20, 45149 Essen

Möbelhaus
Konrad Krause KG
Schlesienstr. 14–18
53119 Bonn

Rechnung 144/80

Ihre Bestellung	Unsere Lieferung	Rechnungsdatum
15.10.20..	28.10.20..	05.11.20..

Menge	Warenbezeichnung	Einzelpreis EUR	Gesamtbetrag EUR
4	Regale für den Verkaufsraum	1420,00	5680,00

Beleg 2

Autohaus Franz Sauer e.Kfm.
Fährstr. 14 · 53179 Bonn

Autohaus F. Sauer e.Kfm. · Fährstr. 14 · 53179 Bonn

Möbelhaus
Konrad Krause KG
Schlesienstr. 14–18
53119 Bonn

Rechnung 5192

Ihre Bestellung	Unsere Lieferung	Rechnungsdatum
20.10.20..	30.10.20..	04.11.20..

Wir danken für Ihren Auftrag und berechnen Ihnen wie folgt
1 Kombiwagen gebraucht 21800,00 EUR

Zahlungsziel: 10 Tage 3 % Skonto, 30 Tage netto Kasse

Beleg 3

Einzahlungs/Überweisungsauftrag an Bayerische Hypo- und Vereinsbank

HypoVereinsbank
UniCredit Group

Begünstigter: Hans Werner GmbH Essen

Konto-Nr. des Begünstigten: 14203010
Bankleitzahl: 38070059

bei (Kreditinstitut): Deutsche Bank Bonn

EUR Betrag: 5680,00

Kunden-Referenznummer - noch Verwendungszweck, ggf. Name und Anschrift des Auftraggebers - (nur für Begünstigten)

Rechnung vom 05.11.20..

Kontoinhaber: Möbelhaus Konrad Krause KG, Bonn

Konto-Nr. des Kontoinhabers: 0175030

10.11.20.. i.A. Wachter

Datum Unterschrift

Beleg 4

Bürotechnik + Organisation Haffner
Sachsenweg 18 | 53119 Bonn | 0228 7721

Fa. Möbelhaus Krause KG

Anz.	Datum 02.11.20..	Einzelpreis EUR	Gesamtpreis EUR
3	Aktenvernichter	415,00	1245,00
	Betrag dankend erhalten.		

Be

Verk. Be	000195-11	Bei Irrtum oder Umtausch bitte diesen Beleg vorlegen.

Haffner Bürotechnik + Organisation
St.-Nr. 44 111 17931

20 Bilden Sie zu den folgenden Geschäftsvorfällen die Buchungssätze bzw. ermitteln Sie die Geschäftsvorfälle!

1. Aufnahme eines Darlehens bei der Bank. Die Bank stellt uns den Darlehensbetrag auf dem Girokonto zur Verfügung — 50 000,00 EUR
2. Zielkauf eines gebrauchten Lieferwagens — 8 200,00 EUR
3. Zieleinkauf einer Verpackungsmaschine für das Lager — 48 800,00 EUR
4. Teilweise Tilgung der Darlehensschuld durch Bankabbuchung — 3 800,00 EUR
5. Wir verkaufen nicht mehr benötigte Lagerregale gegen Barzahlung — 970,00 EUR
6. Kauf einer DV-Anlage auf Ziel — 17 430,00 EUR
7. Rücksendung eines mangelhaften Faxgerätes an den Lieferer — 625,00 EUR
8. Kauf einer Fertiggarage gegen Bankscheck — 15 400,00 EUR
9. Begleichung der Eingangsrechnung mit Banküberweisung — 9 190,00 EUR
10. Zur Erhöhung unseres Bankguthabens tätigen wir eine Bareinzahlung — 6 000,00 EUR
11. Welche Geschäftsvorfälle liegen folgenden Buchungssätzen zugrunde?

Nr.	Konten	Soll	Haben
11.1	Fuhrpark	44 800,00	
	an Bank		44 800,00
11.2	Langfristige Bankverbindlichkeiten	8 000,00	
	an Bank		8 000,00

1.6.4.3 Zusammengesetzter Buchungssatz

Sind für einen Buchungssatz **mehr als zwei Konten** erforderlich, spricht man von einem **zusammengesetzten Buchungssatz.** Auch für den zusammengesetzten Buchungssatz gilt, dass bei jedem Buchungssatz die Summe der gebuchten Sollbeträge mit der Summe der gebuchten Habenbeträge übereinstimmen muss.

Beispiel:

I. Anfangsbestände:

Verbindlichkeiten a. Lief. u. Leist. 10000,00 EUR; Bank 7000,00 EUR; Kasse 5000,00 EUR.

II. Geschäftsvorfall:

Wir zahlen eine Eingangsrechnung über 3700,00 EUR, und zwar durch Banküberweisung 3000,00 EUR, in bar 700,00 EUR.

III. Aufgaben:

1. Buchen Sie den Geschäftsvorfall auf den Konten!
2. Bilden Sie den Buchungssatz!

Lösungen:

Zu 1.: Buchung auf den Konten

Soll	Bank		Haben
AB	7000,00	Verb.a.L.u.L.	3000,00

Soll	Verbindl. a. Lief. u. Leist.		Haben
Ba/Ka	3700,00	AB	10000,00

Soll	Kasse		Haben
AB	5000,00	Verb.a.L.u.L.	700,00

Zu 2.: Buchungssatz

Geschäftsvorfall	Konten	Soll	Haben
Wir bezahlen eine bereits gebuchte Eingangsrechnung über 3700,00 EUR durch Banküberweisung 3000,00 EUR und Barzahlung 700,00 EUR	Verbindl. a. Lief. u. Leist. an Bank an Kasse	3700,00	 3000,00 700,00

Merke:

Für den einfachen Buchungssatz wie für den zusammengesetzten Buchungssatz gilt:

Summe der gebuchten Sollbeträge ≙ Summe der gebuchten Habenbeträge

Übungsaufgaben

21 Bilden Sie zu den folgenden Geschäftsvorfällen die Buchungssätze bzw. ermitteln Sie die Geschäftsvorfälle!

1.	Ein Kunde zahlt eine Rechnung über 725,00 EUR in bar durch Banküberweisung	225,00 EUR 500,00 EUR
2.	Wir kaufen Lagerregale für insgesamt 3500,00 EUR gegen Barzahlung auf Ziel	1500,00 EUR 2000,00 EUR
3.	Wir verkaufen einen gebrauchten Kombiwagen in Höhe des Buchwertes von 3800,00 EUR gegen Barzahlung Restforderung	 800,00 EUR 3000,00 EUR
4.	Ein Kunde zahlt einen Rechnungsbetrag über 1750,00 EUR durch Banküberweisung durch Barzahlung	 1000,00 EUR 750,00 EUR

5. Wir bezahlen eine Lieferantenrechnung über 2550,00 EUR
   in bar — 550,00 EUR
   durch Banküberweisung — 2000,00 EUR
6. Wir kaufen einen neuen Kombiwagen zum Preise von 25000,00 EUR
   gegen Barzahlung — 5500,00 EUR
   durch Banküberweisung — 10000,00 EUR
   Restverbindlichkeit — 9500,00 EUR
7. Wir tilgen eine Darlehensschuld bei der Bank über 5000,00 EUR
   in bar — 1500,00 EUR
   durch Banküberweisung — 3500,00 EUR
8. Wir kaufen neue Lagerregale für 20000,00 EUR
   Finanzierung: Barzahlung — 5000,00 EUR
   Banküberweisung — 10000,00 EUR
   Restverbindlichkeit — 5000,00 EUR
9. Gutschriftanzeigen der Bank: für Bareinzahlung — 1500,00 EUR
   für Überweisung eines Kunden — 750,00 EUR
10. Welche Geschäftsvorfälle liegen folgenden Buchungssätzen zugrunde?

Nr.	Konten	Soll	Haben
10.1	Langfristige Bankverbindlichkeiten	3750,00	
	an Bank		3000,00
	an Kasse		750,00
10.2	Verbindlichkeiten a. Lief. u. Leist.	2350,00	
	an Bank		2000,00
	an Kasse		350,00
10.3	Bank	750,00	
	Kasse	250,00	
	an Forderungen a. Lief. u. Leist.		1000,00

11. Wir kaufen PCs auf Ziel ER 72 — 5400,00 EUR
12. Wir begleichen die Rechnung ER 72 bar 2000,00 EUR
    gegen Bankscheck 3400,00 EUR — 5400,00 EUR
13. Wir verkaufen den alten Pkw an einen Kunden zum Buchwert
    gegen Rechnung — 7340,00 EUR
14. Der Kunde begleicht den Rechnungsbetrag
    durch Bankscheck 3700,00 EUR
    bar 3640,00 EUR — 7340,00 EUR

22 **I. Anfangsbestände**

Betriebs- und Geschäftsausstattung 41355,00 EUR; Kasse 1670,00 EUR; Bank 33975,00 EUR; Forderungen aus Lieferungen und Leistungen 12150,00 EUR; Waren 24570,00 EUR; Verbindlichkeiten aus Lieferungen und Leistungen 13220,00 EUR; Langfristige Bankverbindlichkeiten 5000,00 EUR; Eigenkapital 95500,00 EUR.

II. Geschäftsvorfälle

1. Wir verkaufen einen nicht mehr benötigten Ladentisch bar zum Buchwert — 2500,00 EUR
2. Neuanschaffung einer Büroeinrichtung gegen Banküberweisung — 30000,00 EUR
3. Ein Kunde überweist einen Rechnungsbetrag auf das Bankkonto — 2120,00 EUR
4. Zur Auffüllung des Kassenbestandes heben wir vom Bankkonto bar ab — 500,00 EUR
5. Wir zahlen eine Lieferantenrechnung bar — 1200,00 EUR
6. Teilweise Tilgung des Bankdarlehens bar — 1000,00 EUR

III. Aufgaben:

1. Richten Sie für die angegebenen Anfangsbestände die Bilanzkonten ein und tragen Sie die Anfangsbestände vor!
2. Bilden Sie die Buchungssätze!
3. Buchen Sie die Geschäftsvorfälle auf den Konten und schließen Sie die Konten ordnungsmäßig ab!

1.6.5 Eröffnung und Abschluss der Bestandskonten (Eröffnungsbilanzkonto und Schlussbilanzkonto)

Das Prinzip der doppelten Buchführung wurde bisher nur bei den Buchungen der Geschäftsvorfälle angewandt. Die Anfangs- und Schlussbestände auf den Konten wurden dagegen nicht doppelt gebucht, sondern nur eingetragen. Das **Prinzip der doppelten Buchführung** ist jedoch ein **generelles Prinzip** und gilt folglich auch für die Anfangs- und Schlussbestände auf den Konten.

Wenn bei der Eröffnung der Konten mit den Anfangsbeständen und beim Abschluss der Konten mit den Schlussbeständen jeweils eine Gegenbuchung erfolgen soll, benötigen wir dafür entsprechende Gegenkonten. Die **Buchung der Anfangsbestände** erfolgt mithilfe des **Eröffnungsbilanzkontos (EBK)** und die **Buchung der Schlussbestände** erfolgt über das **Schlussbilanzkonto (SBK).**

Merke:

- Das Eröffnungsbilanzkonto und das Schlussbilanzkonto bringen die Geschlossenheit des Systems der doppelten Buchführung zum Ausdruck.
- Durch die beiden Konten wird sowohl bei der Erfassung der Anfangsbestände als auch bei der Erfassung der Schlussbestände jeder Betrag doppelt gebucht.

Beispiel:

Als Demonstrationsbeispiel für die systemgerechte doppelte Buchung der Anfangs- und Schlussbestände greifen wir auf die Aufgabe 22 zurück.

Aufgaben:

1. Eröffnen Sie die Konten mit den angegebenen Anfangsbeständen mithilfe des Eröffnungsbilanzkontos!
2. Buchen Sie die Geschäftsvorfälle auf den entsprechenden Konten!
3. Schließen Sie die Konten über das Schlussbilanzkonto ab!

Lösungen:

Soll	Eröffnungsbilanzkonto		Haben
Eigenkapital	95 500,00	BGA	41 355,00
Verb.a.L.u.L.	13 220,00	Kasse	1 670,00
Lfr.Bankverb.	5 000,00	Bank	33 975,00
		Ford.a.L.u.L.	12 150,00
		Waren	24 570,00
	113 720,00		113 720,00

Soll	Betr.- und Geschäftsausstattung		Haben
EBK	41 355,00	Ka	2 500,00
Ba	30 000,00	SBK	68 855,00
	71 355,00		71 355,00

Soll	Eigenkapital		Haben
SBK	95 500,00	EBK	95 500,00

Soll	Kasse		Haben
EBK	1 670,00	V.a.L.u.L.	1 200,00
BGA	2 500,00	L.Bankv.	1 000,00
Ba	500,00	SBK	2 470,00
	4 670,00		4 670,00

Soll	Verbindlichkeiten a. Lief. u. Leist.		Haben
Ka	1 200,00	EBK	13 220,00
SBK	12 020,00		
	13 220,00		13 220,00

Soll	Bank		Haben
EBK	33 975,00	BGA	30 000,00
Fo.a.L.u.L.	2 120,00	Ka	500,00
		SBK	5 595,00
	36 095,00		36 095,00

Soll	Langfr. Bankverbindlichk.		Haben
Ka	1 000,00	EBK	5 000,00
SBK	4 000,00		
	5 000,00		5 000,00

Soll	Forderungen a. Lief. u. Leist.		Haben
EBK	12 150,00	Ba	2 120,00
		SBK	10 030,00
	12 150,00		12 150,00

Soll	Waren		Haben
EBK	24 570,00	SBK	24 570,00

Soll	Schlussbilanzkonto		Haben
BGA	68 855,00	Eigenkapital	95 500,00
Kasse	2 470,00	Vb.a.L.u.L.	12 020,00
Bank	5 595,00	Lfr. Bankv.	4 000,00
Ford.a.L.u.L.	10 030,00		
Waren	24 570,00		
	111 520,00		111 520,00

Erläuterungen:

- Die Buchung der Anfangsbestände führt dazu, dass die Anfangsbestände der Aktivkonten auf der Habenseite des Eröffnungsbilanzkontos und die Anfangsbestände der Passivkonten auf der Sollseite des Eröffnungsbilanzkontos erscheinen. Im Vergleich zum Schlussbilanzkonto sind die Seiten vertauscht. Das zeigt, dass das **Eröffnungsbilanzkonto** lediglich ein **Hilfskonto** ist, um das System der doppelten Buchung nicht zu durchbrechen. Gleichzeitig aber wird damit auch die Gleichheit der Soll- und Habenbeträge zu Beginn der Geschäftsperiode dokumentiert. Das ist ein **Grundprinzip des Systems der doppelten Buchführung,** das zu jeder Zeit als Kontrollmechanismus in diesem System eingebaut ist, denn auch bei der Eröffnung der Konten muss sichergestellt sein, dass die Summe der gebuchten Sollbeträge mit der Summe der gebuchten Habenbeträge übereinstimmt.
- Das **Schlussbilanzkonto** hat die Aufgabe, die vom Unternehmen verwendeten Aktiv- und Passivkonten einander gegenüberzustellen. Das **Schlussbilanzkonto** dient allein **innerbetrieblichen Zwecken** und ist an **keine gesetzlichen Gliederungsvorschriften** gebunden. Anders die **Schlussbilanz.** Sie dient außenstehenden Personen (z.B. Mitinhabern, Gläubigern) oder Institutionen (z.B. Steuerbehörde, Gerichte, Banken) als Auskunfts- und Beweismittel und **unterliegt gesetzlichen Vorschriften.** Das Schlussbilanzkonto darf somit nicht mit der Schlussbilanz verwechselt werden.[1]

Beachte:

Das Eröffnungsbilanzkonto und das Schlussbilanzkonto wurden hier aus methodischen und systematischen Überlegungen dargestellt. Ob in den nachfolgenden Übungsaufgaben das Eröffnungsbilanzkonto geführt werden soll, bleibt der individuellen Entscheidung der Lehrenden vorbehalten. In elektronischen Finanzbuchhaltungssystemen ist es allerdings aus abstimmungstechnischen Gesichtspunkten unverzichtbar.

Merke:

- Sollen die Anfangsbestände und die Schlussbestände auf den Bilanzkonten im System der doppelten Buchführung gebucht werden, benötigt man für die Gegenbuchungen ein entsprechendes Gegenkonto.
  - Für die **Gegenbuchungen** der **Anfangsbestände** ist das **Eröffnungsbilanzkonto** zuständig,
  - für die **Gegenbuchungen** der **Schlussbestände** benötigen wir das **Schlussbilanzkonto.**
- Das **Schlussbilanzkonto** stellt die Schlussbestände der vom Unternehmen verwendeten Aktiv- und Passivkonten einander gegenüber. Das Schlussbilanzkonto dient innerbetrieblichen Zwecken.
- Das Eröffnungsbilanzkonto ist ein **Hilfskonto für eine systemgerechte Buchung der Anfangsbestände.** Es erfüllt in dieser Rolle lediglich die Funktion einer **Kontrollrechnung,** denn es bietet gleich zu Beginn der Geschäftsperiode die Gewähr dafür, dass die Summe der gebuchten Sollbeträge gleich der Summe der gebuchten Habenbeträge ist, da die Summen auf beiden Seiten des Eröffnungsbilanzkontos gleich sein müssen.
- Das **Eröffnungsbilanzkonto** und das **Schlussbilanzkonto** gehören zum **Kontensystem der doppelten Buchführung.**
- **Eröffnungsbilanz** und **Schlussbilanz** stehen **außerhalb der Buchführung.**

1 Vgl. auch die Ausführungen auf S. 58f.

Übungsaufgaben

23 **I. Anfangsbestände:**

Betriebs- und Geschäftsausstattung 170000,00 EUR; Kasse 41500,00 EUR; Bank 57500,00 EUR; Forderungen aus Lieferungen und Leistungen 150000,00 EUR; Fuhrpark 160000,00 EUR; Verbindlichkeiten aus Lieferungen und Leistungen 85500,00 EUR; Langfristige Bankverbindlichkeiten 20000,00 EUR; Eigenkapital?

II. Geschäftsvorfälle:

1.	Bareinzahlung auf das Bankkonto	5000,00 EUR
2.	Ein Kunde zahlt einen Rechnungsbetrag mit Bankscheck	25000,00 EUR
3.	Wir kaufen einen Gabelstapler durch Banküberweisung	32100,00 EUR
4.	Zahlung einer Lieferantenrechnung durch Banküberweisung	18900,00 EUR
5.	Kauf einer Telefonanlage bar	8400,00 EUR
6.	Teilweise Tilgung des Bankdarlehens bar	14000,00 EUR
7.	Barabhebung vom Bankkonto zur Auffüllung der Geschäftskasse	16100,00 EUR
8.	Kauf eines gebrauchten Lkw auf Ziel	24200,00 EUR

III. Aufgabe:

Nach Eröffnung der Konten mithilfe des Eröffnungsbilanzkontos, der Bildung der Buchungssätze und der Buchung der Geschäftsvorfälle sind die Konten über das Schlussbilanzkonto abzuschließen!

24 **I. Anfangsbestände:**

Betriebs- und Geschäftsausstattung 255800,00 EUR; Kasse 52000,00 EUR; Bank 125800,00 EUR; Forderungen aus Lieferungen und Leistungen 55100,00 EUR; Fuhrpark 251000,00 EUR; Verbindlichkeiten aus Lieferungen und Leistungen 77500,00 EUR; das Eigenkapital muss noch ermittelt werden!

II. Geschäftsvorfälle:

1.	Einzahlung auf das Bankkonto	15000,00 EUR
2.	Ein Kunde zahlt einen Rechnungsbetrag über 25000,00 EUR	
	in bar	5000,00 EUR
	durch Banküberweisung	20000,00 EUR
3.	Barkauf einer PC-Anlage	12750,00 EUR
4.	Barabhebung vom Bankkonto zur Auffüllung der Geschäftskasse	5000,00 EUR
5.	Kauf eines Kombiwagens in Höhe von 22500,00 EUR	
	gegen Banküberweisung	5000,00 EUR
	auf Ziel	17500,00 EUR
6.	Aufnahme eines Bankdarlehens.	
	Der Betrag wird auf dem Geschäftskonto gutgeschrieben	50000,00 EUR
7.	Kauf eines Baugrundstücks für 100000,00 EUR	
	Finanzierung: Bankscheck	30000,00 EUR
	Barzahlung	20000,00 EUR
	Restverbindlichkeit	50000,00 EUR

III. Aufgabe:

Nach Eröffnung der Konten mithilfe des Eröffnungsbilanzkontos, der Bildung der Buchungssätze und der Buchung der Geschäftsvorfälle sind die Konten über das Schlussbilanzkonto abzuschließen!

25 **I. Anfangsbestände:**

Unbebaute Grundstücke 100000,00 EUR; Kasse 12800,00 EUR; Bank 14230,00 EUR; Forderungen aus Lieferungen und Leistungen 160780,00 EUR; Betriebs- u. Geschäftsausstattung 229890,00 EUR; Verbindlichkeiten aus Lieferungen und Leistungen 98270,00 EUR; Langfristige Bankverbindlichkeiten 200000,00 EUR; das Eigenkapital muss noch ermittelt werden.

II. Geschäftsvorfälle:

1.	Kauf von Bürotischen bar	1800,00 EUR
2.	Ein Kunde zahlt einen Rechnungsbetrag bar	12320,00 EUR
3.	Wir begleichen eine Eingangsrechnung durch Banküberweisung	11700,00 EUR
4.	Wir kaufen eine EDV-Anlage für das Lager bar	4850,00 EUR
5.	Eingangsrechnung für eine Verpackungsmaschine	12300,00 EUR
6.	Wir zahlen auf unser Bankkonto bar ein	10250,00 EUR
7.	Wir zahlen eine Tilgungsrate für das Bankdarlehen durch Banküberweisung zurück	5500,00 EUR

III. Aufgaben:

1. Stellen Sie aufgrund der Angaben die Eröffnungsbilanz auf!
2. Richten Sie die entsprechenden Konten ein und buchen Sie die Anfangsbestände!
3. Bilden Sie zu den Geschäftsvorfällen die Buchungssätze und buchen Sie die Vorgänge anschließend auf den eröffneten Konten!
4. Schließen Sie die Konten über das SBK ab!
5. Stellen Sie auf der Grundlage des buchhalterischen Abschlusses eine nach handelsrechtlichen Vorschriften gegliederte Bilanz auf! Verwenden Sie hierzu das vereinfachte Bilanzschema von S. 23!

1.6.6 Zusammenhang: Bestandskonten, Bilanz, Inventur und Inventar

Die Konten der Buchführung (Bestandskonten) – unter Einbeziehung des Schlussbilanzkontos und des Eröffnungsbilanzkontos – bilden jetzt eine in sich geschlossene Einheit: Das **Kontensystem der doppelten Buchführung.** Die Zahlen aus diesem System stellen für die Geschäftsleitung eine unentbehrliche Informationsquelle dar.

Neben der Geschäftsleitung sind auch außerhalb des Unternehmens stehende Kreise (Steuerbehörden, Banken, Gesellschafter, Mitarbeiter) an den Ergebnissen der Buchführung interessiert. Die berechtigten Informationsansprüche dieser Gruppen werden unter anderem durch die **Bilanz** erfüllt.

Die Bilanz baut auf den Zahlen der Buchführung auf, wobei diese Zahlen jedoch vor ihrer Übernahme in die Bilanz durch die Inventur auf ihre Richtigkeit hin überprüft werden. Vom buchtechnischen Standpunkt aus und auch von der Tatsache ausgehend, dass die Bilanz für die Öffentlichkeit entsprechend aufbereitet werden muss [§§ 247, 266 HGB], stehen **Inventur** (bzw. **Inventar**) und **Bilanz außerhalb der Buchführung.**

Die grafische Darstellung auf S. 59 soll den Zusammenhang zwischen dem Kontensystem der Buchführung und der Bilanz sowie der Inventur (bzw. dem Inventar) veranschaulichen.

Innerhalb der Buchführung haben wir Konten
(Kontensystem der doppelten Buchführung):

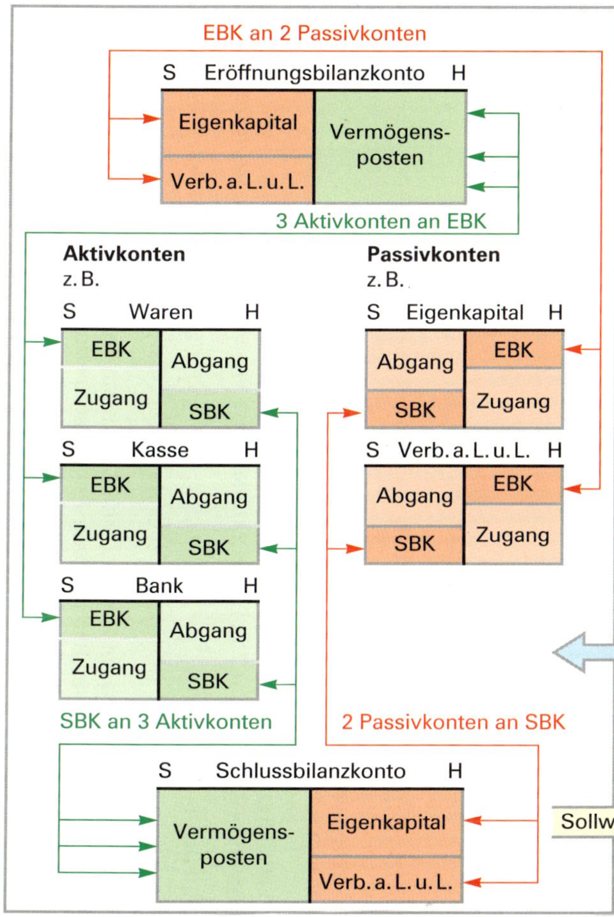

Zielsetzung:
Informationen für die Geschäftsleitung

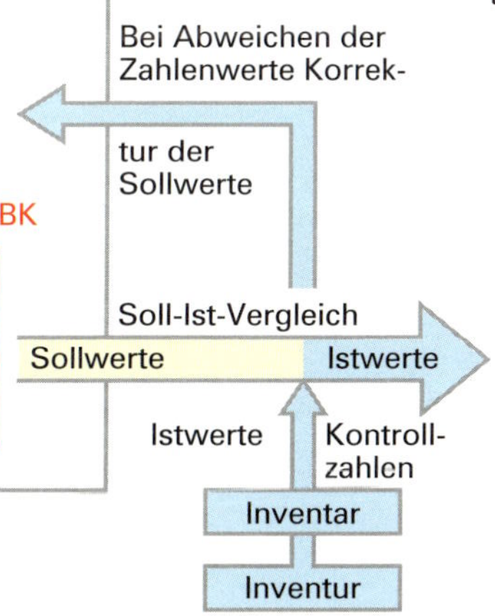

Außerhalb der Buchführung haben wir Bilanzen:

A	**Eröffnungsbilanz** P
Vermögens-posten	Eigenkapital
	Verbindlichk.

Merke:

Streng genommen gibt es im Leben eines Unternehmens nur eine Eröffnungsbilanz, nämlich die bei der Gründung. Jede Schlussbilanz kann jedoch als Eröffnungsbilanz für die neue Geschäftsperiode betrachtet werden.

A	**Schlussbilanz** P
Vermögens-posten	Eigenkapital
	Verbindlichk.

Zielsetzung:
Informationsinstrument für Außenstehende

Übungsaufgabe

26 **I. Anfangsbestände:**

Waren	137500,00 EUR	Betriebs- und Geschäftsausstattung	140000,00 EUR
Ford. a. Lief. u. Leist.	115120,00 EUR	Fuhrpark	125000,00 EUR
Verbindl. a. Lief. u. Leist.	112750,00 EUR	Unbebaute Grundstücke	150000,00 EUR
Kurzfristige Bankverbindlichkeiten	130000,00 EUR	Eigenkapital	452720,00 EUR
Kasse	12850,00 EUR	Bank	15000,00 EUR

II. Geschäftsvorfälle:

1.	Wir kaufen einen gebrauchten Lkw auf Ziel	12125,00 EUR
2.	Wir verkaufen aus unserer Geschäftsausstattung gebrauchte Faxgeräte bar zum Buchwert von	1300,00 EUR
3.	Ein Kunde begleicht eine Rechnung durch Banküberweisung	1520,00 EUR
4.	Wir zahlen eine Lieferantenrechnung über 2150,00 EUR	
	in bar	1000,00 EUR
	durch Banküberweisung	1150,00 EUR
5.	Wir senden einen Bürosessel, der bereits bei uns gebucht war, an den Lieferanten zurück	300,00 EUR
6.	Ein Kunde zahlt eine Rechnung bar	5153,00 EUR
7.	Nach der Buchung von Fall 6 stellt die Buchhaltung fest, dass die Rechnung nicht über 5153,00 EUR, sondern über 5135,00 EUR lautet. Der zu viel gezahlte Betrag in Höhe von 18,00 EUR wird durch Banküberweisung an den Kunden zurückgezahlt.	
8.	Wir kaufen einen PC bar	1200,00 EUR
9.	Wir zahlen auf unser Bankkonto bar ein	10000,00 EUR

III. Aufgaben:

1. Richten Sie die entsprechenden Konten ein und buchen Sie die Anfangsbestände!
2. Bilden Sie für die Geschäftsvorfälle die Buchungssätze und buchen Sie auf den Konten!
3. Schließen Sie nach Buchung der Geschäftsvorfälle die Konten über das Schlussbilanzkonto ab!
4. Stellen Sie auf der Grundlage des buchhalterischen Abschlusses eine nach handelsrechtlichen Vorschriften gegliederte Bilanz auf!

1.7 Überblick über die Bücher der Buchführung

1.7.1 Allgemeines

Obwohl die kaufmännische Buchführung sich weitgehend vom Zwang gebundener Bücher befreit hat, ist im Handelsgesetzbuch [z.B. §§ 238, 239, 257 HGB] sowie in den Steuergesetzen [z.B. §§ 146, 147 AO] von den „Büchern" der Buchführung die Rede.

Im Zuge der technischen Entwicklung in der Buchführung hat der veraltete Begriff „Buch" ständig eine inhaltliche Ausweitung erfahren. Der rechtliche Anspruch, den die einschlägigen Gesetze an die Pflicht zur Führung von Büchern knüpfen, wird heute von jedem lesbaren bzw. reproduzierbaren Medium erfüllt, das nach dem derzeitigen Stand der Technik zur Erfassung buchhalterischer Vorgänge eingesetzt wird. Dabei kann es sich um jede Art von Konten, Listen oder auch um reproduzierbare Speichermedien moderner Datenverarbeitungsanlagen handeln.

Unabhängig vom Einsatz der technischen Hilfsmittel ist jedoch für jede Art kaufmännischer Buchführung ein Mindestmaß an Erfassungspflichten zu erfüllen. Diese bestehen in der Führung eines Grund- und eines Hauptbuches, wobei das Wort „Buch" in der angedeuteten extensiven (ausgeweiteten) Auslegung zu verstehen ist.

1.7.2 Grundbuch und Hauptbuch

(1) Grundbuch

Aus den gesetzlichen Bestimmungen ist ableitbar, dass eine geordnete kaufmännische Buchführung folgende Mindestanforderungen erfüllen muss:

Alle Geschäftsvorfälle müssen lückenlos und fortlaufend aufgezeichnet werden. Man spricht auch von **chronologischer Aufzeichnungspflicht** [vgl. § 239 Abs. 2 HGB]. Unabhängig von der Art des dabei verwendeten Mediums wird die Zusammenfassung dieser Eintragungen als **Grundbuch** bezeichnet.

Beispiel:

Grundbuch: Monat Februar 20..				Seite	
Tag	Beleg-Nr.	Geschäftsvorfall	Buchungssatz	Soll	Haben
15. Febr.	173	Barabhebung vom Bankkonto 500,00 EUR	Kasse an Bank	500,00	 500,00

(2) Hauptbuch

Die zeitliche Auflistung der Buchungen allein genügt nicht. Sie müssen vielmehr auch in ihren **sachlichen** Auswirkungen dargestellt werden, d.h., die Buchungen im Grundbuch sind auf die Sachkonten zu übertragen. Dies geschieht im sogenannten **Hauptbuch**. Die Sachkonten werden daher auch als **Hauptbuchkonten** bezeichnet. Erst durch die sachliche Aufgliederung ist der Stand des Vermögens und der Schulden ersichtlich.

Beispiel:

Die Buchung im Grundbuch führt zu der nachfolgenden Buchung im Hauptbuch.

S	Kasse		H
Bank	500,00		

S	Bank		H
AB	3000,00	Kasse	500,00

Merke:

- Im **Grundbuch** werden alle buchungsbedürftigen Geschäftsvorfälle **chronologisch,** d.h. in der zeitlichen Reihenfolge ihres tatsächlichen Anfalls erfasst.
- Im **Hauptbuch** werden mithilfe von Konten die **sachlichen** Auswirkungen aller Geschäftsvorfälle erfasst.

1.7.3 Zusammenhang von Beleg, Grundbuch und Hauptbuch

Grundlage aller Buchungen sind die vorkontierten Belege. Im Grundbuch erfolgen die Buchungen in zeitlicher Reihenfolge, während auf den Konten des Hauptbuches die sachlichen Auswirkungen der Geschäftsvorfälle erfasst werden.

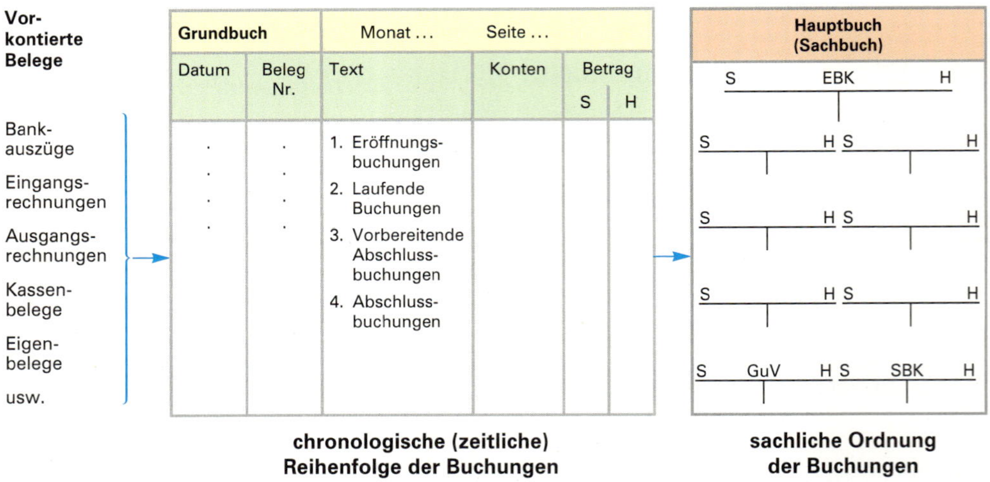

1.7.4 Nebenbücher

Wenn sich auf den Konten des Hauptbuches eine Vielzahl von Veränderungen ergibt oder zusätzliche Daten erfasst werden sollen, können zur Entlastung des Hauptbuches **Nebenbücher** geführt werden. Die Nebenbücher erfassen den Buchungsinhalt für jeden einzelnen Beleg und ergänzen somit die zusammengefassten Buchungsinhalte des Hauptbuches. Wegen dieses sachlichen Zusammenhangs muss jedem Nebenbuch, in dem die Einzelvorgänge erfasst werden, ein Konto des Hauptbuches entsprechen, das die gesammelten Werte periodenweise aufnimmt. Wichtige Nebenbücher sind: das **Kundenbuch,** das **Lieferantenbuch,** das **Kassenbuch,** das **Lagerbuch,** das **Anlagebuch.** Mit Ausnahme des Kassenbuches spricht man gelegentlich auch von einer Kartei (z.B. Lieferantenkartei, Anlagenkartei).

Merke:

Nebenbücher erfassen alle Wertveränderungen **im Einzelnen.** Diese werden periodenweise gesammelt und auf die Hauptbuchkonten übertragen. Erst nach dieser Übertragung ist das Hauptbuch abschlussfähig.

Das Prinzip der Führung von Nebenbüchern und der Zusammenhang von Nebenbuchhaltung und Hauptbuchhaltung sollen im Folgenden am Beispiel der Debitoren- und Kreditorenkonten verdeutlicht werden.

1.8 Buchung von Geschäftsvorfällen auf Ergebniskonten (Erfolgskonten)[1] und Abschluss der Ergebniskonten ohne Warenkonten

1.8.1 Aufwendungen, Erträge, Aufwandskonten, Ertragskonten

(1) Aufwendungen und Erträge

Bisher wurde das Eigenkapital durch die Geschäftsvorfälle nicht berührt. Dies ändert sich jetzt. Das Eigenkapital kann sich in zwei Richtungen hin verändern, es kann zunehmen oder abnehmen. Die **Zugänge des Eigenkapitals** ergeben sich durch **Erträge,** die **Abgänge** durch **Aufwendungen.**

Soll	Eigenkapital Haben
– Abgänge	Anfangsbestand
	+ Zugänge
↓	↓
Minderung des Eigenkapitals durch **Aufwendungen**	Erhöhung des Eigenkapitals durch **Erträge**

Beispiele:	**Beispiele:**
■ Personalkosten	■ Vermietungen
■ Mieten, Pachten, Leasing	■ Provisionen
■ Steuern, Beiträge, Versicherungen	■ Zinsen
■ Werbe- und Reisekosten	■ Warenverkäufe
■ Betriebskosten, Instandhaltung	
■ Allgemeine Verwaltung	
■ Wareneinkäufe	

Merke:

- **Abgänge beim Eigenkapital** nennen wir **Aufwendungen.**
- **Zugänge beim Eigenkapital** nennen wir **Erträge.**

(2) Aufwands- und Ertragskonten

Um die einzelnen Aufwendungen und Erträge übersichtlich und jederzeit verfügbar zu haben, werden die Aufwendungen und Erträge nicht direkt auf dem Eigenkapital gebucht, sondern es werden **Unterkonten des Eigenkapitals** gebildet. Die **Aufwendungen** werden auf **Aufwandskonten,** die **Erträge** auf **Ertragskonten** gebucht.

1 Die Begriffe Ergebniskonten und Erfolgskonten sind identisch (gleichwertig).

In schematischer Zusammenfassung ergibt sich die folgende Darstellung:

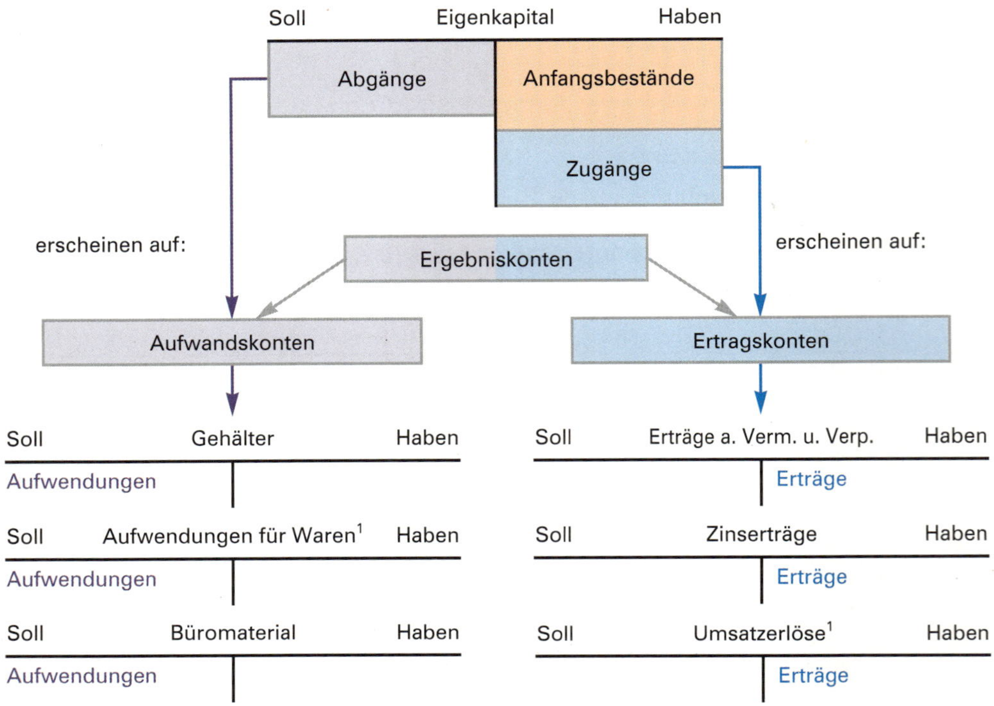

- **Aufwandskonten** erfassen die **Minderungen (Abgänge) beim Eigenkapital.**
- **Ertragskonten** erfassen die **Mehrungen (Zugänge) beim Eigenkapital.**

Durch die Aufwands- und Ertragskonten werden die **Ursachen des Erfolgs** (Gewinn oder Verlust) eines Einzelhandelsunternehmens deutlich. Die Aufwands- und Ertragskonten werden daher als **Ergebniskonten (Erfolgskonten)** bezeichnet. Geschäftsvorfälle, die das **Eigenkapital verändern,** bezeichnet man als **ergebniswirksame (erfolgswirksame) Geschäftsvorfälle.** Solche Geschäftsvorfälle, die das Eigenkapital nicht verändern, bezeichnet man als **erfolgsunwirksame (erfolgsneutrale) Geschäftsvorfälle.**

Merke:

- Die Aufwands- und Ertragskonten sind **Unterkonten des Eigenkapitalkontos.**
- Bei den Aufwandskonten erscheinen die **Aufwendungen** immer auf der **Sollseite.**
- Bei den Ertragskonten erscheinen die **Erträge** immer auf der **Habenseite.**
- Für jede Aufwendungs- und Ertragsart wird jeweils ein **eigenes Konto** eingerichtet.
- Da die Aufwands- und Ertragskonten Auskunft darüber geben, wodurch das Ergebnis (Gewinn oder Verlust) zustande gekommen ist, nennen wir sie **Ergebniskonten.**

1 Vgl. hierzu Kapitel 1.9, S. 79ff.

Übungsaufgaben

27 1. Welcher Geschäftsvorfall führt zu einer Eigenkapitalminderung?

1.1 Eine kurzfristige Bankschuld wird in ein langfristiges Bankdarlehen umgewandelt.

1.2 Einkauf von Waren auf Ziel.

1.3 Barkauf von Büromaterial.

1.4 Barabhebung vom Bankkonto.

Übertragen Sie die entsprechende Ziffer als Lösung in Ihr Hausheft!

2. Welcher Geschäftsvorfall führt zu einer Eigenkapitalerhöhung?

2.1 Bareinzahlung auf das Bankkonto.

2.2 Ein Kunde zahlt eine Forderung bar.

2.3 Wir erhalten Provision vom Lieferer.

2.4 Wir kaufen einen Büroschrank mit Bankscheck.

Übertragen Sie die entsprechende Ziffer als Lösung in Ihr Hausheft!

28 1. Erläutern Sie den Zusammenhang zwischen den Ergebniskonten und dem Eigenkapitalkonto!

2. Würde das System der doppelten Buchführung auch ohne die Einrichtung von Ergebniskonten funktionieren? Begründen Sie Ihre Entscheidung!
3. Aus welchen Gründen werden Ergebniskonten eingerichtet?
4. Warum kann es auf den Ergebniskonten keine Anfangsbestände geben?
5. Wie können Aufwendungen in Bezug auf das Eigenkapital bezeichnet werden?
6. Bestimmen Sie in entsprechender Weise den Inhalt der Ertragskonten!
7. Weshalb werden Aufwendungen auf der Sollseite und Erträge auf der Habenseite gebucht?
8. Warum werden die Aufwendungen und Erträge nicht direkt auf dem Eigenkapitalkonto gebucht?
9. Erklären Sie, warum die Ergebniskonten keinen Anfangs- und keinen Schlussbestand haben!

1.8.2 Buchungen auf den Ergebniskonten

(1) Buchungsregeln für die Ergebniskonten

Auf den Ergebniskonten gibt es nur Aufwendungen und Erträge. Die **Aufwendungen** (Abgänge auf dem Eigenkapitalkonto) sind auf der **Sollseite des entsprechenden Aufwandskontos** zu buchen. Die **Erträge** (Zugänge auf dem Eigenkapitalkonto) sind auf der **Habenseite des entsprechenden Ertragskontos** zu buchen. Daher kommen wir zu folgenden Buchungsregeln:

Soll	Aufwandskonto Haben
Aufwendungen	

Bei den Aufwandskonten erscheinen die **Aufwendungen** immer auf der **Sollseite.**

Soll	Ertragskonto Haben
	Erträge

Bei den Ertragskonten erscheinen die **Erträge** immer auf der **Habenseite.**

5 Waltermann-Speth - ISBN 978-3-8120-0458-9

Merke:

- Auf den **Ergebniskonten** gibt es **keinen Anfangsbestand, keine Zugänge, keine Abgänge** und **keinen Schlussbestand.**
- Bei den **Ergebniskonten** gibt es nur **Aufwendungen** und **Erträge.**

(2) Beispiele für die Buchungen von Aufwendungen und Erträgen

Bilden Sie zu den nachfolgenden Geschäftsvorfällen die Buchungssätze!

1. Geschäftsvorfall: Wir zahlen die Ausbildungsvergütung in Höhe von 570,00 EUR durch Banküberweisung.

Konten	Soll	Haben
Gehälter	570,00	
an Bank		570,00

2. Geschäftsvorfall: Wir zahlen für Renovierungsarbeiten im Verkaufsraum durch Banküberweisung 7 100,00 EUR.

Konten	Soll	Haben
Fremdinstandhaltung	7 100,00	
an Bank		7 100,00

3. Geschäftsvorfall: Wir kaufen Briefmarken für 45,00 EUR und Schreibpapier für das Büro 180,00 EUR gegen Barzahlung.

Konten	Soll	Haben
Postentgelt	45,00	
Büromaterial	180,00	
an Kasse		225,00

4. Geschäftsvorfall: Weitere Aufwendungen werden durch Banküberweisung bezahlt:
Strom: 1 090,00 EUR; Dekoration: 420,00 EUR; Rechnung des Steuerberaters: 720,00 EUR

Konten	Soll	Haben
Aufw. für Energie	1 090,00	
Werbung	420,00	
Rechts- und Beratungsaufwendungen	720,00	
an Bank		2 230,00

5. Geschäftsvorfall: Wir erhalten Miete für eine vermietete Garage durch Banküberweisung 60,00 EUR.

Konten	Soll	Haben
Bank an Erträge a. Vermiet. u. Verpacht.	60,00	 60,00

6. Geschäftsvorfall: Im Betrieb fallen weitere Erträge an: Wir erhalten vom Lieferer eine Verkaufsprovision in Höhe von 1420,00 EUR bar; Zinsgutschrift der Bank 175,00 EUR.

Konten	Soll	Haben
Kasse an Provisionserträge	1420,00	 1420,00
Bank an Zinserträge	175,00	 175,00

Merke:

- Aufwands- und Ertragskonten sind **Unterkonten des Eigenkapitalkontos.**
- **Aufwandskonten** erfassen die **Minderungen (Abgänge) beim Eigenkapital.** Die Aufwendungen werden immer auf der **Sollseite** gebucht.
- **Ertragskonten** erfassen die **Mehrungen (Zugänge) beim Eigenkapital.** Die Erträge werden immer auf der **Habenseite** gebucht.
- Zusammen mit dem bereits bekannten Bilanzkontenbereich erhalten wir nun in unserer Buchführung folgende **Kontenübersicht:**

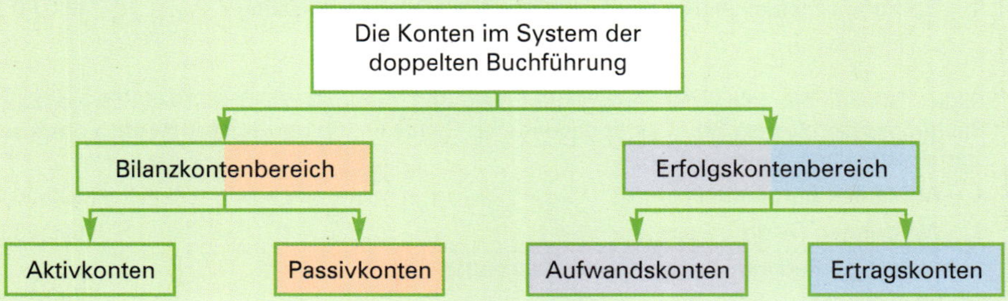

Übungsaufgaben[1]

29 Bilden Sie zu den folgenden erfolgswirksamen Geschäftsvorfällen die Buchungssätze!

1.	Wir zahlen Miete für die Geschäftsräume durch Banküberweisung	4000,00 EUR
2.	Die Bank schreibt uns Zinsen gut	210,00 EUR
3.	Wir zahlen die Ausbildungsvergütung bar	540,00 EUR
4.	An unsere Verkäufer im Außendienst zahlen wir Provisionen	
	in bar	6100,00 EUR
	per Bankscheck	2345,00 EUR
5.	Zinslastschrift der Bank	651,00 EUR
6.	Bankeinzug zum Ausgleich der Stromrechnung für das Geschäft	745,00 EUR
7.	Zahlung der Grundsteuer durch die Bank	2380,00 EUR
8.	Für Büromaterialien wurden bar bezahlt	123,00 EUR
9.	Banküberweisung der Kfz-Steuer für das Betriebsfahrzeug	630,00 EUR
10.	Banküberweisung für Heizmaterial für den Betrieb	2200,00 EUR

30 Bilden Sie für die folgenden erfolgsunwirksamen und erfolgswirksamen Geschäftsvorfälle die Buchungssätze! Geben Sie in einer besonderen Spalte an, ob der Geschäftsvorfall erfolgswirksam oder erfolgsunwirksam ist!

1.	Wir zahlen Miete für die Geschäftsräume durch Banküberweisung	6000,00 EUR
2.	Die Bank schreibt uns Zinsen gut	200,00 EUR
3.	Wir zahlen die Ausbildungsvergütungen durch die Bank	2720,00 EUR
4.	Wir zahlen eine Werbeanzeige im Wochenblatt bar	500,00 EUR
5.	Wir zahlen die Leasingrate für einen Geschäftswagen durch Banküberweisung	8750,00 EUR
6.	Wir kaufen einen Büroschrank bar	850,00 EUR
7.	Die Bank belastet unser Konto mit Kreditzinsen (Sollzinsen)	125,00 EUR
8.	Wir zahlen Miete für eine Lagerhalle durch Banküberweisung	5300,00 EUR
9.	Ein Kunde zahlt einen Rechnungsbetrag durch Banküberweisung	450,00 EUR

31 Bilden Sie für die folgenden erfolgsneutralen und erfolgswirksamen Geschäftsvorfälle die Buchungssätze! Geben Sie in einer besonderen Spalte an, ob der Geschäftsvorfall erfolgswirksam oder erfolgsunwirksam ist!

1.	Wir kaufen Büromöbel bar	1500,00 EUR
2.	Wir bringen Geld zur Bank	500,00 EUR
3.	Wir zahlen Reparaturkosten für die Geschäftsräume durch Banküberweisung	2700,00 EUR
4.	Ein Kunde überweist einen Rechnungsbetrag auf unser Bankkonto	250,00 EUR
5.	Bankgutschrift für erhaltene Provision	200,00 EUR
6.	Wir bezahlen Aushilfslöhne bar	820,00 EUR
7.	Wir kaufen ein Kassensystem und zahlen durch Banküberweisung	18000,00 EUR
8.	Wir zahlen eine Lieferantenrechnung durch Banküberweisung	350,00 EUR

1 Sofern es sich um Zahlungen handelt, die als Aufwand zu erfassen sind, ist davon auszugehen, dass die zugrunde liegende Rechnung noch **nicht** gebucht wurde.

32 Formulieren Sie aufgrund der vorliegenden Belege[1] die zugrunde liegenden Geschäftsvorfälle und buchen Sie die Belege im Grundbuch des Modehauses Hans Wanner GmbH, Kornstraße 80, 38640 Goslar!

Beleg 1

EBE - WERKE AG
DORTMUND

Hans Wanner GmbH
Kornstraße 80
38640 Goslar

Kurzmitteilung: 15.01.20..

Sehr geehrte Damen und Herren,

wir haben festgestellt, dass Sie unsere Rechnung Nr. 501 vom 10.01.20.. doppelt bezahlt haben.

Den Rechnungsbetrag in Höhe von 8140,20 EUR haben wir heute auf Ihr Konto bei der Volksbank Nordharz zurücküberwiesen.

Mit freundlichen Grüßen
EBE-Werke AG
i. A. Potte

Beleg 2

NOTHHAFT
FÜR BÜRO, SCHULE UND ZUHAUSE
NONNENWEG 8 - 38640 GOSLAR

BARVERKAUF

Nopi Paketklebeband 66x50 57212				
57212	1,00	2,19	1	2,19 EUR
PRITT Klebestift WA 13 40 g				
PRI 371047	2,00	3,85	1	7,70 EUR
E-1800/0,1 FARBE 002 rot				
edd1800	1,00	2,89	1	2,89 EUR
Kopierpapier A4 weiß 80 g/qm				
8078451a8	1,00	3,49	1	3,49 EUR
		Gesamtsumme:		16,27 EUR

Beleg 3

Josef Sigg OHG
Buch- und Offsetdruck · Blumenstr. 17 · 30159 Hannover

Hans Wanner GmbH
Kornstraße 80
38640 Goslar

Rechnung Nr. 1572

Lieferdatum: 24.01.20..
Rechnungsdatum: 30.01.20..

Auftrags-Nr.		Preis in EUR
519	5000 Vordrucke für Ausgangsrechnungen – Lieferschein Nr. 1010 –	295,00

Sitz der Gesellschaft: Hannover · RG Hannover: HRA 195 · Steuer-Nr.: 88712/15945

Beleg 4

DEUTSCHE POST AG
38640 GOSLAR
85051034 6941 15.01.20..

LABELFREIMACHUNG 1 STÜCK X 4,70 EUR
*4,70 EUR A,1

BRUTTOUMSATZ *4,70 EUR

VIELEN DANK FÜR IHREN BESUCH.
IHRE DEUTSCHE POST AG

1 Bei den Belegen in dieser Aufgabe wird auf den Ausweis der Umsatzsteuer verzichtet, weil diese noch nicht behandelt worden ist.

Beleg 5

Firma: Möbelfabrik Tobias Hauser KG
Karlstraße 20–24 · 38259 Salzgitter

QUITTUNG

EINGEGANGEN
30. Jan. 20..

1 Büroschrank 1 927,80 EUR

Hans Wanner GmbH
Kornstraße 80
38640 Goslar

Betrag dankend erhalten
30.01.20..
Heim

Beleg 6

HOPPE
ELEKTROANLAGEN

Inhaber M. Hoppe
Elektrische Licht- und Kraftanlagen
Am Stadtpark 10 · 38640 Goslar
St.-Nr. 24/199

M. Hoppe · Am Stadtpark 10 · 38640 Goslar

Hans Wanner GmbH
Kornstraße 80
38640 Goslar

Telefax 05321 2360-110

Ihr Zeichen, Ihre Bestellung vom	Unser Zeichen, Unsere Nachricht vom	Telefon, Name 05321 2360-200	Datum
	Ho	Herr Hoppe	28. Jan. 20..

EINGEGANGEN
29. Jan. 20..
Erl. ....

Rechnung – Nr. 9110 – 20..

Erbringung der Leistung: 03.01.20..
Elektroanschlüsse instand gesetzt

Pos. 001:	Montage Fink	2,5 Std.	41,80 EUR	104,50 EUR
Pos. 002:	Auszubildender (2. Jahr) Gromer	2,5 Std.	21,20 EUR	53,00 EUR
Pos. 003:	Fahrpauschale	1,00 Psch.	8,80 EUR	8,80 EUR
Pos. 004:	Klemmen	8 Stück	0,60 EUR	4,80 EUR
				171,10 EUR

HANDWERKERRECHNUNG
gemäß VOB innerhalb von 8 Tagen
nach Rechnungsdatum fällig! Ohne Abzug!
Rechnungsnummer bitte angeben!

Beleg 7

Autohaus Gabler GmbH GOSLAR

Autohaus Gabler GmbH · Mathias Steiner · Hauptstr. 10 · 38640 Goslar

Hans Wanner GmbH
Kornstraße 80
38640 Goslar

Auftrags-Nr. 00-0398
Leistungsdatum: 28.01.20..

Geleistete Arbeiten

Arbeits-Nr.	Art der ausgeführten Arbeiten	EUR
92 3004	Kleiner Kundendienst für den Geschäftswagen	278,90

Beleg 8

Kontoauszug Nr. 10
Konto-Nr. 610 003

COMMERZBANK AG – BLZ 268 800 63 –
* Datum 27. 01. 20.. *

Blatt 1

Wert	Buchungstext	Umsätze Soll	Umsätze Haben
	ALTER SALDO VOM 24.01.20..		12 895,40 H
26. 01. 20..	Rechnung 20.01.20..		8 720,10 H
26. 01. 20..	Zinsgutschrift		520,00 H
26. 01. 20..	Feuerversicherung (Lastschrift)		1 100,00 S
26. 01. 20..	Grundsteuer (Geschäft)		1 450,50 S

72189/0033794/00002/00006

Hans Wanner GmbH
Kornstraße 80
38640 Goslar

NEUER SALDO 19 585,00 H

Kontobezeichnung/Title of account — Bitte entsprechenden Vermerk auf der Rückseite beachten. — Please see reverse.

1.8.3 Abschluss der Aufwands- und Ertragskonten

Als Unterkonten des Eigenkapitals müssten die Ergebniskonten direkt über das Eigenkapitalkonto abgeschlossen werden. Aus Gründen der Übersichtlichkeit wird auf dem **Konto Eigenkapital** jedoch nur das **Gesamtergebnis** in einer Summe (Gewinn bzw. Verlust) ausgewiesen. Das bedeutet, dass die einzelnen Aufwendungen und Erträge auf einem Zwischenkonto einander gegenübergestellt werden müssen.

Da aus der Gegenüberstellung aller Erträge mit allen Aufwendungen der Gewinn oder Verlust des Unternehmens errechnet wird, heißt dieses Zwischenkonto **Gewinn- und Verlustkonto (GuV-Konto).**

Das GuV-Konto ist ein Unterkonto des Eigenkapitalkontos. Der auf dem GuV-Konto ermittelte Gewinn oder Verlust wird auf das Konto Eigenkapital umgebucht. Dabei erhöht ein Gewinn das Eigenkapital, ein Verlust vermindert es.

Erträge > Aufwendungen = Gewinn
Erträge < Aufwendungen = Verlust

Das folgende Beispiel beschränkt die kontenmäßige Darstellung auf die Ergebniskonten. Die Bilanzkonten werden bewusst ausgeklammert, um den Abschluss der Ergebniskonten deutlich herausstellen zu können.

Beispiel:

I. Anfangsbestand:

Eigenkapital: 30 000,00 EUR

II. Geschäftsvorfälle:

1. Wir zahlen Aushilfsgehälter durch Banküberweisung 800,00 EUR
2. Kauf von Büromaterial bar 80,00 EUR
3. Abbuchung der Stromkosten vom Bankkonto 150,00 EUR
4. Wir erhalten Provisionserträge auf die Bank überwiesen 2 000,00 EUR
5. Gutschrift der Bank für Zinsen 140,00 EUR

Konten	Soll	Haben
1. Gehälter	800,00	
an Bank		800,00
2. Büromaterial	80,00	
an Kasse		80,00
3. Aufwendung für Energie	150,00	
an Bank		150,00
4. Bank	2 000,00	
an Provisionserträge		2 000,00
5. Bank	140,00	
an Zinserträge		140,00

III. Aufgabe:

Führen Sie den Abschluss der Ergebniskonten, des GuV-Kontos und des Eigenkapitalkontos durch!

Lösung:

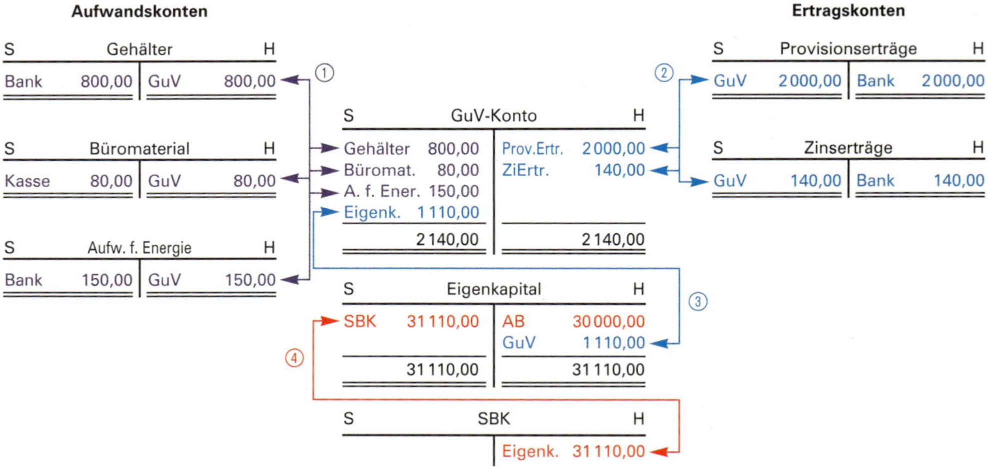

Merke:

Schritte beim Abschluss der Ergebniskonten:

1. Schritt: Abschluss der Aufwandskonten über das GuV-Konto.

2. Schritt: Abschluss der Ertragskonten über das GuV-Konto.

3. Schritt: Abschluss des GuV-Kontos über das Eigenkapitalkonto.

4. Schritt: Abschluss des Eigenkapitalkontos über das Schlussbilanzkonto.

Übungsaufgaben

33 **I. Anfangsbestand:**

Bank: 548000,00 EUR; Eigenkapital: 548000,00 EUR

II. Aufwendungen:

1. Wir zahlen eine noch nicht gebuchte Reparaturrechnung durch Banküberweisung 8400,00 EUR
2. Zahlung der Löhne durch Banküberweisung 11400,00 EUR
3. Zahlung der Gehälter durch Banküberweisung 27700,00 EUR
4. Zahlung einer noch nicht gebuchten Büromaterialrechnung durch Banküberweisung 10190,00 EUR

III. Erträge:

5. Mieteinnahmen per Bankscheck 14840,00 EUR
6. Wir erhalten Provision durch Banküberweisung 58270,00 EUR
7. Die Bank schreibt uns Zinsen gut 19130,00 EUR

IV. Aufgaben:

1. Eröffnen Sie das Konto Eigenkapital!
2. Bilden Sie die Buchungssätze und buchen Sie auf den Konten!
3. Schließen Sie die Ergebniskonten, das GuV-Konto und das Eigenkapitalkonto ab!

34 **I. Anfangsbestand:**

Bank 150 000,00 EUR; Eigenkapital 150 000,00 EUR

II. Geschäftsvorfälle:

1.	Banküberweisung für Verpackungsmaterial	85,00 EUR
2.	Zinsgutschrift der Bank	490,00 EUR
3.	Reparaturkosten für einen PC werden mit Bankscheck bezahlt	512,00 EUR
4.	Lohnzahlung durch Banküberweisung	1 290,00 EUR
5.	Banküberweisung für Kraftfahrzeugsteuer	950,00 EUR
6.	Mieteinnahmen per Bankscheck	4 650,00 EUR
7.	Banküberweisung für den Bezug einer Fachzeitschrift	56,00 EUR
8.	Büromaterial wird mit Bankscheck gekauft	370,00 EUR
9.	Wir erhalten Provision durch Banküberweisung	9 980,00 EUR
10.	Ein Zeitungsinserat wird mit Banküberweisung beglichen	290,00 EUR

III. Aufgaben:

1. Eröffnen Sie die Konten Bank und Eigenkapital!
2. Bilden Sie die Buchungssätze und buchen Sie auf den Konten!
3. Führen Sie den Abschluss durch!

1.8.4 Geschäftsgang mit Bestands- und Ergebniskonten

Beispiel:

I. Anfangsbestände:

Betriebs- und Geschäftsausstattung 120 000,00 EUR; Kasse 3 150,00 EUR; Bank 4 800,00 EUR; Verbindlichkeiten aus Lieferungen und Leistungen 26 000,00 EUR; Langfristige Bankverbindlichkeiten 20 000,00 EUR; 3000 Eigenkapital 81 950,00 EUR.

II. Geschäftsvorfälle:

1.	Zahlung der Gehälter durch Banküberweisung	2 100,00 EUR
2.	Wir erhalten eine Provisionszahlung durch Banküberweisung	15 400,00 EUR
3.	Barzahlung eines Zeitungsinserates	160,00 EUR
4.	Die Bank schreibt uns Zinsen gut	580,00 EUR
5.	Barzahlung der Miete für das Geschäft	1 800,00 EUR
6.	Wir begleichen eine Lieferantenrechnung durch Bankscheck	750,00 EUR

III. Aufgaben:

1. Erstellen Sie die Eröffnungsbilanz!
2. Führen Sie das Eröffnungsbilanzkonto!
3. Bilden Sie die Buchungssätze für die Geschäftsvorfälle!
4. Buchen Sie auf den Konten!
5. Schließen Sie die Konten über die Abschlusskonten ab!
6. Stellen Sie die Schlussbilanz auf!

Lösungen:

Zu 1.: Eröffnungsbilanz

Aktiva	Eröffnungsbilanz		Passiva
I. Anlagevermögen		**I. Eigenkapital**	81 950,00
1. Andere Anlagen, Betriebs- u. Geschäftsausstattung	120 000,00	**II. Verbindlichkeiten**	
II. Umlaufvermögen		1. Verbindlichkeiten gegenüber Kreditinstituten	20 000,00
1. Kassenbestand	3 150,00	2. Verbindlichkeiten aus Lieferungen und Leistungen	26 000,00
2. Guthaben bei Kreditinstituten	4 800,00		
	127 950,00		127 950,00

Zu 3.: Bildung der Buchungssätze für die Geschäftsvorfälle

Nr.	Konten	Soll	Haben
1.	Gehälter an Bank	2 100,00	 2 100,00
2.	Bank an Provisionserträge	15 400,00	 15 400,00
3.	Werbung an Kasse	160,00	 160,00
4.	Bank an Zinserträge	580,00	 580,00
5.	Mieten, Pachten an Kasse	1 800,00	 1 800,00
6.	Verbindlichkeiten a. Lief. u. Leist. an Bank	750,00	 750,00

Zu 2., 4. und 5.: siehe S. 75

Zu 6.: Schlussbilanz

Aktiva	Schlussbilanz		Passiva
I. Anlagevermögen		**I. Eigenkapital**	93 870,00
1. Andere Anlagen, Betriebs- u. Geschäftsausstattung	120 000,00	**II. Verbindlichkeiten**	
II. Umlaufvermögen		1. Verbindlichkeiten gegenüber Kreditinstituten	20 000,00
1. Kassenbestand	1 190,00	2. Verbindlichkeiten aus Lieferungen und Leistungen	25 250,00
2. Guthaben bei Kreditinstituten	17 930,00		
	139 120,00		139 120,00

Zu 2., 4. und 5.: Buchungen auf den Konten mit Abschluss der Konten

Soll	EBK		Haben
Eigenkapital	81 950,00	Betr.- u. G.Ausst.	120 000,00
Langfr. Bankverb.	20 000,00	Bank	4 800,00
Verb. a. L. u. L.	26 000,00	Kasse	3 150,00
	127 950,00		127 950,00

S	Betr.- u. G.Ausst.		H
EBK	120 000,00	SBK	120 000,00

S	Bank		H
EBK	4 800,00	Gehälter	2 100,00
PrErtr.	15 400,00	V.a.L.u.L.	750,00
ZiErtr.	580,00	SBK	17 930,00
	20 780,00		20 780,00

S	Kasse		H
EBK	3 150,00	Werb.	160,00
		Miet., P.	1 800,00
		SBK	1 190,00
	3 150,00		3 150,00

S	Langfrist. Bankverbindl.		H
SBK	20 000,00	EBK	20 000,00

S	Verbindl. a. Lief. u. Leist.		H
Bank	750,00	EBK	26 000,00
SBK	25 250,00		
	26 000,00		26 000,00

S	Eigenkapital		H
SBK	93 870,00	EBK	81 950,00
		GuV	11 920,00
	93 870,00		93 870,00

S	Gehälter		H
Bank	2 100,00	GuV	2 100,00

S	Werbung		H
Kasse	160,00	GuV	160,00

S	Mieten, Pachten		H
Kasse	1 800,00	GuV	1 800,00

S	Provisionserträge		H
GuV	15 400,00	Ba	15 400,00

S	Zinserträge		H
GuV	580,00	Bank	580,00

Soll	GuV-Konto		Haben
Gehälter	2 100,00	Provisionserträge	15 400,00
Werbung	160,00	Zinserträge	580,00
Mieten/Pachten	1 800,00		
Eigenkapital	11 920,00		
	15 980,00		15 980,00

Soll	SBK		Haben
Betr.- u. G.Ausst.	120 000,00	Langfr. Bankverb.	20 000,00
Bank	17 930,00	Verb. a. L. u. L.	25 250,00
Kasse	1 190,00	Eigenkapital	93 870,00
	139 120,00		139 120,00

Doppelte Erfolgsermittlung (Ergebnisermittlung)

Aus dem vorhergehenden Geschäftsgang ersehen wir, dass in der doppelten Buchführung auch eine **doppelte Möglichkeit der Ergebnisermittlung** besteht:

1. Im Erfolgskontenbereich:

Hier wird das Ergebnis (Gewinn oder Verlust) durch die Gegenüberstellung der Aufwendungen mit den Erträgen auf dem GuV-Konto ermittelt. Aus dem GuV-Konto sind auch die einzelnen Ertrags- und Aufwandsarten ersichtlich.

Summe der Erträge	15980,00 EUR
– Summe der Aufwend.	4060,00 EUR
= Gewinn	11920,00 EUR

Soll	GuV		Haben
Gehälter	2100,00	Pro.-Ertr.	15400,00
Werbung	160,00	Zinserträge	580,00
Miet.,Pacht.	1800,00		
Gewinn	11920,00		
	15980,00		15980,00

2. Im Bilanzkontenbereich:

Hier wird das Ergebnis (Gewinn oder Verlust) durch den Vergleich des Eigenkapitals am Ende des Geschäftsjahres mit dem Eigenkapital am Anfang des Geschäftsjahres ermittelt.

Eigenkapital am Ende des Geschäftsjahres	93870,00 EUR
– Eigenkapital am Anfang des Geschäftsjahres	81950,00 EUR
= Gewinn	11920,00 EUR

Soll	Eigenkapital		Haben
SBK	93870,00	EBK	81950,00
		Gewinn	11920,00
	93870,00		93870,00

Übungsaufgaben

35 **I. Anfangsbestände:**

Unbebaute Grundstücke 85000,00 EUR; Betriebs- und Geschäftsausstattung 15000,00 EUR; Bank 16200,00 EUR; Kasse 5400,00 EUR; Verbindlichkeiten aus Lieferungen und Leistungen 25000,00 EUR; Eigenkapital 96600,00 EUR.

II. Geschäftsvorfälle:

1.	Wir zahlen für Werbematerial durch Banküberweisung	5300,00 EUR
2.	Kauf von Schreibwaren für das Büro bar	120,00 EUR
3.	Zinsgutschrift der Bank	350,00 EUR
4.	Die Verkaufsprovision für einen Großauftrag geht auf dem Bankkonto ein	11350,00 EUR
5.	Zahlung der Geschäftsmiete durch Banküberweisung	1100,00 EUR
6.	Die Telefongebühren werden vom Bankkonto abgebucht	215,00 EUR

III. Aufgaben:

1. Erstellen Sie die Eröffnungsbilanz!
2. Eröffnen Sie die Konten und buchen Sie die Anfangsbestände!
3. Bilden Sie für die Geschäftsvorfälle die Buchungssätze und buchen Sie auf den Konten!
4. Schließen Sie die Konten ab und geben Sie das neue Eigenkapital an!

36 **I. Anfangsbestände:**

Unbebaute Grundstücke 96000,00 EUR; Betriebs- und Geschäftsausstattung 23600,00 EUR; Forderungen aus Lieferungen und Leistungen 21000,00 EUR; Kasse 6100,00 EUR; Bank 13620,00 EUR; Langfristige Bankverbindlichkeiten 35900,00 EUR; Verbindlichkeiten aus Lieferungen und Leistungen 19900,00 EUR; Eigenkapital 104520,00 EUR.

II. Geschäftsvorfälle:

1.	Barzahlung für Büromaterial	90,00 EUR
2.	Banküberweisung zur Zahlung der Provisionen für die Außendienstmitarbeiter	7120,00 EUR
3.	Die Bank schreibt uns Zinsen gut	1300,00 EUR
4.	Die noch nicht gebuchte Rechnung für ein Werbeinserat in der Tageszeitung wird durch Banküberweisung beglichen	120,00 EUR
5.	Barzahlung an den Lieferer	450,00 EUR
6.	Ein Kunde begleicht eine Rechnung durch Banküberweisung	920,00 EUR
7.	Banküberweisung für einen gemieteten Lagerraum	500,00 EUR
8.	Bankabbuchung für die Stromrechnung	210,00 EUR
9.	Wir erhalten Provision für die Vermittlung eines Großauftrages auf das Bankkonto überwiesen	6300,00 EUR

III. Aufgaben:

1. Erstellen Sie die Eröffnungsbilanz!
2. Eröffnen Sie die Konten und buchen Sie die Anfangsbestände!
3. Bilden Sie für die Geschäftsvorfälle die Buchungssätze und buchen Sie auf den Konten!
4. Schließen Sie die Konten über das Schlussbilanzkonto ab!

37 **I. Anfangsbestände:**

Betriebs- und Geschäftsausstattung 234200,00 EUR; Forderungen aus Lieferungen und Leistungen 313800,00 EUR; Kasse 22200,00 EUR; Bank 66500,00 EUR; Langfristige Bankverbindlichkeiten 180000,00 EUR; Verbindlichkeiten aus Lieferungen und Leistungen 136700,00 EUR; Eigenkapital?

II. Geschäftsvorfälle:

1.	Wir begleichen eine Lieferantenrechnung durch Banküberweisung	11100,00 EUR
2.	Barkauf von Büromöbeln für das Chefzimmer	10460,00 EUR
3.	Wir zahlen Darlehenszinsen durch Banküberweisung	8380,00 EUR
4.	Barkauf von Briefmarken	55,00 EUR
5.	Die Telefongebühren werden von der Bank abgebucht	1190,00 EUR
6.	Teilweise Tilgung eines Bankdarlehens durch Banküberweisung	22000,00 EUR
7.	Wir erhalten Provision für die Vermittlung eines Auftrages auf das Bankkonto überwiesen	29100,00 EUR
8.	Wir zahlen Geschäftsmiete per Bankscheck	9900,00 EUR
9.	Zahlung einer Kfz-Reparaturrechnung bar	3120,00 EUR
10.	Die Bank schreibt uns Zinsen gut	1220,00 EUR

III. Aufgaben:

1. Erstellen Sie die Eröffnungsbilanz!
2. Eröffnen Sie die Konten und buchen Sie die Anfangsbestände!
3. Bilden Sie für die Geschäftsvorfälle die Buchungssätze und buchen Sie auf den Konten!
4. Schließen Sie die Konten über das Schlussbilanzkonto ab!

38 Bilden Sie die Buchungssätze zu folgenden Geschäftsvorfällen!

1.	Wir bezahlen eine Liefererrechnung durch Banküberweisung		1825,30 EUR
2.	Ein Kunde begleicht einen Rechnungsbetrag mit Bankscheck		841,70 EUR
3.	Die Bank belastet uns mit der Darlehensrate den Zinsen	 2500,00 EUR 970,20 EUR	 3470,20 EUR
4.	Eingangsrechnung für Computerpapier		721,70 EUR
5.	Bankabbuchung der Monatspauschale der Stadtwerke für Strom und Gas		 1140,00 EUR
6.	Ein Handelsvertreter erhält einen Bankscheck für vermittelte Verkaufsgeschäfte		 1460,00 EUR
7.	Banküberweisung für Renovierung der Büroräume		3910,00 EUR
8.	Barkauf von neuen Büromöbeln		8825,80 EUR
9.	Barzahlung einer Rechnung für eine Computerreparatur		571,80 EUR
10.	Banküberweisung der Miete für die Geschäftsräume		3500,00 EUR
11.	Bareinzahlung auf das Bankkonto		4100,00 EUR
12.	Die Steuerberatungskosten werden bar bezahlt		1154,00 EUR
13.	Banküberweisung des Handelskammerbeitrags		620,00 EUR
14.	Wir kaufen eine EDV-Anlage auf Ziel		7730,00 EUR
15.	Wir kaufen ein Lagerregal bar		2200,00 EUR

39 Entscheiden Sie außerhalb des Buches, welche der folgenden Aussagen richtig sind:

1. Der Begriff Erfolg beinhaltet immer einen Gewinn.
2. Ist das Reinvermögen am Ende der Geschäftsperiode höher als am Anfang, wurde in der Geschäftsperiode ein Gewinn erzielt.
3. Vermögen – Schulden = Erfolg.
4. Ein Verlust liegt vor, wenn das Eigenkapital am Anfang der Geschäftsperiode größer ist als am Ende.
5. Die Formel für die Erfolgsermittlung lautet:

   Eigenkapital am Anfang der Geschäftsperiode
   – Eigenkapital am Ende der Geschäftsperiode
   = Erfolg

1.9 Berechnung von Wareneinsatz und Rohgewinn und die Buchungen auf den Warenkonten

1.9.1 Berechnung von Wareneinsatz und Rohgewinn

Hauptzweck eines Unternehmens ist es, durch den Verkauf von Waren einen Gewinn zu erzielen. Der Gewinn entsteht dadurch, dass der Kaufmann seine Waren teurer verkauft als er sie einkauft. Diesen Gewinn nennt man **Rohgewinn** (**Warengewinn** bzw. **Warenrohgewinn**).

Merke:

Verkaufspreis – Wareneinsatz = Rohgewinn

Beispiel:

Die Buchführung des Medienhauses Jörg Leist e.Kfm. liefert folgende Daten: Einstandspreis einer Wareneinheit 100,00 EUR, Verkaufspreis 150,00 EUR. Im Monat Dezember liegen folgende Warenbestände und Geschäftstätigkeiten vor:

I. Warenbestände:

Anfangsbestand:	200 Stück zu je 100,00 EUR	=	20000,00 EUR
Schlussbestand lt. Inventur:	350 Stück zu je 100,00 EUR	=	35000,00 EUR

II. Geschäftsvorfälle:

Wareneinkauf auf Ziel	250 Stück zu je 100,00 EUR	=	25000,00 EUR
Warenverkauf auf Ziel	100 Stück zu je 150,00 EUR	=	15000,00 EUR

III. Aufgabe:

Ermitteln Sie rechnerisch den Wareneinsatz und den Rohgewinn für den Monat Dezember für die Wareneinheit!

Lösung:

	Anfangsbestand an Waren:	200 Stück zu je 100,00 EUR	=	20000,00 EUR
+	Wareneinkäufe:	250 Stück zu je 100,00 EUR	=	25000,00 EUR
	Zwischensumme:	450 Stück zu je 100,00 EUR	=	45000,00 EUR
–	Schlussbestand:	350 Stück zu je 100,00 EUR	=	35000,00 EUR
=	Wareneinsatz (für 100 Stück)			10000,00 EUR
	Warenverkauf:	100 Stück zu je 150,00 EUR	=	15000,00 EUR
–	Wareneinsatz für:	100 Stück zu je 100,00 EUR	=	10000,00 EUR
=	Rohgewinn:			5000,00 EUR

Der Rohgewinn darf nicht mit dem Reingewinn verwechselt werden, da die über den Wareneinsatz hinausgehenden Kosten (z.B. für das Verkaufspersonal) noch nicht berücksichtigt sind.

Merke:

- Unter **Wareneinsatz** versteht man den **Wert der verkauften Waren zum Einstandspreis.**
- **Rohgewinn (Warenrohgewinn)** = Umsatzerlöse > Wareneinsatz
- **Rohverlust** = Umsatzerlöse < Wareneinsatz

Übungsaufgabe

40 1. Was ist unter dem Begriff „Wareneinsatz" zu verstehen?

1. Der Wert der eingekauften Ware zum Verkaufspreis.
2. Der Wert der eingekauften Ware zum Einstandspreis.
3. Der Wert der verkauften Ware zum Einstandspreis.
4. Der Wert der verkauften Ware zum Verkaufspreis.

Aufgabe:

Übertragen Sie die entsprechende Ziffer als Lösung in Ihr Hausheft!

2\. **I. Warenbestände:**

	2.1	2.2
Anfangsbestand	108 700,00 EUR	109 300,00 EUR
Schlussbestand lt. Inventur	95 700,00 EUR	114 300,00 EUR
II. Geschäftsvorfälle:		
Wareneinkäufe bar	7 500,00 EUR	23 500,00 EUR
Warenverkäufe bar	9 500,00 EUR	12 950,00 EUR
Warenverkäufe auf Ziel	25 650,00 EUR	45 800,00 EUR
Wareneinkäufe auf Ziel	10 500,00 EUR	19 700,00 EUR
Warenverkäufe gegen Bankscheck	6 550,00 EUR	3 750,00 EUR

III. Aufgabe:

Ermitteln Sie rechnerisch den Wareneinsatz und den Rohgewinn!

1.9.2 Buchungen auf den Warenkonten

1.9.2.1 Einführung der Warenkonten

Dadurch, dass wir die Ware zu einem höheren Preis verkaufen als wir sie einkaufen, muss für die **Warenverkäufe** ein **Ertragskonto** eingerichtet werden.

Umsatzerlöse

Um den Gewinn aus den Warengeschäften ermitteln zu können, müssen den Verkaufserlösen die dazugehörigen **Einkaufswerte** als **Aufwand** gegenübergestellt werden. Insofern benötigen wir auch ein **Warenaufwandskonto,** auf dem der Einkaufswert der verkauften Ware erfasst wird.

Aufwendungen für Waren

Außerdem wird noch ein drittes Konto benötigt, auf dem der **Lagerbestand an Waren** erfasst wird. Auf diesem Konto erscheinen neben dem **Anfangs-** und **Schlussbestand** alle Änderungen des Lagerbestandes durch Einkäufe und Verkäufe dieser Waren.

Waren

Merke:

Es sind folgende **drei Warenkonten** zu führen:

- Das **Konto Waren,** auf dem die Lagerbestände erscheinen, ist ein **Aktivkonto.**
- Das **Konto Aufwendungen für Waren,** auf dem der Wareneinsatz innerhalb der Geschäftsperiode erfasst wird, ist ein **Aufwandskonto.**
- Das **Konto Umsatzerlöse,** auf dem die Verkaufserlöse erfasst werden, ist ein **Ertragskonto.**

1.9.2.2 Buchungen auf den Warenkonten ohne Veränderung des Warenbestands

Wichtiger Hinweis:

Im Folgenden wird unterstellt, dass ein Unternehmen versucht, nur so viel Waren einzukaufen, wie auch in der gleichen Geschäftsperiode verkauft werden. Bei dieser Art der Anlieferung werden die Waren nicht erst als Lagerbestände erfasst, sondern direkt als Warenaufwand gebucht. Diese Form der Buchung bezeichnet man als **aufwandsrechnerisches Verfahren** oder als **Just-in-time-Verfahren.** In diesem Buch orientieren wir uns am aufwandsrechnerischen Verfahren.

Wir gehen zunächst aus Vereinfachungsgründen von der unrealistischen Annahme aus, dass sich der Warenbestand am Ende der Geschäftsperiode gegenüber dem Warenbestand am Anfang der Geschäftsperiode nicht verändert hat. Wir haben also bei den Warenvorräten **keine Bestandsveränderungen.** Das bedeutet, dass genau die während der Geschäftsperiode eingekaufte Ware auch wieder verkauft worden ist.

Beispiel:

Wir übernehmen einen Ausschnitt aus der Buchführung der Großhandlung Fritz Leist GmbH.

I. Bestände:

Anfangsbestand an Waren: 20 Radiogeräte zu je 100,00 EUR = 2000,00 EUR
Schlussbestand an Waren: 20 Radiogeräte zu je 100,00 EUR = 2000,00 EUR

II. Geschäftsvorfälle:

1. Wareneinkäufe bar: 10 Radiogeräte zu je 100,00 EUR = 1000,00 EUR
2. Warenverkäufe bar: 10 Radiogeräte zu je 150,00 EUR = 1500,00 EUR

III. Aufgaben:

1. Stellen Sie diese Situation auf den Warenkonten dar und schließen Sie die Warenkonten ab!
2. Bilden Sie die Buchungssätze:
   2.1 für die beiden Geschäftsvorfälle,
   2.2 für den Abschluss der Warenkonten!
3. Ermitteln Sie außerhalb der Buchführung den Rohgewinn!

Lösungen:

Zu 1.: Darstellung auf den Warenkonten mit Abschluss der Warenkonten

Bestandskonto **Erfolgskonten**

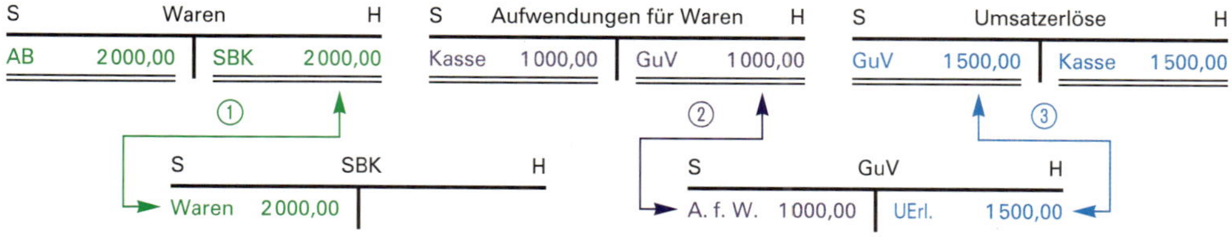

6 Waltermann-Speth - ISBN 978-3-8120-0458-9

Zu 2.: Buchungssätze

2.1 Buchungssätze für die beiden Geschäftsvorfälle

Nr.	Geschäftsvorfälle	Konten	Soll	Haben
1.	Wir kaufen 10 Radiogeräte zu je 100,00 EUR bar ein = 1000,00 EUR	Aufwend. f. Waren an Kasse	1000,00	 1000,00
2.	Wir verkaufen 10 Radiogeräte zu je 150,00 EUR bar = 1500,00 EUR.	Kasse an Umsatzerlöse	1500,00	 1500,00

2.2 Buchungssätze für den Abschluss der Konten

Nr.	Geschäftsvorfälle	Konten	Soll	Haben
①	Buchung des durch Inventur ermittelten Warenschlussbestandes 20 Stück à 100,00 EUR = 2000,00 EUR	SBK an Waren	2000,00	 2000,00
②	Abschluss des Kontos Aufwendungen für Waren	GuV an Aufwend. f. Waren	1000,00	 1000,00
③	Abschluss des Kontos Umsatzerlöse	Umsatzerlöse an GuV	1500,00	 1500,00

Zu 3.: Berechnung des Rohgewinns

Nach Abschluss der Konten stehen sich auf dem GuV-Konto der Wert der verkauften Ware und der dazugehörige Einkaufswert gegenüber. Als Saldo daraus ergibt sich der **Warengewinn (Rohgewinn).**

Umsatzerlöse (10 Radiogeräte zu je 150,00 EUR)	1500,00 EUR
– Aufwendungen für Waren (10 Radiogeräte zu je 100,00 EUR)	1000,00 EUR
Rohgewinn (Warengewinn)	500,00 EUR

Übungsaufgabe

41 1. **I. Bestände:**

Anfangsbestand an Waren: 30000,00 EUR;
Schlussbestand an Waren lt. Inventur 30000,00 EUR.

II. Geschäftsvorfälle:

Einkauf von Waren auf Ziel: 200 Stück zu je 25,00 EUR Einstandspreis
Verkauf von Waren auf Ziel: 200 Stück zu je 35,00 EUR Verkaufspreis

III. Aufgaben:

1.1 Bilden Sie für die Geschäftsvorfälle die Buchungssätze, buchen Sie auf den Warenkonten, schließen Sie die Warenkonten ab und bilden Sie dazu die Buchungssätze!

1.2 Ermitteln Sie den Rohgewinn!

1.3 Worin unterscheidet sich der Reingewinn vom Rohgewinn?

2. **I. Bestände:**

   Anfangsbestand an Waren: 45000,00 EUR;
   Schlussbestand an Waren lt. Inventur 45000,00 EUR.

   II. Geschäftsvorfälle:

   Einkauf von Waren auf Ziel: 160500,00 EUR
   Verkauf von Waren auf Ziel: 197800,00 EUR

   III. Aufgaben:

   2.1 Bilden Sie die Buchungssätze für den Ein- und Verkauf von Waren und buchen Sie auf den Warenkonten!

   2.2 Schließen Sie die Warenkonten ab und ermitteln Sie buchhalterisch den Rohgewinn!

   2.3 Tragen Sie auf dem GuV-Konto noch zusätzlich folgende Werte ein:
   Summe sonstige Aufwendungen 27700,00 EUR
   Summe sonstige Erträge 8100,00 EUR
   und ermitteln Sie anschließend den Reingewinn!

3. Was ist unter dem Begriff „Aufwendungen für Waren“ zu verstehen?

   [1] Der Wert der eingekauften Ware zum Verkaufspreis.

   [2] Der Wert der eingekauften Ware zum Rechnungspreis.

   [3] Der Wert der verkauften Ware zum Einstandspreis.

   [4] Der Wert der verkauften Ware zum Verkaufspreis.

   Übertragen Sie die entsprechende Ziffer als Lösung in Ihr Hausheft.

1.9.2.3 Buchungen auf den Warenkonten mit Veränderung des Warenbestands

Eine sinnvolle Ermittlung des Warengewinnes ist nur möglich, wenn den erzielten Verkaufserlösen der Warenaufwand (Wareneinsatz) für die gleiche Menge gegenübergestellt wird.

- Wurde innerhalb einer Geschäftsperiode **mehr Ware verkauft als eingekauft,** muss die Mengendifferenz aus dem Lagerbestand entnommen worden sein. Dadurch vermindert sich der Wert des Warenbestands (der Schlussbestand ist niedriger als der Anfangsbestand). Es liegt eine **Bestandsminderung** vor.

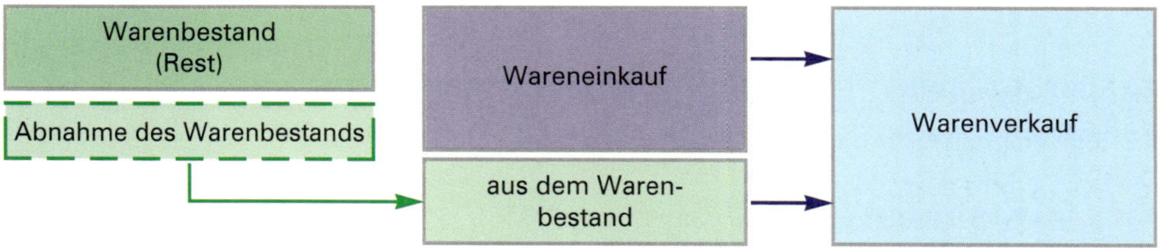

- Wurde innerhalb einer Geschäftsperiode **weniger Ware verkauft als eingekauft,** erhöht sich der Wert des Warenbestands (der Schlussbestand ist höher als der Anfangsbestand). Es liegt eine **Bestandsmehrung** vor.

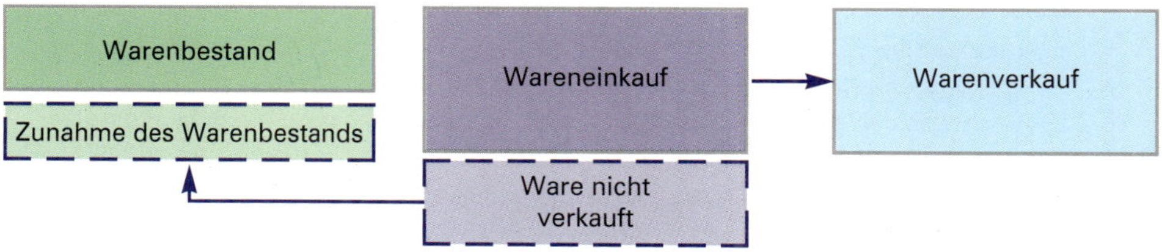

Fall 1: Minderung des Warenbestands (Bestandsminderung)

Beispiel:

Ausschnitt aus der Buchführung der Großhandlung Fritz Leist GmbH.

I. Bestände:

Anfangsbestand an Waren: 20 Radiogeräte zu je 100,00 EUR = 2000,00 EUR
Schlussbestand an Waren: 15 Radiogeräte zu je 100,00 EUR = 1500,00 EUR

II. Geschäftsvorfälle:

1. Wareneinkäufe bar: 40 Radiogeräte zu je 100,00 EUR = 4000,00 EUR
2. Warenverkäufe bar: 45 Radiogeräte zu je 150,00 EUR = 6750,00 EUR

III. Aufgaben:

1. Stellen Sie diese Situation auf den Warenkonten dar und schließen Sie die Warenkonten ab!
2. Bilden Sie die Buchungssätze:
   2.1 für die beiden Geschäftsvorfälle,
   2.2 für den Abschluss der Warenkonten!
3. Ermitteln Sie außerhalb der Buchführung den Rohgewinn!

Lösungen:

Zu 1.: Darstellung auf den Warenkonten mit Abschluss der Warenkonten

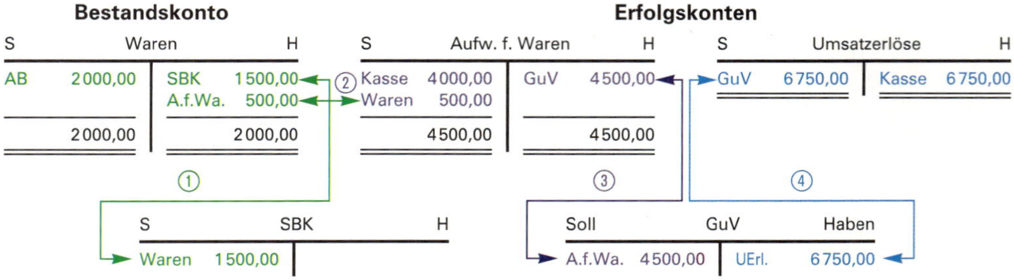

Zu 2.: Buchungssätze

2.1 Buchungssätze für die beiden Geschäftsvorfälle

Nr.	Geschäftsvorfälle	Konten	Soll	Haben
1.	Wir kaufen 40 Radiogeräte zu je 100,00 EUR bar = 4000,00 EUR	Aufwend. f. Waren an Kasse	4000,00	 4000,00
2.	Wir verkaufen 45 Radiogeräte zu je 150,00 EUR bar = 6750,00 EUR	Kasse an Umsatzerlöse	6750,00	 6750,00

2.2 Buchungssätze für den Abschluss der Konten

Nr.	Geschäftsvorfälle	Konten	Soll	Haben
①	Buchung des durch Inventur ermittelten Warenschlussbestands im Werte von 1500,00 EUR	SBK an Waren	1500,00	1500,00
②	Umbuchung der Bestandsminderung von 5 Radiogeräten zu je 100,00 EUR = 500,00 EUR.	Aufwend. f. Waren an Waren	500,00	500,00
③	Abschluss des Kontos Aufwendungen für Waren	GuV an Aufwend. f. Waren	4500,00	4500,00
④	Abschluss des Kontos Umsatzerlöse	Umsatzerlöse an GuV	6750,00	6750,00

Zu 3.: Berechnung des Rohgewinns

Es wurden 45 Radiogeräte verkauft, aber nur 40 Stück eingekauft. Daher ergibt sich eine Bestandsminderung in Höhe von 5 Stück zu je 100,00 EUR = 500,00 EUR.

Um den Verkaufserlösen von 45 Stück den entsprechenden Warenaufwand (Wareneinsatz) gegenüberstellen zu können, muss der Wareneinkauf um den Wert der Bestandsminderung erhöht werden.

Aufwendungen für Waren = Wareneinkäufe + Bestandsminderung

Wareneinkäufe:	40 Radiogeräte zu je 100,00 EUR =	4000,00 EUR
+ Bestandsminderung:	5 Radiogeräte zu je 100,00 EUR =	500,00 EUR
= Wareneinsatz	45 Radiogeräte zu je 100,00 EUR =	4500,00 EUR
Umsatzerlöse (Ertrag)	45 Radiogeräte zu je 150,00 EUR =	6750,00 EUR
– Wareneinsatz (Aufwand)	45 Radiogeräte zu je 100,00 EUR =	4500,00 EUR
= Rohgewinn (Warengewinn)		2250,00 EUR

Fall 2: Erhöhung des Warenbestands (Bestandsmehrung)

Beispiel:

Ausschnitt aus der Buchführung der Großhandlung Fritz Leist GmbH.

I. Bestände:

Anfangsbestand an Waren: 15 Radiogeräte zu je 100,00 EUR = 1500,00 EUR
Schlussbestand an Waren: 20 Radiogeräte zu je 100,00 EUR = 2000,00 EUR

II. Geschäftsvorfälle:

1. Wareneinkäufe bar: 45 Radiogeräte zu je 100,00 EUR = 4500,00 EUR
2. Warenverkäufe bar: 40 Radiogeräte zu je 150,00 EUR = 6000,00 EUR

III. Aufgaben:

1. Stellen Sie diese Situation auf den Warenkonten dar und schließen Sie die Warenkonten ab!
2. Bilden Sie die Buchungssätze:
   2.1 für die beiden Geschäftsvorfälle,
   2.2 für den Abschluss der Warenkonten!
3. Ermitteln Sie außerhalb der Buchführung den Rohgewinn!

Lösungen:

Zu 1.: Darstellung auf den Warenkonten mit Abschluss der Warenkonten

Bestandskonto **Erfolgskonten**

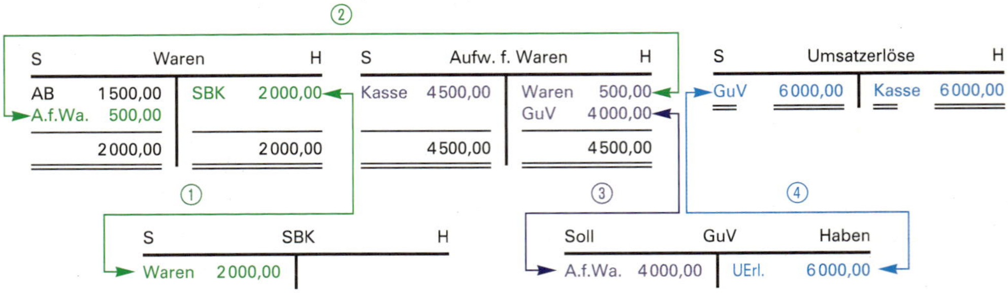

Zu 2.: Buchungssätze

2.1 Buchungssätze für die beiden Geschäftsvorfälle

Nr.	Geschäftsvorfälle	Konten	Soll	Haben
1.	Einkauf von 45 Radiogeräten zu je 100,00 EUR bar = 4500,00 EUR	Aufwend. f. Waren an Kasse	4500,00	4500,00
2.	Verkauf von 40 Radiogeräten zu je 150,00 EUR bar = 6000,00 EUR	Kasse an Umsatzerlöse	6000,00	6000,00

2.2 Buchungssätze für den Abschluss der Konten

Nr.	Geschäftsvorfälle	Konten	Soll	Haben
①	Buchung des durch Inventur ermittelten Warenschlussbestands im Werte von 2000,00 EUR	SBK an Waren	2000,00	2000,00
②	Umbuchung der Bestandsmehrung von 5 Radiogeräten zu je 100,00 EUR = 500,00 EUR.	Waren an Aufwend. f. Waren	500,00	500,00
③	Abschluss des Kontos Aufwendungen für Waren	GuV an Aufwend. f. Waren	4000,00	4000,00
④	Abschluss des Kontos Umsatzerlöse für Handelswaren	Umsatzerlöse an GuV	6000,00	6000,00

Zu 3.: Berechnung des Rohgewinns

Es wurden 45 Radiogeräte eingekauft, aber nur 40 Stück verkauft. Daher ergibt sich eine Bestandsmehrung in Höhe von 5 Stück zu je 100,00 EUR = 500,00 EUR.

Um den Verkaufserlösen von 40 Stück den entsprechenden Warenaufwand (Wareneinsatz) gegenüberstellen zu können, muss der Wareneinkauf um den Wert der Bestandserhöhung vermindert werden.

Aufwendungen für Waren = Wareneinkäufe – Bestandsmehrung

	Wareneinkäufe:	45 Radiogeräte zu je 100,00 EUR = 4500,00 EUR
–	Bestandsmehrung:	5 Radiogeräte zu je 100,00 EUR = 500,00 EUR
=	Wareneinsatz	40 Radiogeräte zu je 100,00 EUR = 4000,00 EUR
	Umsatzerlöse (Ertrag)	40 Radiogeräte zu je 150,00 EUR = 6000,00 EUR
–	Wareneinsatz (Aufwand)	40 Radiogeräte zu je 100,00 EUR = 4000,00 EUR
=	Rohgewinn (Warengewinn)	2000,00 EUR

Übungsaufgaben

Hinweis: Bei den folgenden Aufgaben soll zunächst nur der Abschluss der Warenkonten geübt werden. Daher wird bei der Aufgabenstellung bewusst auf eine isolierte Betrachtung der Warenkonten abgestellt. Die angegebenen Werte der Aufgaben 42 bis 46 sind so gewählt, dass sich ein ausgeglichenes Schlussbilanzkonto ergibt.

42

I. Anfangsbestand:

Anfangsbestand auf dem Konto Waren	17800,00 EUR

II. Geschäftsvorfälle:

1. Wareneingänge während des Jahres	185410,00 EUR
2. Warenverkäufe während des Jahres	193210,00 EUR

III. Abschlussangabe:

Warenschlussbestand lt. Inventur	12100,00 EUR

IV. Aufgaben:

1. Übertragen Sie die in der Aufgabe angegebenen Werte für den Anfangsbestand, die Wareneingänge und die Warenverkäufe auf die entsprechenden Konten, buchen Sie den durch Inventur ermittelten Warenschlussbestand, schließen Sie die Warenkonten ab und ermitteln Sie buchhalterisch den Rohgewinn!
2. Bilden Sie den Buchungssatz für die Buchung der Bestandsminderung!

43/44

	43	44
I. Anfangsbestände:		
Anfangsbestand auf dem Konto Waren	108700,00 EUR	109300,00 EUR
Anfangsbestand auf dem Eigenkapitalkonto	85000,00 EUR	90000,00 EUR
II. Geschäftsvorfälle:		
Wareneinkäufe bar	7500,00 EUR	23500,00 EUR
Warenverkäufe bar	9500,00 EUR	12950,00 EUR
Warenverkäufe auf Ziel	25650,00 EUR	45800,00 EUR
Wareneinkäufe auf Ziel	10500,00 EUR	19700,00 EUR
Warenverkäufe gegen Bankscheck	6550,00 EUR	3750,00 EUR
III. Abschlussangabe:		
Warenschlussbestand lt. Inventur	95700,00 EUR	114300,00 EUR

IV. Aufgaben:

1. Richten Sie die drei Warenkonten, das Eigenkapitalkonto, das Schlussbilanzkonto und das Gewinn- und Verlustkonto ein!
2. Tragen Sie auf den eingerichteten Konten die angegebenen Anfangsbestände vor!
3. Übertragen Sie die zu den Geschäftsvorfällen angegebenen Werte auf die entsprechenden Konten!
4. Schließen Sie die Konten ordnungsmäßig ab!

45/46

	45	46
I. Anfangsbestände:		
Anfangsbestand auf dem Konto Waren	43650,00 EUR	60500,00 EUR
Anfangsbestand auf dem Eigenkapitalkonto	47400,00 EUR	12250,00 EUR
II. Geschäftsvorfälle:		
Wareneinkäufe bar	47100,00 EUR	7850,00 EUR
Warenverkäufe auf Ziel	16850,00 EUR	43750,00 EUR
Warenverkäufe bar	25700,00 EUR	12200,00 EUR
Wareneinkäufe auf Ziel	2300,00 EUR	25650,00 EUR
Warenverkäufe gegen Bankscheck	3100,00 EUR	25800,00 EUR
III. Abschlussangabe:		
Warenschlussbestand lt. Inventur	44650,00 EUR	40500,00 EUR

IV. Aufgaben:

1. Richten Sie die Warenkonten, das Eigenkapitalkonto, das Schlussbilanzkonto und das Gewinn- und Verlustkonto ein!
2. Tragen Sie auf den eingerichteten Konten die angegebenen Anfangsbestände vor!
3. Übertragen Sie die zu den Geschäftsvorfällen angegebenen Werte auf die entsprechenden Konten!
4. Schließen Sie die Konten ordnungsmäßig ab!

1.10 Geschäftsgang unter Einbeziehung der Warenkonten

Beispiel:

I. Anfangsbestände:

Unbebaute Grundstücke 50000,00 EUR; Betriebs- und Geschäftsausstattung 35000,00 EUR; Waren 40000,00 EUR; Forderungen aus Lieferungen und Leistungen 15320,00 EUR; Bank 37850,00 EUR; Verbindlichkeiten aus Lieferungen und Leistungen 19450,00 EUR; Langfristige Bankverbindlichkeiten 40000,00 EUR; Eigenkapital 118720,00 EUR.

II. Geschäftsvorfälle:

1. Wir kaufen Waren auf Ziel	2750,00 EUR
2. Die Bank belastet uns mit Zinsen	2450,00 EUR
3. Wir verkaufen Waren auf Ziel	33550,00 EUR
4. Die Miete für das Geschäft wird durch die Bank überwiesen	12900,00 EUR
5. Wir überweisen die Kraftfahrzeugsteuer durch die Bank	4100,00 EUR
6. Die Bank schreibt uns Zinsen gut	1200,00 EUR

III. Abschlussangabe:

Schlussbestand an Waren lt. Inventur 34000,00 EUR.

IV. Aufgaben:

1. Stellen Sie den Ablauf der buchtechnischen Schritte dar!
2. Bilden Sie die Buchungssätze für die Geschäftsvorfälle!
3. Übertragen Sie anschließend die Vorgänge auf die Konten!
4. Schließen Sie die Konten ab!

Lösungen:

Ablauf der buchungstechnischen Schritte (zu 1.)

Erster Schritt: Eröffnungsbuchungen

1. Erstellung des Eröffnungsbilanzkontos.
2. Buchung der Anfangsbestände auf den Aktiv- und Passivkonten.

Zweiter Schritt: Bildung der Buchungssätze für die Geschäftsvorfälle (zu 2.)

Nr.	Konten	Soll	Haben
1.	Aufwendungen für Waren	2750,00	
	an Verbindlichkeiten a. Lief. u. Leist.		2750,00
2.	Zinsaufwendungen	2450,00	
	an Bank		2450,00
3.	Forderungen a. Lief. u. Leist.	33550,00	
	an Umsatzerlöse		33550,00
4.	Mieten, Pachten	12900,00	
	an Bank		12900,00
5.	Kraftfahrzeugsteuer	4100,00	
	an Bank		4100,00
6.	Bank	1200,00	
	an Zinserträge		1200,00

Dritter Schritt: Buchung der Geschäftsvorfälle auf den Konten (siehe S. 90)

Vierter Schritt: Abschluss (siehe S. 90)

1. Abschluss der Warenkonten
   - 1.1 Buchung des Warenschlussbestandes lt. Inventur auf dem Konto Waren.
   - 1.2 Abschluss des Warenschlussbestands über das Schlussbilanzkonto.
   - 1.3 Abschluss der verkauften Ware zum Einstandspreis (Aufwendungen für Waren) über das GuV-Konto.
   - 1.4 Abschluss des Kontos Umsatzerlöse über das GuV-Konto.
2. Abschluss der übrigen Ergebniskonten über das GuV-Konto.
3. Abschluss des GuV-Kontos über das Eigenkapitalkonto.
4. Abschluss der Bestandskonten über das Schlussbilanzkonto.

Buchungen auf den Konten mit Abschluss der Konten (zu. 3. und 4.):

Bilanzkonten-Bereich

Aktivkonten

Unbebaute Grundstücke

S			H
EBK	50 000,00	SBK	50 000,00

Betr.- u. Geschäftsausst.

S			H
EBK	35 000,00	SBK	35 000,00

Waren

S			H
EBK	40 000,00	SBK	34 000,00
		A.f.W.	6 000,00
	40 000,00		40 000,00

Ford. a. Lief. u. Leist.

S			H
EBK	15 320,00	SBK	48 870,00
UErl.	33 550,00		
	48 870,00		48 870,00

Bank

S			H
EBK	37 850,00	ZiAuf.	2 450,00
ZiErtr.	1 200,00	Miet.,P.	12 900,00
		Kfz-St.	4 100,00
		SBK	19 600,00
	39 050,00		39 050,00

EBK

S			H
Verb.	19 450,00	Unb.Gr.	50 000,00
L.Bv.	40 000,00	BGA	35 000,00
EK	118 720,00	Waren	40 000,00
		Ford.	15 320,00
		Bank	37 850,00
	178 170,00		178 170,00

SBK

S			H
Unb.Gr.	50 000,00	Verb.	22 200,00
BGA	35 000,00	L.Bv.	40 000,00
Waren	34 000,00	EK	125 270,00
Ford.	48 870,00		
Bank	19 600,00		
	187 470,00		187 470,00

Passivkonten

Verbindl. a. Lief. u. Leist.

S			H
SBK	22 200,00	EBK	19 450,00
		A.f.W.	2 750,00
	22 200,00		22 200,00

Langfr. Bankverb.

S			H
SBK	40 000,00	EBK	40 000,00

Eigenkapital

S			H
SBK	125 270,00	EBK	118 720,00
		GuV	6 550,00
	125 270,00		125 270,00

Erfolgskonten-Bereich

Aufwandskonten

Mieten, Pachten

S			H
Bank	12 900,00	GuV	12 900,00

Kfz-Steuer

S			H
Bank	4 100,00	GuV	4 100,00

Zinsaufwendungen

S			H
Bank	2 450,00	GuV	2 450,00

Aufwend. f. Waren

S			H
Verb.	2 750,00	GuV	8 750,00
Waren	6 000,00		
	8 750,00		8 750,00

Ertragskonten

Umsatzerlöse

S			H
GuV	33 550,00	Ford.	33 550,00

Zinserträge

S			H
GuV	1 200,00	Bank	1 200,00

GuV

S			H
Miet.,P.	12 900,00	UErl..	33 550,00
Kfz-St.	4 100,00	ZiErtr.	1 200,00
ZiAufw.	2 450,00		
A.f.W.	8 750,00		
EK	6 550,00		
	34 750,00		34 750,00

Übungsaufgaben

47 **I. Anfangsbestände:**

Betriebs- und Geschäftsausstattung 175000,00 EUR; Kasse 35710,00 EUR; Bank 42400,00 EUR; Waren 321720,00 EUR; Forderungen aus Lieferungen und Leistungen 82900,00 EUR; Verbindlichkeiten aus Lieferungen und Leistungen 112800,00 EUR; Langfristige Bankverbindlichkeiten 190000,00 EUR; Eigenkapital 354930,00 EUR.

II. Geschäftsvorfälle:

1.	Bareinzahlung auf das Bankkonto	15000,00 EUR
2.	Warenverkauf bar	17100,00 EUR
3.	Barzahlung für Löhne	4200,00 EUR
4.	Eingangsrechnungen (Wareneinkäufe)	27400,00 EUR
5.	Banküberweisung der Leasingrate	14400,00 EUR
6.	Ausgangsrechnungen (Warenverkäufe)	28660,00 EUR
7.	Zahlung einer Eingangsrechnung durch Banküberweisung	21720,00 EUR
8.	Die Bank schreibt uns Zinsen gut	2480,00 EUR
9.	Barzahlung für den Kauf von Büromaterial	1120,00 EUR
10.	Ein Kunde überweist auf unser Bankkonto	32490,00 EUR
11.	Barverkauf von Waren	19400,00 EUR

III. Abschlussangabe:

Warenschlussbestand lt. Inventur 312520,00 EUR.

IV. Aufgaben:

Bilden Sie zu den Geschäftsvorfällen die Buchungssätze, übertragen Sie die Werte auf die mit den Anfangsbeständen eröffneten Konten und schließen Sie die Konten über das Schlussbilanzkonto ab!

48 **I. Anfangsbestände:**

Betriebs- und Geschäftsausstattung 118700,00 EUR; Waren 216800,00 EUR; Forderungen aus Lieferungen und Leistungen 108100,00 EUR; Bank 59710,00 EUR; Kasse 27220,00 EUR; Verbindlichkeiten aus Lieferungen und Leistungen 155600,00 EUR; Langfristige Bankverbindlichkeiten 120000,00 EUR; Eigenkapital 254930,00 EUR.

II. Geschäftsvorfälle:

1.	Wir kaufen Ware für 22500,00 EUR	gegen Barzahlung	10000,00 EUR
		auf Ziel	12500,00 EUR
2.	Für das Direktionszimmer wird ein neuer Schreibtisch gekauft; Zahlung durch Banküberweisung		1500,00 EUR
3.	Wir zahlen Darlehenszinsen bar		4800,00 EUR
4.	Wir zahlen eine Lieferantenrechnung über 19450,00 EUR		
	gegen Barzahlung		9800,00 EUR
	durch Banküberweisung		9650,00 EUR
5.	Wir verkaufen Ware 34780,00 EUR		
	auf Ziel		25000,00 EUR
	gegen Barzahlung		9780,00 EUR
6.	Teilweise Tilgung des Bankdarlehens durch Barzahlung		4000,00 EUR
7.	Wir kaufen Büromaterial bar		2200,00 EUR
8.	Ein Kunde zahlt eine Rechnung über 17750,00 EUR		
	in bar		8400,00 EUR
	durch Bank		9350,00 EUR
9.	Ein Auszubildender erhält als Ersatz für die Aufwendungen der Fahrten zur Arbeitsstätte einen steuerfreien Zuschuss bar ausbezahlt		300,00 EUR
10.	Wir verkaufen Ware auf Ziel		32500,00 EUR
11.	Die Bank schreibt uns Zinsen gut		2150,00 EUR
12.	Wir zahlen eine Rechnung für Werbematerial in bar		10160,00 EUR

III. Abschlussangabe:

Warenschlussbestand lt. Inventur 206810,00 EUR.

IV. Aufgaben:

Bilden Sie zu den Geschäftsvorfällen die Buchungssätze, übertragen Sie die Werte auf die mit den Anfangsbeständen eröffneten Konten und schließen Sie die Konten über das Schlussbilanzkonto ab!

1.11 Umsatzsteuer (Mehrwertsteuer)

1.11.1 Betriebswirtschaftliche und rechtliche Grundlagen

Bis die Waren zum Verkauf im Einzelhandel angeboten werden, durchlaufen sie häufig mehrere Unternehmen.

Beispiel:

Bis der Kunde in einem Lebensmittelgeschäft eine Ecke Schmelzkäse kaufen kann, hat das Produkt in der Regel folgende Unternehmen durchlaufen:

Milcherzeugung im **landwirtschaftlichen Betrieb** → Verarbeitung zu Käse im **Milchwerk** → Fertigung im **Schmelzkäsewerk** → Vertrieb über den **Großhandel** zum → **Einzelhandel.**

Durch **Kosten** und **Gewinn** erhöht sich in jedem Unternehmen jeweils der **Wert** des Produktes. Diesen **Mehrwert** (Unterschied zwischen Verkaufswert und Einstandswert) besteuert der Staat, d.h., jeder **Unternehmer** hat von dem Mehrwert, der von seinem Unternehmen geschaffen wird, **Umsatzsteuern [USt]** zu entrichten. Aus diesem Grunde wird die Umsatzsteuer häufig auch als **Mehrwertsteuer** bezeichnet. Rechtliche Grundlage der Umsatzsteuer (Mehrwertsteuer) ist das **Umsatzsteuergesetz [UStG].**

In vereinfachter und verkürzter Form dargestellt beantwortet das Umsatzsteuergesetz folgende Fragen:

Wer ist umsatzsteuerpflichtig?	Der **Unternehmer,** der die Leistung ausführt. Er ist **Steuerschuldner.**
Welche Umsätze sind steuerpflichtig?	■ Lieferungen, die ein Unternehmer im Inland gegen Entgelt im Rahmen seines Unternehmens ausführt. ■ Leistungen, die ein Unternehmer im Inland gegen Entgelt im Rahmen seines Unternehmens ausführt (z.B. Reparaturen, Transport von Waren, Errichtung neuer Anlagen usw.). ■ Die Einfuhr von Gegenständen aus einem Drittlandsgebiet in das Inland (Einfuhrumsatzsteuer). ■ Innergemeinschaftlicher Erwerb im Inland gegen Entgelt (z.B. Kauf von Waren, eines Kassensystems).
Welche Umsätze sind steuerfrei (Beispiele)?	Ausfuhrlieferungen in ein Drittland;[1] innergemeinschaftliche[2] Lieferungen; Umsätze im Geld- und Kapitalverkehr (z.B. die Gewährung und die Vermittlung von Krediten, die Umsätze von Wertpapieren); Vermietung und Verpachtung von Grundstücken; Umsätze von Bausparkassenvertretern, Versicherungsvertretern und Versicherungsmaklern; Umsätze aus der Tätigkeit als Arzt, Zahnarzt, Heilpraktiker und Krankengymnast.

1 **Drittlandstaaten** sind Staaten, die nicht zur Europäischen Union (EU) gehören.

2 **Gemeinschaftsgebiet** umfasst das Gebiet der europäischen Staaten, die der Europäischen Union angehören.

Wie viel Prozent beträgt der Steuersatz?	■ Allgemeiner Steuersatz 19 % ■ Ermäßigter Steuersatz 7 % Dem ermäßigten Steuersatz unterliegen z. B. die Personenbeförderung im Linienverkehr; der Verkauf von Grundnahrungsmitteln (außer dem Verzehr an Ort und Stelle); der Umsatz aus dem Verkauf von Büchern und Zeitschriften.
Von welchem Betrag wird die Umsatzsteuer berechnet?	■ Die Umsatzsteuer wird vom **Entgelt** berechnet. Das ist der vom Empfänger der Leistung zu **entrichtende Nettopreis (Bemessungsgrundlage).** ■ Die Umsatzsteuer fällt im Allgemeinen bereits dann an, wenn eine Lieferung bzw. Leistung erbracht wird, also die Forderung entsteht **(Sollbesteuerung).**

1.11.2 Berechnung und Zahlungszeitpunkt der Umsatzsteuer

(1) Berechnung der Zahllast

Bei der Berechnung der Umsatzsteuer wird zunächst vom Verkaufserlös ausgegangen: 19 % vom Verkaufserlös ergibt die vorläufige Umsatzsteuer. Die Umsatzsteuer stellt eine **Schuld** an das Finanzamt dar. Von dieser so berechneten Steuerschuld können die auf den **Eingangsrechnungen ausgewiesenen Umsatzsteuerbeträge** als sogenannte **Vorsteuer** abgezogen werden. Die Vorsteuer stellt für den Kaufmann eine **Forderung** an das Finanzamt dar. Die **Differenz zwischen Umsatzsteuer und Vorsteuer** ist dann die tatsächlich zu zahlende Steuerschuld. Wir nennen sie **Zahllast.**

Beispiel:

Dargestellt am Warengeschäft beim Großhändler ergibt sich die folgende Abrechnung mit dem Finanzamt:

Mehrwert in Höhe von

Wareneinkauf:			**Warenverkauf:**	
Einstandswert	1 500,00 EUR	500,00 EUR	Verkaufswert	2 000,00 EUR
19 % USt	285,00 EUR		19 % USt	380,00 EUR
Bruttopreis	1 785,00 EUR		Bruttopreis	2 380,00 EUR

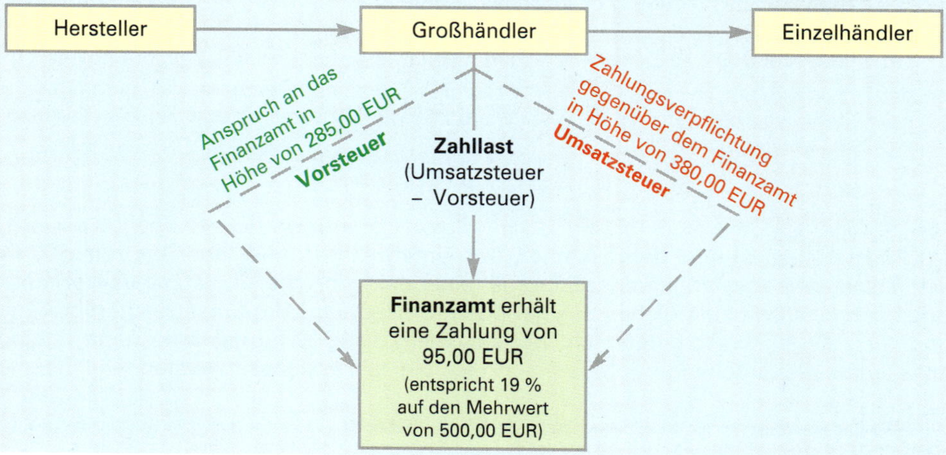

- **Abrechnung mit dem Finanzamt:**

	19 % v. Nettoverkaufspreis	2 000,00 EUR	380,00 EUR →	Umsatzsteuer	→ Verbindlichkeiten
–	19 % v. Nettoeinkaufspreis	1 500,00 EUR	285,00 EUR →	Vorsteuer	→ Forderungen
=	Mehrwert	500,00 EUR	95,00 EUR →	Zahllast	→ Restschuld

- **Auswirkungen der Umsatzsteuer auf den Erfolg am Beispiel eines Warengeschäftes:**

Großhändler **zahlt USt**		Großhändler **erhält USt**	
■ an den Lieferer lt. ER	285,00 EUR	vom Einzelhändler lt. AR	380,00 EUR
■ an das Finanzamt	95,00 EUR		
	380,00 EUR ←		↑

Erkenntnis:

- Durch die USt entstehen dem Großhändler keine Kosten (Aufwendungen). Die USt ist daher ergebnisunwirksam. Sie ist ein **durchlaufender Posten.**
- Die Umsatzsteuer muss allein der **Letztverbraucher** tragen. Letztverbraucher sind in der Regel die **Privatverbraucher.**

(2) Voraussetzungen für den Vorsteuerabzug

Damit die Unternehmer und ihre Leistungsempfänger den Vorsteuerabzug geltend machen können, müssen die **Rechnungen** (ab einem Rechnungsbetrag von 150,00 EUR) folgende **Angaben** enthalten:

- **Vollständiger Name** und **vollständige Anschrift** des leistenden Unternehmers und des Leistungsempfängers,
- die **Steuernummer** oder die **Umsatzsteuer-Identifikationsnummer,**
- das **Ausstellungsdatum,**
- eine **fortlaufende Nummer** mit einer oder mehreren Zahlenreihen, die zur Identifizierung der Rechnung vom Rechnungssteller einmal vergeben wird **(Rechnungsnummer),**
- die **Menge** und die **Art** sowie die handelsübliche Bezeichnung der **gelieferten Gegenstände** oder die Art und den Umfang der **sonstigen Leistung,**
- den **Zeitpunkt der Lieferung** oder **sonstigen Leistung,**
- das nach **Steuersätzen** und einzelnen **Steuerbefreiungen** aufgeschlüsselte Entgelt für die Lieferung oder sonstige Leistung sowie jede im Voraus vereinbarte Minderung des Entgelts,
- der **anzuwendende Steuersatz** sowie der auf das Entgelt entfallende Steuerbetrag oder im Falle einer Steuerbefreiung der Hinweis darauf, dass für die Lieferung oder sonstige Leistung eine Steuerbefreiung gilt.

(3) Zahlungszeitpunkt der Umsatzsteuer

Die Umsatzsteuer ist eine **Jahressteuer.** Der Unternehmer muss aber bis zum 10. Tag nach Ablauf des Voranmeldungszeitraums[1] eine **elektronische Umsatzsteuervoranmeldung** beim Finanzamt einreichen. Bei geringem Umsatz kann die Umsatzsteuervoranmeldung auch vierteljährlich eingereicht werden. Gleichzeitig ist für die darin zu ermittelnde Zahllast eine entsprechende Vorauszahlung auf die Jahressteuer zu leisten.

1 **Voranmeldungszeitraum** ist das Kalendervierteljahr. Beträgt die Steuer für das vorangegangene Kalenderjahr mehr als 7 500,00 EUR (Normalfall), ist der Kalendermonat der Voranmeldungszeitraum [§ 18 Abs. 2 UStG].

Beispiel:

Verkaufsumsatz im Monat Juni 20.. 80000,00 EUR	
19 % USt von 80000,00 EUR	15200,00 EUR
– Vorsteuer auf Eingangsrechnungen für den Monat Juni 20..	4600,00 EUR
Zahllast (an das Finanzamt zu zahlen)	10600,00 EUR

Sind die Vorsteuern eines Monats höher als die eigene Umsatzsteuerschuld (z.B. bei saisonalen Einkäufen), so erstattet das Finanzamt die überschüssigen Vorsteuern. Man spricht in diesem Zusammenhang von einem **Vorsteuerüberhang**.

Am Jahresende erfolgt die Endabrechnung mithilfe der **Jahressteuererklärung** und des **Jahressteuerbescheides.** Nachzahlungen bzw. Rückerstattungen sind nicht ausgeschlossen, da sich die Bemessungsgrundlage durch nachträgliche Skonti, Rabatte, Preisnachlässe oder aufgrund von Forderungsausfällen ändern kann.

Merke:

- Die **Umsatzsteuer** auf den **Ausgangsrechnungen** hat den Charakter einer **Verbindlichkeit** gegenüber dem Finanzamt.
- Die **Umsatzsteuer** auf den **Eingangsrechnungen (Vorsteuer)** hat den Charakter einer **Forderung** gegenüber dem Finanzamt.
  Die **Zahllast** errechnet sich wie folgt:

  Umsatzsteuer der Ausgangsrechnungen
  – Umsatzsteuer der Eingangsrechnungen (Vorsteuer)
  = Zahllast

Übungsaufgabe

49

1. Erklären Sie den Begriff Zahllast!
2. Beschreiben Sie den Zusammenhang von Umsatzsteuervoranmeldung und Umsatzsteuer-Jahreserklärung!
3. Erstellen Sie die Umsatzsteuervoranmeldung für den Monat Juli 20.. aufgrund folgender Angaben:

   Warenverkäufe 875600,00 EUR zuzüglich 19 % Umsatzsteuer
   Verkauf einer nicht mehr benötigten Verpackungsmaschine 1250,00 EUR zzgl. 19 % USt
   Wareneinkäufe 345700,00 EUR zuzüglich 19 % Umsatzsteuer
   Einkauf einer neuen Verpackungsmaschine einschließlich 19 % USt 15208,20 EUR
   Einkauf eines Kombifahrzeugs 46800,00 EUR zuzüglich 19 % Umsatzsteuer
   Bareinkauf für Bürobedarf einschließlich 19 % Umsatzsteuer 535,50 EUR
   Banküberweisung für Reparaturen am Privathaus einschl. 19 % USt 4641,00 EUR

   Die entsprechenden Rechnungen liegen vor.
4. Erläutern Sie, ob sich eine Umsatzsteuererhöhung auf den Gewinn eines Unternehmens auswirkt!
5. Erklären Sie, wie es zu einem Vorsteuerüberhang kommen kann!
6. Begründen Sie, ob sich die Umsatzsteuer auf die Kosten des Geschäfts auswirkt!
7. Warum sind Privatentnahmen von Waren für den Geschäftsinhaber umsatzsteuerpflichtig?

1.11.3 Buchhalterische Erfassung der Umsatzsteuer bei den Grundfällen (Einkauf und Verkauf von Waren)

Da dem Unternehmen durch die Umsatzsteuer **keine Kosten** (Aufwendungen) entstehen, kann für die buchhalterische Erfassung nur der Bereich der **Bilanzkonten** infrage kommen.

Buchung der Vorsteuer

Beispiel:

Kauf von Waren auf Ziel
lt. folgender Eingangsrechnung:

Ware, netto	3000,00 EUR
+ 19 % USt	570,00 EUR
Rechnungsbetrag	3570,00 EUR

S	Aufwendungen für Waren		H
V. a. L. u. L.	3000,00		

S	Vorsteuer		H
V. a. L. u. L.	570,00		

S	Verbindlichkeiten a. Lief. u. Leist.		H
		A. f. Wa./VSt.	3570,00

Buchungssatz:

Konten	Soll	Haben
Aufwend. f. Waren Vorsteuer an Verb. a. L. u. L.	3000,00 570,00	 3570,00

Merke:

- Die USt auf Eingangsrechnungen stellt eine **Forderung** des Unternehmers gegenüber dem Finanzamt dar. Sie wird auf einem Forderungskonto, genannt **Vorsteuer,** gebucht.
- Das Vorsteuerkonto ist ein **Aktivkonto.**

Buchung der Umsatzsteuer

Beispiel:

Verkauf von Waren auf Ziel
lt. folgender Ausgangsrechnung:

Ware, netto	4000,00 EUR
+ 19 % USt	760,00 EUR
Rechnungsbetrag	4760,00 EUR

S	Forderungen a. Lief. u. Leist.		H
UErl.	4760,00		

S	Umsatzerlöse		H
		F. a. L. u. L.	4000,00

S	Umsatzsteuer		H
		F. a. L. u. L.	760,00

Buchungssatz:

Konten	Soll	Haben
Ford. a. L. u. L. an Umsatzerlöse an Umsatzsteuer	4760,00	 4000,00 760,00

Merke:

- Die USt auf Ausgangsrechnungen stellt eine **Verbindlichkeit** des Unternehmers gegenüber dem Finanzamt dar. Sie wird auf einem entsprechenden Schuldkonto, genannt **Umsatzsteuer,** gebucht.
- Das Umsatzsteuerkonto ist ein **Passivkonto.**

Übungsaufgabe

50 Bilden Sie zu den folgenden Geschäftsvorfällen die Buchungssätze!

1.	Wir kaufen Waren auf Ziel	1 350,00 EUR
	+ 19 % USt	256,50 EUR
		1 606,50 EUR
2.	Kauf von Waren gegen Bankscheck	3 198,00 EUR
	+ 19 % USt	607,62 EUR
		3 805,62 EUR
3.	Kauf von Waren bar	7 479,00 EUR
	+ 19 % USt	1 421,01 EUR
		8 900,01 EUR
4.	Wir verkaufen Waren bar	10 391,20 EUR
	+ 19 % USt	1 974,33 EUR
		12 365,53 EUR
5.	Verkauf von Waren auf Ziel	6 220,00 EUR
	+ 19 % USt	1 181,80 EUR
		7 401,80 EUR
6.	Kauf von Waren gegen Rechnung	917,00 EUR
	+ 19 % USt	174,23 EUR
		1 091,23 EUR
7.	Verkauf von Waren bar	778,00 EUR
	+ 19 % USt	147,82 EUR
		925,82 EUR
8.	Banküberweisung eines Kunden zum Ausgleich einer Rechnung	5 820,70 EUR
9.	Banküberweisung an einen Lieferer zum Ausgleich einer Rechnung	1 135,80 EUR

1.11.4 Buchhalterische Erfassung der Umsatzsteuer bei weiteren Fällen

Die Umsatzsteuer erscheint nicht nur auf den Rechnungen der beiden vorgestellten Grundfälle, sondern ebenfalls bei einer Reihe weiterer Fälle.

(1) Auf der Eingangsseite

Neben den Eingangsrechnungen für den Einkauf von Waren erhalten wir z. B. Rechnungen für den Kauf von Anlagegegenständen (Fahrzeugen, Teilen, die zur Betriebs- und Geschäftsausstattung zählen), Rechnungen von Handwerkern für Reparaturleistungen, Rechnungen für den Einkauf von Büromaterial usw. Die Umsatzsteuer dieser Rechnungen erscheint ebenfalls auf dem Aktivkonto „Vorsteuer".

(2) Auf der Ausgangsseite

Neben dem Verkauf von Waren können gebrauchte Fahrzeuge oder Teile der Betriebs- und Geschäftsausstattung verkauft werden. Auch solche sogenannten Hilfsgeschäfte sind umsatzsteuerpflichtig. Beim Verkauf müssen wir Umsatzsteuer in Rechnung stellen. Sie erscheint auf dem Passivkonto „Umsatzsteuer".

7 Waltermann-Speth - ISBN 978-3-8120-0458-9

Übungsaufgaben

51 Buchen Sie im Grundbuch[1] bei dem Großhändler Schnell-Service GmbH folgende Geschäftsvorfälle:

1. Wir kaufen Waschmittel auf Ziel netto 1000,00 EUR zuzüglich 19% USt.
2. Wir zahlen eine bereits gebuchte Lieferantenrechnung über 1700,00 EUR bar.
3. Einkauf von Geschirr lt. Eingangsrechnung Nr. 56 2300,00 EUR zuzüglich 19% USt gegen Bankscheck.
4. Ein Kunde zahlt die Ausgangsrechnung Nr. 45 durch Überweisung auf unser Bankkonto 2200,00 EUR.
5. Barzahlung einer noch nicht gebuchten Handwerkerrechnung für Malerarbeiten im Büro netto 300,00 EUR zuzüglich 19% USt.
6. Wir kaufen ein Notebook gegen Barzahlung netto 1300,00 EUR zuzüglich 19% USt.
7. Verkauf eines Postens Bestecke auf Ziel. Warenwert 980,00 EUR zuzüglich 19% USt.
8. Kauf von Schreibwaren für das Büro bar 685,00 EUR zuzüglich 19% USt.
9. Bankabbuchung für Telefongebühren einschließlich 19% USt 1428,00 EUR.
10. Banküberweisung für Stromverbrauch lt. vorliegender Rechnung. Nettowert 2210,00 EUR zuzüglich 19% USt.
11. Buchen Sie unten stehende Ausgangsrechnung am 12. Oktober für die Großhandlung Schnell-Service GmbH!

Schnell-Service GmbH Kapellenweg 7
01169 Dresden

Haushaltwaren
Heinz Hammer e.Kfm.
Feldweg 5
01259 Dresden

Rechnung Nr. 971

Reparaturdatum:
Rechnungsdatum: 08.10.20..

15	*Speise-Service*	
	24-teilig COBURG	*2025,00 EUR*
	+ 19 % MWSt	*384,75 EUR*
		2409,75 EUR

Sitz der Gesellschaft: Dresden
Registergericht Dresden: HRB 1020.
Steuernummer: 87/100401

1 Siehe hierzu die Ausführungen auf S. 61.

12. Buchen Sie im Grundbuch die nachfolgende Eingangsrechnung am 27. November aus der Sicht der Großhandlung Schnell-Service GmbH!

SPORT · JAKOB KG

Skiausrüstungen
Sportartikel

Sport-Jakob KG, Gärtnerstr. 21, 04209 Leipzig

Schnell-Service GmbH
Füssener Str. 7
81476 München

Rechnung Nr. 707

Lieferdatum: 24. November 20..
Rechnungsdatum: 27. November 20..

10	Paar Kinderski mit Bindung		1040,00 EUR
10	Paar Skistöcke		385,00 EUR
			1425,00 EUR
	+ 19 % USt		270,75 EUR
			1695,75 EUR

Zahlungs- und Erfüllungsort sowie Gerichtsstand ist Leipzig. Die Ware bleibt bis zur vollständigen Bezahlung mein Eigentum.

Sitz der Gesellschaft: Leipzig   Registergericht Leipzig: HRA 496   Steuer-Nr. 50720/61712

52 Buchen Sie im Grundbuch der Großhandlung Franz Keller KG die folgenden Geschäftsvorfälle:

1.	Barkauf von Büromaterial	170,00 EUR	
	+ 19 % USt	32,30 EUR	202,30 EUR
2.	Wir zahlen Miete für die Geschäftsräume durch Banküberweisung		3720,00 EUR
3.	Bankeinzug zum Ausgleich der Stromrechnung für das Geschäft	745,00 EUR	
	+ 19 % USt	141,55 EUR	886,55 EUR
4.	Wir kaufen einen Büroschrank und zahlen mit Bankscheck	900,00 EUR	
	+ 19 % USt	171,00 EUR	1071,00 EUR
5.	Einkauf von Waren auf Ziel	1560,00 EUR	
	+ 19 % USt	296,40 EUR	1856,40 EUR
6.	Wir zahlen die Leasingrate durch Banküberweisung einschließlich 19 % USt		2769,40 EUR
7.	Wir bezahlen Gehälter bar		4950,00 EUR
8.	Der Kundendienst-Monteur stellt uns für die Reparatur einer Maschine in Rechnung	275,00 EUR	
	+ 19 % USt	52,25 EUR	327,25 EUR

9. Buchen Sie im Grundbuch die folgende Eingangsrechnung (ER) aus der Sicht der Großhandlung Franz Keller KG!

Bürozentrum · B. Sieglinger e. Kfm. · 47228 Duisburg

B. Sieglinger, Feldrain 10, 47228 Duisburg

Großhandlung
Franz Keller KG
Hartmannstraße 12
86159 Augsburg

Rechnung Nr. 158

Ihre Bestellung	Versandart	Unsere Zeichen	Lieferdatum	Rechnungsdatum
14. Januar 20..	Spedition	Kl/Ps	15. Januar 20..	21. Januar 20..

Anzahl	Art.-Nr.	Bezeichnung	Einzelpreis EUR	Gesamtpreis EUR
20	125/67	Schreibtische	450,00	9 000,00
100	479/98	Tischlampen	140,00	14 000,00
40	915/54	Drehstühle	115,00	4 600,00
				27 600,00
		+ 19 % Umsatzsteuer		5 244,00
				32 844,00

Sitz der Gesellschaft: Duisburg; Amtsgericht Duisburg: HRA 1850; Steuer-Nr.: 0730/6612

53 Folgende noch nicht gebuchte Rechnungen einschließlich 19 % USt wurden von einer Großhandlung am 1. März per Bankscheck beglichen:

Werbegeschenke	172,55 EUR
Büromaterial	116,62 EUR
Wartungsarbeiten am Geschäftswagen	158,27 EUR
Kauf von Reinigungsmitteln für die Geschäftsräume	208,25 EUR

1. Berechnen Sie jeweils den Nettobetrag und die VSt!
2. Bilden Sie den Buchungssatz!

54 Buchen Sie im Grundbuch der Großhandlung Franz Keller KG die folgenden Geschäftsvorfälle:

1. Wir verkaufen Waren gegen Ratenzahlung. Anzahlung einschließlich 19 % USt bar: 38 675,00 EUR.

   Restzahlung in 5 Raten
   (12 500,00 EUR + 800,00 EUR Zinsen* + 19 % USt) zu je 15 675,00 EUR.

   Bilden Sie die Buchungssätze am Verkaufstag!

   * **Hinweis:** Zinsen sind umsatzsteuerfrei, da ein Kreditvertrag vorliegt!

2. Wir zahlen für folgenden Beleg bar aus der Kasse:

> 196,35 EUR einschließlich 19 % USt für Reparatur des Kopiergeräts erhalten.
>
> Leverkusen, den 2. April 20.. Ferner

3.	Bankgutschrift für Zinsen		720,00 EUR
4.	Barzahlung für Reparaturen am Maschinenpark, netto	874,00 EUR	
	+ 19 % USt	166,06 EUR	1 040,06 EUR
5.	Verkauf von Waren frei Haus lt. AR 143 netto	42 765,00 EUR	
	+ 19 % USt	8 125,35 EUR	50 890,35 EUR

6. Buchen Sie die Eingangsrechnung aus der Sicht der Großhandlung Franz Keller KG!

Büro-Service – Handelsgesellschaft GmbH
Bahnhofstraße 3 · 45259 Essen

Großhandlung
Franz Keller KG
Hartmannstraße 12
86159 Augsburg

Seite	Kunden-Nr.	Rechnung Nr.	Liefer-datum	Rechnungs-datum	SR
1	20671	24793	21.10.20..	27.10.20..	2110

Artikel-Nr.	Artikel-Berechnung	Menge	Einzelpreis EUR	Gesamtpreis EUR
40 082	Ringbucheinlagen A4 50 Blatt	10	2,59	25,90
40 151	Spiralblock A5 50 Blatt kar	40	1,89	75,60
41 103	Füllhalter	15	4,99	74,85
41 107	Super Tintenhai 2 ER	30	2,79	83,70
41 261	Buntstifte 12 ER	25	4,49	112,25
				372,30
			+ 19 % USt	70,74
				443,04

Sitz der Gesellschaft: Essen; Registergericht Essen: HRB 910 Steuer-Nr. 705/4411

1.11.5 Ermittlung und Buchung der Zahllast

1.11.5.1 Ermittlung und Begleichung der Zahllast

Nach dem Umsatzsteuergesetz ist der Kaufmann verpflichtet, im Allgemeinen monatlich eine Umsatzsteuervoranmeldung abzugeben. Hierbei ermittelt er die Zahllast. Bei der Berechnung der Zahllast, das ist der Betrag, der an das Finanzamt abgeführt werden muss, wird die Vorsteuer von der Umsatzsteuer des Monats **abgezogen**. Buchhalterisch erfolgt das in der Weise, dass das Vorsteuerkonto über das Umsatzsteuerkonto abgeschlossen wird. Der Saldo, der sich danach auf dem Umsatzsteuerkonto ergibt, stellt die Zahllast dar. Die Zahllast ist innerhalb von 10 Tagen nach Ablauf des Kalendermonats zu begleichen.

Beispiel für den Monat Januar:

Vorsteuer: Summe 1800,00 EUR; Umsatzsteuer: Summe 6000,00 EUR. Die Zahllast von 4200,00 EUR wird an das Finanzamt durch die Bank überwiesen.

Aufgaben:

1. Stellen Sie die Vorgänge auf Konten dar!
2. Bilden Sie die Buchungssätze!

Lösungen:

Zu 1.: Buchung auf den Konten

S	Vorsteuer		H
Summe	1800,00	USt	1800,00

S	Bank		H
AB	5000,00	USt	4200,00

S	Umsatzsteuer		H
VSt	1800,00	Summe	6000,00
Bank	4200,00		
	6000,00		6000,00

Zu 2.: Buchungssätze

Geschäftsvorfälle	Konten	Soll	Haben
Ermittlung der Zahllast	Umsatzsteuer an Vorsteuer	1800,00	 1800,00
Banküberweisung der Zahllast	Umsatzsteuer an Bank	4200,00	 4200,00

1.11.5.2 Ermittlung und Passivierung der Zahllast am Ende des Geschäftsjahres

Weil am Bilanzstichtag die **Zahllast** noch **nicht überwiesen** ist, muss sie **passiviert** werden (Abschluss auf der Habenseite des Schlussbilanzkontos), da sie eine Schuld gegenüber dem Finanzamt darstellt.

Beispiel für den Monat Dezember:

Vorsteuer: Summe 4000,00 EUR; Umsatzsteuer: Summe 9000,00 EUR. Passivierung der Zahllast am 31. Dezember.

Aufgaben:

1. Ermitteln Sie buchhalterisch die Zahllast!
2. Bilden Sie die Buchungssätze!

Lösungen:

Zu 1.: Buchung auf den Konten

S	Vorsteuer		H
Summe	4000,00	USt	4000,00

S	SBK		H
		USt	5000,00

S	Umsatzsteuer		H
VSt	4000,00	Summe	9000,00
SBK	5000,00		
	9000,00		9000,00

Zu 2.: Buchungssätze

Geschäftsvorfälle	Konten	Soll	Haben
Ermittlung der Zahllast	Umsatzsteuer an Vorsteuer	4000,00	 4000,00
Passivierung der Zahllast	Umsatzsteuer an SBK	5000,00	 5000,00

Übungsaufgaben

55

S	Vorsteuer		H
Bank	991,80		
V. a. L. u. L.	3431,40		

S	Umsatzsteuer		H
		Kasse	4870,00
		Bank	12130,70

Aufgaben:

1. Ermitteln Sie buchhalterisch die Zahllast!
2. Die Zahllast ist zu passivieren!
3. Bilden Sie zu 1. und 2. die Buchungssätze!

56 **I. Anfangsbestände:**

Betriebs- und Geschäftsausstattung 128750,00 EUR; Kasse 21488,00 EUR; Bank 32150,00 EUR; Forderungen aus Lieferungen und Leistungen 184710,00 EUR; Waren 201080,00 EUR; Umsatzsteuer 12050,00 EUR; Verbindlichkeiten aus Lieferungen und Leistungen 121110,00 EUR; Eigenkapital 435018,00 EUR.

II. Geschäftsvorfälle:

1. Wareneinkauf auf Ziel 13700,00 EUR zuzüglich 19 % USt.
2. Barzahlung der Ausbildungsvergütungen an die kaufmännischen Auszubildenden 7120,00 EUR.
3. Warenverkauf auf Ziel 83400,00 EUR zuzüglich 19 % USt.
4. Banküberweisung an einen Lieferanten 11720,00 EUR.
5. Zahlung der betrieblichen Grundsteuer durch Banküberweisung 8490,00 EUR.
6. Zinsgutschrift der Bank 1080,00 EUR.

III. Abschlussangaben:

1. Warenschlussbestand lt. Inventur 185000,00 EUR.
2. Die Zahllast ist zu passivieren!

IV. Aufgaben:

1. Bilden Sie zu den angegebenen Geschäftsvorfällen die Buchungssätze!
2. Richten Sie die erforderlichen Konten ein und tragen Sie die angegebenen Anfangsbestände darauf vor!
3. Übertragen Sie die Werte der Buchungssätze für die Geschäftsvorfälle auf die entsprechenden Konten!
4. Schließen Sie die Konten unter Beachtung der Abschlusshinweise über die Abschlusskonten ab!

1.11.5.3 Ermittlung und Buchung des Vorsteuerüberhanges

Ist innerhalb eines Abrechnungszeitraumes die Vorsteuer höher als die Umsatzsteuer, was z. B. aufgrund von saisonbedingten Einkäufen durchaus vorkommen kann, entsteht ein sogenannter Vorsteuerüberhang. In diesem Fall ist die Forderung gegenüber dem Finanzamt höher als die Verbindlichkeit. Diesen Vorsteuerüberhang muss das Finanzamt auszahlen bzw. verrechnen.

Der Saldo erscheint dann nicht auf dem Passivkonto „Umsatzsteuer", sondern auf dem Aktivkonto „Vorsteuer". In diesem Fall ist das Umsatzsteuerkonto über das Vorsteuerkonto abzuschließen. Der Buchungssatz bleibt dabei gleich.

Beispiel:

Die Summe auf dem Vorsteuerkonto beträgt am Jahresende 12 750,00 EUR und auf dem Umsatzsteuerkonto 9 500,00 EUR.

Aufgaben:

1. Aktivieren Sie den Vorsteuerüberhang am Ende des Geschäftsjahres!
   1.1 Stellen Sie den Vorgang auf den Konten dar!
   1.2 Bilden Sie die Buchungssätze!
2. Der Vorsteuerüberhang wird vom Finanzamt auf unser Bankkonto überwiesen. Bilden Sie den Buchungssatz!

Lösungen:

Zu 1.: Der Vorsteuerüberhang wird am Ende des Geschäftsjahres aktiviert

1.1 Buchung auf den Konten:

S	Vorsteuer		H
Summe	12 750,00	USt	9 500,00
		SBK	3 250,00
	12 750,00		12 750,00

S	Umsatzsteuer		H
VSt	9 500,00	Summe	9 500,00

S	SBK		H
VSt	3 250,00		

1.2 Buchungssätze:

Geschäftsvorfälle	Konten	Soll	Haben
Ermittlung des Vorsteuerüberhanges (Umbuchung der Umsatzsteuer auf das Vorsteuerkonto)	Umsatzsteuer an Vorsteuer	9 500,00	9 500,00
Aktivierung des Vorsteuerüberhanges	SBK an Vorsteuer	3 250,00	3 250,00

Zu 2.: Der Vorsteuerüberhang wird vom Finanzamt auf unser Bankkonto überwiesen:

Geschäftsvorfall	Konten	Soll	Haben
Eingang des Vorsteuerüberhangs auf dem Bankkonto	Bank an Vorsteuer	3 250,00	3 250,00

Übungsaufgaben

57

S	Vorsteuer	H
Su	12 900,00	

S	Umsatzsteuer	H
	Su	8 300,00

Aufgaben:

1. Ermitteln Sie buchhalterisch den Vorsteuerüberhang!
2. Der Vorsteuerüberhang wird vom Finanzamt auf unser Bankkonto überwiesen.
3. Bilden Sie die Buchungssätze zu 1. und 2.!

58 **I. Anfangsbestände:**

Betriebs- und Geschäftsausstattung 75 000,00 EUR; Kasse 3 250,00 EUR; Bank 15 150,00 EUR; Forderungen aus Lieferungen und Leistungen 95 920,00 EUR; Waren 115 700,00 EUR; Verbindlichkeiten aus Lieferungen und Leistungen 79 800,00 EUR; Eigenkapital 225 220,00 EUR.

II. Geschäftsvorfälle:

1. Wareneinkauf auf Ziel, netto 34 500,00 EUR zuzüglich 19 % USt.
2. Warenverkauf auf Ziel 29 500,00 EUR zuzüglich 19 % USt.
3. Barzahlung für Aushilfslöhne 850,00 EUR.
4. Banküberweisung an einen Lieferer 2 750,00 EUR.
5. Barkauf eines Laptops 1 000,00 EUR zuzüglich 19 % USt.
6. Begleichung der Benzinrechnung durch Bankscheck, brutto 595,00 EUR.
7. Barverkauf von Waren, netto 2 140,00 EUR zuzüglich 19 % USt.

III. Abschlussangaben:

1. Ermittlung und Aktivierung des Vorsteuerüberhangs.
2. Warenschlussbestand lt. Inventur 135 700,00 EUR.

IV. Aufgaben:

Eröffnen Sie die Konten mit den angegebenen Anfangsbeständen, bilden Sie für die Geschäftsvorfälle die Buchungssätze, übernehmen Sie die Werte auf die Konten und schließen Sie die Konten über die Abschlusskonten ab!

59 Der Leiter der Buchhaltung, Herr Franz Bernhard, bittet Sie, die Zahllast für den abgelaufenen Monat zu ermitteln. Die Konten Umsatzsteuer und Vorsteuer weisen folgende Buchungen auf:

S	Vorsteuer	H
Verb.a.L.u.L.	5 680,00	
Verb.a.L.u.L	10 790,00	
Verb.a.L.u.L.	4 445,89	

S	Umsatzsteuer		H
Ford.a.L.u.L.	540,00	Ford.a.L.u.L.	30 560,00
		Bank	5 360,00

Aufgaben:

1. Übertragen Sie die beiden Konten in Ihr Hausheft und ermitteln Sie die Zahllast!
2. Die Zahllast wird auf das Bankkonto des Finanzamts überwiesen. Wie lautet der Buchungssatz?
3. Welchen Einfluss haben USt- bzw. VSt-Buchungen auf den Erfolg des Unternehmens?

60 Bilden Sie zu den nachfolgenden Belegen aus der Sicht der Tobias Hanselmann KG die Buchungssätze!

Beleg 1

Autowelt GmbH Berlin

Autowelt GmbH · Mathias Steiner · Ohmstr. 10 · 13629 Berlin

Werkzeughandlung
Tobias Hanselmann KG
Edisonstr. 20–24
12459 Berlin

Auftrags-Nr. 00-0398
Leistungsdatum: 28.07.20..

Geleistete Arbeiten

Arbeits-Nr.	Art der ausgeführten Arbeiten	EUR
92 3004	Fahrzeugwäsche mit Teilhochglanzprogramm Interieuer für den Geschäftswagen	71,43
	+ 19 % USt	13,57
		85,00

Beleg 2

Stadtschmiede GmbH
Bernd King
Eilerstr. 10
14165 Berlin

Stadtschmiede GmbH · Bernd King · Eilerstr. 10 · 14165 Berlin

Werkzeughandlung
Tobias Hanselmann KG
Edisonstr. 20–24
12459 Berlin

Rechnung Nr. 176

Datum: 30.07.20..

Beschreibung	Menge	Stückpreis EUR pro m	Gesamtpreis EUR
Anfertigen von Geländer für die Fabrikhalle	20,4 m	195,00	3978,00
		+ 19 % USt	755,82
Bitte um Überweisung innerhalb 14 Tage ohne Skontoabzug.			4733,82

Beleg 3

Firma: Werkzeughandlung Tobias Hanselmann KG
Edisonstraße 20–24 · 12459 Berlin

QUITTUNG

EINGEGANGEN
30. Juli 20..

1 Bürolampe	192,78 EUR
+ 19 % USt	inkl.
	192,78 EUR

Elektro Heim
Sternstr. 40 a
12349 Berlin

Betrag dankend erhalten
30.07.20..
Heim

Beleg 4

GROßMANN ELEKTROANLAGEN

Frank Großmann e. K. · Inhaber M. Hoppe
Elektrische Licht- und Kraftanlagen
Weserstraße 10 · 12047 Berlin
St.-Nr. 24/199

Frank Großmann · Weserstraße 10 · 12047 Berlin

Eisenhandlung
Tobias Hanselmann KG
Edisonstr. 20–24
12459 Berlin

Telefax 030 2360-110

Ihr Zeichen, Ihre Bestellung vom	Unser Zeichen, Unsere Nachricht vom	Telefon, Name 030 2360-200	Datum
	Ho	Herr Hoppe	28. Juli 20..

EINGEGANGEN
29. Juli 20..
Erl. ....

Rechnung – Nr. 9110 – 20..

Erbringung der Leistung: 03.03.20..
Elektroanschlüsse instand gesetzt

Pos. 001:	Montage Fink	2,5 Std.	41,80 EUR	104,50 EUR
Pos. 002:	Auszubildender (2. Jahr) Gromer	2,5 Std.	21,20 EUR	53,00 EUR
Pos. 003:	Fahrpauschale	1,00 Psch.	8,80 EUR	8,80 EUR
Pos. 004:	Klemmen	8 Stück	0,60 EUR	4,80 EUR

HANDWERKERRECHNUNG
gemäß VOB innerhalb von 8 Tagen
nach Rechnungsdatum fällig! Ohne Abzug!
Rechnungsnummer bitte angeben!

	171,10 EUR
+ 19 % USt	32,51 EUR
Gesamtsumme	203,61 EUR

Beleg 5

Kontoauszug Nr. 10
Konto-Nr. 610 003

COMMERZBANK AG – BLZ 120 400 00 –
* Datum 27. 07. 20.. *

Blatt 1

Wert	Buchungstext	Umsätze Soll	Umsätze Haben
	ALTER SALDO VOM 24.07.20..		12 895,40 H
26. 07. 20..	Hans Kempf GmbH Rechnung 20.07.20..		7 640,10 H
26. 07. 20..	Umsatzsteuererstattung Juni 20..		4 800,20 H
26. 07. 20..	Betriebsunterbrechungsversicherung		985,40 S
26. 07. 20..	Umsatzprovision an Mitarbeiter Meißner einschließlich 19 % USt		856,80 S

72189/0033794/00002/00006

WERKZEUGHANDLUNG
TOBIAS HANSELMANN KG
EDISONSTR. 20–24
12459 Berlin

NEUER SALDO 23 493,50 H

Kontobezeichnung/Title of account — Bitte entsprechenden Vermerk auf der Rückseite beachten. — Please see reverse.

1.12 Privatkonto

1.12.1 Privatentnahmen von Geldmitteln

Wie jeder Privatmann, so gibt auch der Unternehmer für sich und seine Familie Geld aus. Er kauft z. B. Kleidung, Nahrung, er fährt in Urlaub, er geht ins Theater usw. Da der Unternehmer nicht wie jeder Arbeiter oder Angestellte Lohn bzw. Gehalt empfängt, muss er das Geld für seine privaten Ausgaben aus dem Betrieb nehmen. Er hebt es vom Geschäftskonto ab bzw. entnimmt es der Kasse. **Privatentnahmen mindern das Eigenkapital.** Private Geldentnahmen werden auf dem Privatkonto gebucht.

Beispiel:

I. Anfangsbestände:

Kasse 40 000,00 EUR; Eigenkapital 40 000,00 EUR.

II. Geschäftsvorfall:

Für den privaten Verbrauch werden 1 000,00 EUR aus der Geschäftskasse entnommen.

III. Aufgaben:

1. Buchen Sie den Geschäftsvorfall auf Konten!
2. Schließen Sie die Konten ab!
3. Bilden Sie die Buchungssätze!

Lösungen:

Zu 1./2.: Buchung auf den Konten

S Privatkonto H

S		H	
Kasse	1 000,00	EK	1 000,00

S Eigenkapital H

S		H	
Privatk.	1 000,00	AB	40 000,00
SBK	39 000,00		
	40 000,00		40 000,00

S Kasse H

S		H	
AB	40 000,00	Privatk.	1 000,00
		SBK	39 000,00
	40 000,00		40 000,00

S SBK H

S		H	
Kasse	39 000,00	EK	39 000,00

Zu 3.: Buchungssätze

Geschäftsvorfälle	Konten	Soll	Haben
Privatentnahme des Geschäftsinhabers bar 1 000,00 EUR	Privatkonto an Kasse	1 000,00	1 000,00
Abschluss des Privatkontos	Eigenkapital an Privatkonto	1 000,00	1 000,00
Abschluss des Kontos Eigenkapital	Eigenkapital an SBK	39 000,00	39 000,00

Erläuterungen:

Durch die Abnahme des Barvermögens wird unser Vermögen kleiner und damit auch unser **Eigenkapital** auf der Passivseite der Bilanz. (Die Abnahme des Eigenkapitals ist auf der **Sollseite** zu buchen.) Um das Konto Eigenkapital nicht über Gebühr zu belasten, werden die Privatentnahmen in der Praxis auf einem **Unterkonto** gebucht, und zwar auf dem **Privatkonto.** Beim Abschluss wird das Privatkonto über das Eigenkapitalkonto abgeschlossen.

1.12.2 Privateinlagen von Geldmitteln

Wird aus der Privatsphäre eines Kaufmanns z. B. Bargeld in das Geschäft eingebracht, hat dieser Vorgang die entgegengesetzte Wirkung wie eine Geldentnahme, d. h., das Vermögenskonto **Kasse** nimmt zu (daher erfolgt auf dem Kassenkonto eine **Sollbuchung**). Auf dem **Privatkonto** erfolgt die **Habenbuchung.** (Grund: Das Eigenkapital nimmt zu. Auf dem Privatkonto, als einem Unterkonto des Eigenkapitalkontos, wird genauso gebucht wie auf dem Ursprungskonto Eigenkapital.)

Geschäftsvorfall	Konten	Soll	Haben
Bareinlage des Geschäftsinhabers 5 000,00 EUR	Kasse an Privatkonto	5 000,00	5 000,00

Merke:

- Privatentnahmen vermindern das Eigenkapital.
- Privateinlagen erhöhen das Eigenkapital.
- Das Privatkonto ist über das Eigenkapitalkonto abzuschließen.

Übungsaufgabe

61 Sofern bei den folgenden Geschäftsvorfällen eine Buchung erforderlich ist, bilden Sie jeweils den Buchungssatz!

1. Der Kaufmann hebt für eine Urlaubsreise von seinem Geschäftskonto (Bankkonto) 5 000,00 EUR bar ab.
2. Der Kaufmann fährt mit dem Geschäftswagen. An der Tankstelle zahlt er für Benzin 52,50 EUR in bar.
3. Für die Hotelrechnung zahlt er bar 2 400,00 EUR.
4. Nach der Rückkehr zahlt er von dem übrig gebliebenen Geld wieder 500,00 EUR auf das Bankkonto (Geschäftskonto) ein.

5. Für den Haushalt werden aus der Geschäftskasse 1000,00 EUR entnommen.
6. Mit dem entnommenen Geld werden für eine Geburtstagsfeier Waren im Wert von 345,00 EUR eingekauft.
7. Der Geschäftsinhaber kauft auf einer Geschäftsreise Schmuck für seine Frau im Wert von 800,00 EUR und bezahlt bar.
8. Ein Unternehmer zahlt aus dem Privatvermögen 7000,00 EUR auf das Geschäftskonto (Bankkonto) ein.
9. Die private Krankenversicherung in Höhe von 220,00 EUR wird durch Einziehungsauftrag vom Geschäftsbankkonto abgebucht.
10. Anlässlich eines Geschäftsbummels kauft sich der Kaufmann ein Bild für sein Wohnzimmer und bezahlt 400,00 EUR in bar.
11. Zur Förderung der Kontakte laden wir zur Silvesterparty in die Privatvilla ein. Die Rechnung für eingekaufte Delikatessen in Höhe von 377,00 EUR wird durch Banküberweisung beglichen.
12. Wir zahlen bar (aus der Geschäftskasse) Miete für die Geschäftsräume 1800,00 EUR und Miete für die Privatwohnung 700,00 EUR.

* **Anmerkung:** Es ist davon auszugehen, dass es sich bei den Zahlungskonten (Bank, Kasse) stets um ein Geschäftskonto handelt.

1.12.3 Erfolgsermittlung durch Eigenkapitalvergleich unter Einbeziehung des Privatkontos

Merke:

Das **Eigenkapitalkonto** kann durch **zwei Vorgänge verändert werden:**

- Durch die Übernahme des Erfolgs (Gewinn oder Verlust) vom Konto GuV (**erfolgswirksame Veränderung** des Eigenkapitalkontos).
- Durch Privateinlagen bzw. Privatentnahmen. Der Erfolg des Unternehmens wird durch die Bewegungen auf dem Konto Privat nicht beeinflusst (**erfolgsunwirksame Veränderung** des Eigenkapitalkontos).

Es gibt also Eigenkapitalveränderungen – verursacht durch Privatentnahmen bzw. Privateinlagen –, die sich nicht auf den Erfolg auswirken. Diese Tatsache ist bei der Erfolgsermittlung durch Eigenkapitalvergleich zu berücksichtigen. Bisher, d.h. vor der buchhalterischen Erfassung von Privatentnahmen bzw. -einlagen, ergab sich der Erfolg durch folgende Berechnung:

	Eigenkapital am Ende des Geschäftsjahres
–	Eigenkapital am Anfang des Geschäftsjahres
=	Erfolg (Gewinn oder Verlust)

Wenn aber im Laufe einer Geschäftsperiode z.B. Privatentnahmen gemacht worden sind, ist dadurch das Eigenkapital um diesen Betrag verringert worden. Unter der Annahme, dass Gewinn vorliegt, würde sich nach der oben aufgestellten Berechnungsformel ein um die Privatentnahmen zu geringer Gewinn ergeben. Um zum richtigen Ergebnis zu kommen, muss man daher die Privatentnahmen hinzuaddieren. Da Privateinlagen die umgekehrte Wirkung haben, müssen diese abgezogen werden. Wir erhalten dann folgende Berechnungsformel:

	Eigenkapital am Ende des Geschäftsjahres
–	Eigenkapital am Anfang des Geschäftsjahres
	Zwischensumme
+	Privatentnahmen
	Zwischensumme
–	Privateinlagen
=	Erfolg (Gewinn oder Verlust)

Merke:

Privateinlagen/Privatentnahmen verändern zwar das Eigenkapital, nicht jedoch den Erfolg.

Übungsaufgaben

62 **I. Anfangsbestände:**

Betriebs- und Geschäftsausstattung 50000,00 EUR; Waren 30000,00 EUR; Kasse 7350,00 EUR; Bank 17850,00 EUR; Verbindlichkeiten aus Lieferungen und Leistungen 26350,00 EUR; Eigenkapital muss noch ermittelt werden.

II. Geschäftsvorfälle:

1.	Wir zahlen eine bereits gebuchte Wareneingangsrechnung durch Banküberweisung	3120,00 EUR
2.	Die Bank schreibt uns Zinsen gut	535,00 EUR
3.	Wir verkaufen Waren gegen Bankscheck einschließlich 19 % USt	2975,00 EUR
4.	Wir zahlen die Geschäftsmiete bar	1000,00 EUR
5.	Wir kaufen Waren auf Ziel einschließlich 19 % USt	8508,50 EUR
6.	Für die vermieteten Lagerräume wird uns die Miete auf dem Bankkonto gutgeschrieben	5800,00 EUR
7.	Für Werbegeschenke zahlen wir bar einschließlich 19 % USt	142,80 EUR
8.	Wir zahlen durch Banküberweisung für Büromaterial einschließlich 19 % USt	416,50 EUR
9.	Barentnahmen für den Haushalt	450,00 EUR
10.	Für die Vermittlung von Geschäften erhalten wir eine Bankgutschrift in Höhe von (einschließlich 19 % USt)	1487,50 EUR

III. Abschlussangaben:

1. Warenschlussbestand lt. Inventur: 32300,00 EUR
2. Die Zahllast ist zu passivieren!

IV. Aufgaben:

1. Bilden Sie zu den angegebenen Geschäftsvorfällen die Buchungssätze!
2. Richten Sie die erforderlichen Konten ein und tragen Sie die angegebenen Anfangsbestände darauf vor!
3. Übertragen Sie die Werte der Buchungssätze für die Geschäftsvorfälle auf die entsprechenden Konten!
4. Schließen Sie unter Beachtung der Abschlusshinweise die Konten über die Abschlusskonten ab!

63 Die Buchführung einer Großhandlung weist am Ende des Geschäftsjahres Vermögen in Höhe von 1520400,00 EUR, Schulden von 465000,00 EUR und ein Eigenkapital von 1055400,00 EUR aus. Die Privatentnahmen betrugen 32800,00 EUR. Privateinlagen wurden nicht getätigt. Der Anfangsbestand des Eigenkapitals belief sich auf 1018200,00 EUR.

Wie viel EUR betrug der Jahresgewinn?

64 Berechnen Sie durch Eigenkapitalvergleich den Reingewinn bzw. -verlust!

Eigenkapital am Anfang des Geschäftsjahres	140000,00 EUR
Eigenkapital am Ende des Geschäftsjahres	168000,00 EUR
Privatentnahmen	4200,00 EUR
Privateinlagen	2800,00 EUR

1.12.4 Buchung des Eigenverbrauchs

(1) Umsatzsteuerrechtliche Behandlung des Eigenverbrauchs

Sofern es sich um Entnahmen des Unternehmers von Gegenständen aus dem Unternehmen für Zwecke außerhalb des Unternehmens handelt (z.B. Entnahme von Fertigerzeugnissen oder Waren für den eigenen privaten Bedarf des Unternehmers oder die unentgeltliche Zuwendung von Gegenständen an das Personal oder andere Personen), werden diese Vorgänge nach § 3 I b UStG den sonstigen Leistungen gegen Entgelt gleichgestellt.

Daraus folgt, die unentgeltliche Nutzung von Gegenständen für Privatzwecke ist umsatzsteuerpflichtig. Voraussetzung dafür ist, dass die Anschaffung des Gegenstands zum Vorsteuerabzug berechtigt hat.

(2) 1. Fall: Entnahme von Waren für private Zwecke

Wenn ein Unternehmer Waren für private Verwendung aus seinem Unternehmen entnimmt, verändert sich der Vermögensposten Waren. Daher muss die Entnahme gebucht werden. Die Entnahme von Gegenständen für Zwecke, die außerhalb des Unternehmens liegen, ist nach § 3 I b UStG wie eine Lieferung gegen Entgelt zu behandeln. Das heißt, der Vorgang ist umsatzsteuerpflichtig. Die Entnahme von Waren für Privatzwecke wird auf dem Konto **Entnahme von Gegenständen** gebucht.

Beispiel:

Ein Textilgroßhändler erlaubt seiner Tochter, sich als Geburtstagsgeschenk ein Kleid vom Warenlager auszusuchen. Sie entscheidet sich für ein Kleid, das einen Einstandswert von netto 100,00 EUR und einen Verkaufspreis von 198,00 EUR hat. Umsatzsteuer: 19%.

Aufgaben:

1. Buchen Sie den Geschäftsvorfall auf den Konten!
2. Bilden Sie den Buchungssatz!

Lösungen:

Zu 1.: Buchung auf den Konten

S	Privatkonto	H
Ent/USt 119,00		

S	Entn.v.Gegenst.	H
		Priv. 100,00

S	Umsatzsteuer	H
		Priv. 19,00

Zu 2.: Buchungssatz

Geschäftsvorfall	Konten	Soll	Haben
Wir entnehmen Waren für private Zwecke 100,00 EUR zuzüglich 19 % USt	Privatkonto an Entnahme v. Gegenst. an Umsatzsteuer	119,00	 100,00 19,00

(3) 2. Fall: Nutzung von betrieblichen Gegenständen für Privatzwecke

Die Nutzung von betrieblichen Gegenständen für Privatzwecke ist nach § 3 IXa UStG umsatzsteuerpflichtig, z. B. Nutzung einer betrieblichen Maschine für den privaten Hausbau, Arbeiten von Betriebsangehörigen für private Belange des Geschäftsinhabers. Die Nutzung von betrieblichen Gegenständen für Privatzwecke wird auf dem Konto **Entnahme von sonstigen Leistungen** gebucht. Als Beispiel für die umsatzsteuerliche Behandlung der privaten Nutzung betrieblicher Gegenstände wird hier die **steuerrechtliche Behandlung** der **Privatnutzung eines betrieblichen Fahrzeugs** vorgestellt.

Ermittelt werden kann der private Nutzungsanteil aufgrund eines geführten Fahrtenbuches, auf der Grundlage einer Schätzung[1] oder nach der sogenannten 1 %-Regelung, nach der monatlich 1 % vom Bruttowert der Anschaffungskosten als privater Nutzungsanteil angenommen wird[2]. Von dem so ermittelten privaten Nutzungsanteil können bei der Ermittlung der anfallenden Umsatzsteuer für Kosten, für die kein Vorsteuerabzug möglich ist (Kfz-Versicherung, Kfz-Steuern), pauschal 20 % abgezogen werden. Dadurch vermindert sich die Umsatzsteuer, nicht jedoch der Grundbetrag.

Beispiel:

Im Unternehmen befindet sich ein Fahrzeug, das auch privat genutzt wird. Der Bruttolistenpreis beträgt einschließlich 19 % USt 25 000,00 EUR.

Aufgabe:
Bilden Sie den Buchungssatz für die Erfassung des privaten Nutzungsanteils im Juni nach der 1 %-Regelung!

Lösungen:

Berechnungsgrundlage für die Buchung des privaten Nutzungsanteils:

1 % vom Bruttobetrag der Anschaffungskosten	250,00 EUR
+ 19 % Umsatzsteuer	38,00 EUR
Buchungsgrundlage	288,00 EUR

Berechnung der Umsatzsteuer:

	250,00 EUR
20 %	50,00 EUR
	200,00 EUR
19 % USt	38,00 EUR

Buchungssatz:

Gechäftsvorfall	Konten	Soll	Haben
Der private Nutzungsanteil für ein Fahrzeug aus dem Unternehmen beträgt 250,00 EUR zuzüglich 19 % USt.	Privatkonto an Entnahme v. sonst. Leistungen an Umsatzsteuer	288,00	 250,00 38,00

1 Wird weder die 1 %-Regelung angewandt noch ein Fahrtenbuch geführt, ist der Privatanteil zu schätzen. Die Verwaltung schätzt den Privatanteil regelmäßig mit mindestens 50 %.

2 Voraussetzung für die Anwendung der 1 %-Regelung ist, dass das Fahrzeug zu mehr als 50 % betrieblich genutzt wird.

Übungsaufgaben

65 Bilden Sie zu den folgenden Geschäftsvorfällen die Buchungssätze!

1. Ein Großhändler entnimmt aus der Geschäftskasse 500,00 EUR für eine private Geldspende an den örtlichen Sportverein.
2. Aus dem Warenlager entnimmt er für den privaten Verbrauch Waren im Wert von 340,00 EUR zuzüglich 19 % USt.
3. Die Anschaffungskosten für einen dem Betriebsvermögen zugeordneten Pkw, der gelegentlich auch für Privatfahrten genutzt wird, betragen einschließlich 19% Umsatzsteuer 35000,00 EUR.
   3.1 Ermitteln Sie nach der 1 %-Regelung den monatlichen Wert für die private Nutzung!
   3.2 Bilden Sie den entsprechenden Buchungssatz!

66 Bilden Sie die Buchungssätze zu den folgenden Geschäftsvorfällen!

1. Wir überweisen im Bankauftrag die Miete für die Privatwohnung in Höhe von 1100,00 EUR.
2. Für den Monat November weist die Telefonrechnung einen Gesamtbetrag von 450,00 EUR zuzüglich 19 % Umsatzsteuer aus. Die Rechnung wurde vom Bankkonto abgebucht und ist bereits gebucht. Für die privaten Gespräche ist mit dem Finanzamt ein pauschaler Anteil von 20 % vereinbart worden, der noch zu buchen ist.

   Hinweis: Für den privaten Anteil kann keine Vorsteuer abgezogen werden. Um diesen nicht abziehbaren Vorsteuerbetrag muss die bereits gebuchte Vorsteuer korrigiert werden. Der Wert auf dem Privatkonto erhöht sich um diesen Betrag.

67 Bilden Sie für die nachfolgenden Belege die Buchungssätze aus Sicht der Großhandlung Kempter OHG, Nürnberg!

Beleg 1

Quittung — Großhandlung Kempter OHG

Nr. 1111
EUR Betrag 950,00
inclusive % MwSt./Betrag
Betrag in Worten: neunhundertundfünfzig
von: Großhandlung Kempter OHG
für: Barentnahme für den Kauf einer Waschmaschine für den Privathaushalt
dankend erhalten
Datum/Ort: Nürnberg, den 17.01.20..
Buchungsvermerke
Stempel/Unterschrift des Empfängers: *Hans Kempter*

Beleg 2

Buchungsanweisung — Großhandlung Kempter OHG

Beleg-Nr. 1112

Malerarbeiten eines Mitarbeiters der OHG im Privathaus
12 Stunden zu je 39,00 EUR
zuzüglich 19 % USt

Nürnberg, den 20.01.20..
Hans Kempter

Beleg 3

Entnahme für Privatzwecke — Großhandlung Kempter OHG

Beleg-Nr. 1113

Gartentisch AZ 120	
Herstellwert	610,00 EUR
+ 19 % UST	115,90 EUR
	725,90 EUR

Nürnberg, den 25.01.20..
Hans Kempter

Beleg 4

Beleg für Kontoinhaber/Einzahler-Quittung
Name und Sitz des Kreditinstituts des Überweisenden: Volksbank Nürnberg — Bankleitzahl: 760 900 00
Begünstigter: Finanzamt Nürnberg
Konto-Nr. des Begünstigten: 152 730 — Bankleitzahl: 760 900 00
Kreditinstitut des Begünstigten: Volksbank Nürnberg
EUR — Betrag: Euro, Cent: 2320,50
Kunden-Referenznummer - Verwendungszweck: Kfz-Steuer Geschäftswagen 495,00
noch Verwendungszweck: EKSt.-Vorauszahlung 1825,50
Kontoinhaber/Einzahler: Kempter OHG
Konto-Nr. des Kontoinhabers: 6375588

8 Waltermann-Speth - ISBN 978-3-8120-0458-9

68 Bilden Sie für die ersten drei Geschäftsvorfälle die Buchungssätze! Die Frage von 4. ist zu beantworten!

1. Der Unternehmer entnimmt Waren für den Haushalt im Nettowert von 150,00 EUR zuzüglich 19 % USt.
2. Der Unternehmer bringt seinen privaten Pkw in den Betrieb ein 4800,00 EUR.
3. Die private Krankenversicherung wird durch Banküberweisung vom Geschäftskonto beglichen 720,00 EUR.
4. Wie wirken sich Privatentnahmen bzw. Privateinlagen in der Geschäftsbuchführung aus?

69 Bilden Sie den Buchungssatz für das Großhandelshaus Friedrich Gelder KG, Nürnberg!

Beleg für Kontoinhaber/Einzahler-Quittung

Volksbank Nürnberg — Name und Sitz des Kreditinstituts des Überweisenden

760 900 6000 — Bankleitzahl

Begünstigter: Name, Vorname/Firma (max. 27 Stellen): Finanzamt Nürnberg

Konto-Nr. des Begünstigten: 152 730 — Bankleitzahl: 760 900 00

Kreditinstitut des Begünstigten: Volksbank Nürnberg

EUR — Betrag: Euro, Cent: 2320,50 -------------

Kunden-Referenznummer - Verwendungszweck, ggf. Name und Anschrift des Überweisenden - (nur für Begünstigten): Kfz-Steuer Privatwagen 495,00

noch Verwendungszweck (insgesamt max. 2 Zeilen à 27 Stellen): Grundsteuer Geschäftsgebäude 1825,50

Kontoinhaber/Einzahler: Name, Vorname/Firma, Ort (max. 27 Stellen, keine Straßen- oder Postfachangaben): Friedrich Gelder KG

Konto-Nr. des Kontoinhabers: 6375588

1.13 Beleggeschäftsgang

70 I. Sachverhalt:

Die Belege sind dem Geschäftsleben von Rudolf Walterbeck e. Kfm., Bürogroßhandlung, Dortmund, entnommen.

Die Sachkonten weisen zum 25. März die folgenden Salden aus:

II. Saldenliste Sachkonten zum 25. März

Bezeichnung	Soll	Haben
Bebaute Grundstücke	450 700,00	
Betriebsgebäude	345 600,00	
Fuhrpark	95 600,00	
Betr.- u. Geschäftsausstattung	1 400 550,00	
Waren	84 717,48	
Forderungen a. Lief. u. Leist.	47 778,50	

Vorsteuer	6225,00	
Bank	35848,70	
Kasse	1250,00	
Eigenkapital		2030583,00
Langfristige Bankverbindlichkeiten		50145,00
Verbindlichkeiten a. Lief. u. Leist.		103173,00
Umsatzsteuer		13347,00
Umsatzerlöse		499800,00
Aufwendungen für Waren	187382,52	
Aufwendungen für Energie	2685,80	
Gehälter	28620,00	
Versicherungsbeiträge		
Mieten, Pachten	4200,00	
Kosten des Geldverkehrs	150,00	
Büromaterial	1580,00	
Postentgelt		
Telefonentgelt	2460,00	
Werbung	1700,00	
Kraftfahrzeugsteuer		

III. Aufgaben:

1. Übernehmen Sie die Saldovorträge!
2. Bilden Sie zu den Belegen die Buchungssätze!
3. Buchen Sie die Belege in der Finanzbuchhaltung!
4. Bereiten Sie den Abschluss unter Berücksichtigung folgender Abschlussangaben vor:
   - 4.1 Schlussbestand an Waren lt. Inventur 45800,00 EUR
   - 4.2 Abschluss der Vor- und Umsatzsteuer
5. Führen Sie den Abschluss durch!
6. Erstellen Sie die Schlussbilanz!

IV. Belege: Belegkreis 1 (Eingangsrechnungen)

1.1

Karl Ranzauer
e. Kfm.
Lüdenscheid

Telewerke AG

RANZAUER SÄGEWERK E. KFM. • HAMBURGER STR. 124 • 58583 LÜDENSCHEID

Bürogroßhandlung
Rudolf Walterbeck e. Kfm.
Brügmannstr. 101
44135 Dortmund

Rechnung

Kunden Nr.: 12017
Rechnungs Nr: 02923
Ihre Auftrags Nr: 19123
Lieferdatum: 15. 03. 20..
Rechnungsdatum: 25. 03. 20..

Wir lieferten Ihnen

10 iPod Touch

Netto-Warenwert:	2 582,52 EURO
19% Umsatzsteuer:	490,68 EURO
Rechnungsbetrag:	3 073,20 EURO

Zahlbar innerhalb von 30 Tagen netto Kasse.
Bei Zahlung innerhalb von 10 Tagen 3% Skonto.

Sitz der Unternehmung: Lüdenscheid;
Karl Ranzauer e. Kfm.
Hamburger Str. 124
58583 Lüdenscheid
☎ 02351 518910

Registergericht: Lüdenscheid,HRA 6589
Bankverbindung: Deutsche Bank
Niederlassung Lüdenscheid
Konto Nr.: 6 789 000
Bankleitzahl: 450 700 02

Steuer-Nr.: 360/3460/1001

1.2

BLATT 1

ANZEIGENRECHNUNG

Westdeutsche Allgemeine
Neue Ruhr Zeitung / Neue Rhein Zeitung
Westfälische Rundschau · Westfalenpost

ZEITUNGS GRUPPE WAZ

WAZ, 45123 Essen, Tel. 0201 / 8040

Bürogroßhandlung
Rudolf Walterbeck e. Kfm.
Brügmannstraße 101
44135 Dortmund

Ersch.-Datum Tag	M.	J.	Ausgabe	Manuskript Nr.	Rubrik	Sp.	Höhe	Größe	Preis EUR	Cent	Rechn.-Brutto-Betrag EUR	Cent	Ausgaben- u. Kunden-Rabatt %	%	EUR	Cent	%	EUR	Cent	Off.-Geb. EUR	Cent	Rechn.-Netto-Betrag EUR	Cent
19	02	..	125	4053616	007	20	78	156	4	40	686	40										343	20
				Sonder-Rabatt										50 00	343	20							

Bankverbindungen:
Westfalenbank AG Bochum
(BLZ 430 200 00), Kto.-Nr. 62 556 6
Sparkasse Essen
(BLZ 360 501 05), Kto.-Nr. 269 373

Postbank:
Essen (BLZ 360 100 43), Kto.-Nr. 184 22-430

Rechnungs-Datum 25.02.20..

Ber. W	Ihre Auftrags-Nummer	Kunden-Nr	Rechnungs-Nr
311		25350000	4155138

Bitte bei Zahlungen unbedingt angeben

Ges. Rech. Netto	343,20
Mehrwertsteuer	65,21
Gesamtbetrag	408,41

Zahlungsbedingungen:
Zahlbar 14 Tage nach Rechnungsdatum ohne Abzug. 2% Skonto bei Vorauszahlung und Zahlungseingang innerhalb von 10 Tagen nach Rechnungsdatum auf Einzelrechnungsbeträge über EUR500.00 sowie bei Bankeinzugsverfahren.

Bei Insolvenzen, Vergleichen oder im Falle einer Klage entfällt jeglicher Nachlass. Ausgabe und Rubrik sind auf der Rückseite angegeben.

WIRTSCHAFTLICH IM WESTEN WERBEN

1.3

F & P COMPUTERTECHNIK GMBH

F & P Computertechnik · Reinoldistr. 17-19 · 44135 Dortmund

Bürogroßhandlung
Rudolf Walterbeck e. Kfm.
Brügmannstraße 101
44135 Dortmund

Ihre Zeichen/Ihre Nachricht vom · Unsere Zeichen/Unsere Nachricht vom · ☎ 0231/52 35 35 · 44135 Dortmund

25. März 20..

RECHNUNG Nr. **65090**

Lieferdatum: 18. 03. 20..

Menge	Bezeichnung	Einzelpreis	Gesamtpreis
2	F & P PC	1300,00	2 600,00
2	Monitor, 17"	490,00	980,00
2	Streamer Archive	164,00	329,00
			3 909,00
	+ 19 % USt		742,71
			4 651,71

Registergericht Dortmund, HRB 8382
Geschäftsführer: Gerhard Fraßa
Steuer-Nr.: 381/2340/4680
Bankverbindung:
Stadtsparkasse Dortmund 001 071 750 (BLZ 440 501 99)

Belegkreis 2 (Ausgangsrechnungen)

2.1

Bürogroßhandlung

Rudolf Walterbeck e. Kfm., Dortmund

RUDOLF WALTERBECK e. Kfm. · BRÜGMANNSTR. 101 · 44135 DORTMUND

Merkur Verlag GmbH & Co. KG
Ritterstr. 24
31737 Rinteln

Rechnungsdatum: 25. März 20..
Lieferdatum: 20. März 20..

Rechnung Nr. **23081**

Pos.	Menge	Bezeichnung	Einzelpreis in EUR	Gesamtbetrag in EUR
1	10.000 Bogen	IDEM-CB-80 Black Copy weiß 43,0 x 61,0	14,45 %Bogen	1 445,00
2	10.000 Bogen	IDEM-CFB-53 Black Copy weiß 43,0 x 61	12,19 %Bogen	1 219,00
3	10.000 Bogen	IDEM-CB-90 Black Copy weiß 43,0 x 61,0	15,83 %Bogen	1 583,00
				4 247,00
			19% Umsatzsteuer	806,93
			Rechnungsbetrag	5 053,93

Sitz der Gesellschaft:
44135 Dortmund
Brügmannstr. 101
Telefon: 0231 593535
Telefax: 0231 593539

RG Dortmund:
HRA 2020
Steuer-Nr.:
340/3142/4610

Dortmunder Volksbank e.G.
Kto-Nr.: 100108800
BLZ: 44160014

Postbank Dortmund
Kto-Nr.: 134383-464
BLZ: 44010046

2.2

Bürogroßhandlung

Rudolf Walterbeck e. Kfm., Dortmund

RUDOLF WALTERBECK e. Kfm. · BRÜGMANNSTR. 101 · 44135 DORTMUND

Unternehmensberatung
Wolfgang Döhmann e. Kfm.
Herbeder Str. 54
58455 Witten

Rechnungsdatum: 25. März 20..
Lieferdatum: 20. März 20..

Rechnung Nr. 23082

Pos.	Menge	Bezeichnung	Einzelpreis in EUR	Gesamtbetrag in EUR
1	1.000 Bogen	Salamander holzfrei ledergeprägt Umschlagkarton silbergrau 70,0 x 100,0	155,30 % Bogen	1 553,00
2	5.000 Bogen	100 RC Script satiniert aus 100% Altpapier altweiß 43,0 x 61	5,69 % Bogen	284,50
3	500 Bogen	Senator leinengeprägt Porzellankarton weiß 61,0 x 86,0	85,40 % Bogen	427,00
				2 264,50
		19% Umsatzsteuer		430,26
		Rechnungsbetrag		2 694,76

Sitz der Gesellschaft: 44135 Dortmund, Brügmannstr. 101, Telefon: 0231 593535, Telefax: 0231 593539 · RG Dortmund: HRA 2020, Steuer-Nr.: 340/3142/4610 · Dortmunder Volksbank e.G., Kto-Nr.: 100108800, BLZ: 44160014 · Postbank Dortmund, Kto-Nr.: 134383-464, BLZ: 44010046

2.3

Bürogroßhandlung

Rudolf Walterbeck e. Kfm., Dortmund

RUDOLF WALTERBECK e. Kfm. · BRÜGMANNSTR. 101 · 44135 DORTMUND

EDV-Systembetreuung
Ralf Weybeck e. Kfm.
Seydlitzstr. 42
44263 Dortmund

Rechnungsdatum: 25. März 20..
Lieferdatum: 20. März 20..

Rechnung Nr. 23083

Pos.	Menge	Bezeichnung	Einzelpreis in EUR	Gesamtbetrag in EUR
1	30.000 Blatt	Primatcolor matt Offset chlorfrei gebleicht grün 61,0 x 86,0	20,00 % Blatt	6 000,00
				6 000,00
		19% Umsatzsteuer		1 140,00
		Rechnungsbetrag		**7 140,00**

Sitz der Gesellschaft: 44135 Dortmund, Brügmannstr. 101, Telefon: 0231 593535, Telefax: 0231 593539 · RG Dortmund: HRA 2020, Steuer-Nr.: 340/3142/4610 · Dortmunder Volksbank e.G., Kto-Nr.: 100108800, BLZ: 44160014 · Postbank Dortmund, Kto-Nr.: 134383-464, BLZ: 44010046

Belegkreis 3 (Kasse)
Kassenbuchblatt Nr. 12
Monat: März 20.. **12. Kalenderwoche**

Beleg Nr.	Beleg Datum	Text	Einnahmen in EUR	Ausgaben in EUR
3.1	26. März 20..	Tanken DO-BE 44		73,50
3.2	28. März 20.	Postwertzeichen		130,00
3.3	28. März 20.	Barabhebung Bank	1 500,00	
3.4	28. März 20.	Barverkauf	446,25	
3.5	30. März 20.	Miete		700,00
3.6	31. März 20.	Bareinzahlung Bank		1 000,00
Datum: 31. März 20..				
		Summen	1 946,25	1 903,50
		Anfangsbestand	1 250,00	
Unterschrift Treu		Schlussbestand		1 292,75
		Kontrollsummen	3 196,25	3 196,25

3.1

Quittung

Für Fa Walterbeck

Menge	Produkt	EUR	Cent
	SUPER PLUS bleifrei		
	SUPER bleifrei	73	50
	BENZIN bleifrei		
	SUPER		
	SUPER DIESEL		
	EXXON MIX		
	ESSO ULTRA Synthetic Oil		
	ESSO ULTRA Oil		
	ESSO ULTRA Diesel Oil		
	ESSO SUPER Oil X		
	ESSO SUPER Diesel Oil		
	Bruttoverkaufspreis	73	50
	Umsatzsteuer 19%		
	Nettoverkaufspreis		

Betrag erhalten
Beck
26. März 20..
Datum, Stempel, Unterschrift

3.3

QUITTUNG
Konto-Nr. 100108800 EUR 1500,00
Name des Kontoinhabers Rudolf Walterbeck e. Kfm.
Von der DORTMUNDER VOLKSBANK eG empfing ich heute den Betrag von
eintausendfünfhundert —
was ich hiermit bescheinige.
Dortmund, den 28. März 20.. R. Walterbeck
Unterschrift
10/92 ZV 87 22
Eingerahmtes Feld bitte nicht beschriften

3.2

```
Deutsche Post AG
44135 Dortmund
82571613 3655        28.März 20..

130,00 EUR

Postwertzeichen ohne Zuschlag
Vielen Dank für Ihren Besuch.
Ihre Deutsche Post AG
```

3.4

Bürogroßhandlung

Rudolf Walterbeck e. Kfm., Dortmund

RUDOLF WALTERBECK e. Kfm. · BRÜGMANNSTR. 101 · 44135 DORTMUND

EDV-Systembetreuung
Ralf Weybeck e. Kfm.
Seydlitzstr. 42
44263 Dortmund

44135 Dortmund, 28. März 20..

Lieferdatum: 28. März 20..

Barverkauf Nr. 192

Pos.	Menge	Bezeichnung	Einzelpreis in EUR	Gesamtbetrag in EUR
1	50.000 Blatt	Kompass Copy Offset chlorfrei gebleicht holzfrei weiß 21,0 x 29,7	0,75 % Blatt	375,00
				375,00
		19% Umsatzsteuer		71,25
				446,25

Es gelten unsere umseitigen Lieferungs- und Zahlungsbedingungen.

Betrag dankend erhalten
Seelig

Sitz der Gesellschaft:
44135 Dortmund
Brügmannstr. 101
Telefon: 0231 593535
Telefax: 0231 593539

RG Dortmund:
HRA 2020
Steuer-Nr.:
340/3142/4610

Dortmunder Volksbank e.G.
Kto-Nr.: 100108800
BLZ: 44160014

Postbank Dortmund
Kto-Nr.: 134383-464
BLZ: 44010046

3.5

Quittung

EUR
Betrag: 700,00
Nr.
inclusive % MwSt./Betrag
Betrag in Worten: siebenhundert ----
von: Walterbeck e.Kfm.
für: Garagenmiete März
dankend erhalten
Datum/Ort: 30.03.20.. Dortmund
Buchungsvermerke
Stempel/Unterschrift des Empfängers
K. Kluge

3.6

DORTMUNDER VOLKSBANK eG Dortmund **Kassenbeleg**

Einzahlung
auf das nebenstehende Konto

Nr. 100108800
Walterbeck
Name des Kontoinhabers

Anbei erhalten Sie zur Gutschrift auf das o. a. Konto

EUR	Cent
-1 000	00

R. Walterbeck
Unterschrift des Einzahlers

Dortmund, den 20..-03-31

Name: eigene Einzahlung

10/92 ZV 87-2 1.

Eingerahmtes Feld nicht beschriften (1)

Belegkreis 4 (Bankverkehr Volksbank Dortmund)

Der Bankverkehr wird, wie es heute allgemein üblich ist, durch die unten stehenden Kontoauszugsblätter dokumentiert. Das Konto wird in Euro geführt.

	Dortmunder Volksbank e. G. BLZ: 441 600 14			Kontonummer 100108800	erstellt am 29.03.20..	Auszug 16	Blatt 1
	Alter Kontostand						28 780,00 +
4.1	27.03.	300007	27.03.	Re-Nr. 4155138 Empfänger: WAZ Essen	Überweisung		408,41 –
4.2	28.03.	300102	28.03.	Auszahlung	Barauszahlung		1 500,00 –
4.3	29.03.	300103	29.03.	Miete März 20.. Empfänger: Immobilien Meister	Lastschrift		600,00 –
	Neuer Kontostand						26 271,59 +

Bürogroßhandlung
Rudolf Walterbeck e. Kfm.
Brügmannstr. 101
44135 Dortmund

Kontoauszug

Bitte Rückseite beachten.

	Dortmunder Volksbank e. G. BLZ: 441 600 14			Kontonummer 100108800	erstellt am 31.03.20..	Auszug 17	Blatt 1
	Alter Kontostand						26 271,59 +
4.4	30.03.	300104	30.03.	Re-Nr. 23083 vom 25. März 20.. Auftraggeber: Ralf Weybeck	Gutschrift		7 140,00 +
4.5	30.03.	300105	31.03.	Eigene Einzahlung	Bareinzahlung		1 000,00 +
4.6	31.03.	300108	31.03.	Re-Nr. 65090 vom 22. März 20.. Empfänger: F&P Dortmund	Lastschrift		4 651,71 –
4.7	31.03.	300109	31.03.	Tilgungsrate März 20.. Kreditkonto 100 109 222	Lastschrift		5 000,00 –
4.8	31.03.	300110	31.03.	Re-Nr. 23042 vom 24. März 20.. Auftraggeber: Wolfgang Döhmann	Gutschrift		5 175,00 +
	Neuer Kontostand						29 934,88 +

Bürogroßhandlung
Rudolf Walterbeck e. Kfm.
Brügmannstr. 101
44135 Dortmund

Kontoauszug

Bitte Rückseite beachten.

Belegkreis 5 (Bankverkehr Postbank Dortmund)

Bitte beachten Sie die Hinweise auf der Rückseite.

Kontoauszug in EUR

Kontonummer 0134383464 Auszug 3
Datum 25.03.20.. Blatt 1

Postbank

Vorgang / Buchungsinformation	PN-Nummer	Buchung	Wertstellung	Umsatz in EUR
· Lastschrift Telekom Fernmeldekonto 237800002380	114	25.03.	25.03.	315,45–
· Lastschrift Finanzamt Dortmund Kfz-Steuer DO-BE 44	114	25.03.	25.03.	830,00–
· Lastschrift Anlage	117	25.03.	25.03.	847,60–
· Entgelte usw. Anlage	117	25.03.	25.03.	22,50–

150 / 01 / 012036 / 015 1,10
403298 – 1 – 1 – T

Zahlungseingänge	0,00+
Zahlungsausgänge	2.015,55–
Alter Kontostand	7.068,70+
Neuer Kontostand	5.053,15+

Bürogroßhandlung
Rudolf Walterbeck e. Kfm.
Brügmannstr. 101
44135 Dortmund

Zinssatz für Dispositionskredit:	9,75%
Zinssatz für geduldete Überziehung:	13,25%
Dispositionskredit in EUR:	5.000,00

Postbank Dortmund, 44131 Dortmund, BLZ 440 100 46 | Privatkunden Tel: 0180 3040500* Fax: 0180 3040800* · 7x24 Stunden | Geschäftskunden Tel: 0180 4440400** Fax: 0180 3040999* · 7x24 Stunden | * 9 Cent/Min. **20 Cent/Anruf · dt. Festnetz; Mobiltarif max. 42 Cent/Min. oder 60 Cent/Anruf | direkt@postbank.de | business@postbank.de | firmenkunden@postbank.de | www.postbank.de | USt.-IdNr. DE169824467

Bitte beachten Sie die Hinweise auf der Rückseite.

Kontonummer 0134383464 Anlage 1
Datum 25.03.20.. Blatt 1

Postbank

Vorgang / Buchungsinformation	PN-Nummer	Buchung	Wertstellung	Umsatz in EUR

· Buchungsbestätigung

Gemäß Ihrem Auftrag haben wir am 25.03.20.. überwiesen

Betrag	: EUR 847,60
Zahlungsempfänger	: HDI Hannover
Kontonummer	: 5405 72-305
Bankleitzahl	: 25010030
Verwendungszweck	: Kfz-Haftpflicht
Referenz-Nr.	: 122032102365

Ihre Postbank

Postbank Dortmund, 44131 Dortmund, BLZ 440 100 46 | Privatkunden Tel: 0180 3040500* Fax: 0180 3040800* · 7x24 Stunden | Geschäftskunden Tel: 0180 4440400** Fax: 0180 3040999* · 7x24 Stunden | * 9 Cent/Min. **20 Cent/Anruf · dt. Festnetz; Mobiltarif max. 42 Cent/Min. oder 60 Cent/Anruf | direkt@postbank.de | business@postbank.de | firmenkunden@postbank.de | www.postbank.de | USt.-IdNr. DE169824467

Bitte beachten Sie die Hinweise auf der Rückseite.

Kontonummer 0134383464 Anlage 2
Datum 25.03.20.. Blatt 1

Postbank

Vorgang / Buchungsinformation	PN-Nummer	Buchung	Wertstellung	Umsatz in EUR

· Zinsen, Porto und Entgelte für das abgelaufene Quartal

Kontoführungsentgelt		22,50–
Gesamtsumme für Konto	0134383464 per 31.03.	22,50–

Postbank Dortmund, 44131 Dortmund, BLZ 440 100 46 | Privatkunden Tel: 0180 3040500* Fax: 0180 3040800* · 7x24 Stunden | Geschäftskunden Tel: 0180 4440400** Fax: 0180 3040999* · 7x24 Stunden | * 9 Cent/Min. **20 Cent/Anruf · dt. Festnetz; Mobiltarif max. 42 Cent/Min. oder 60 Cent/Anruf | direkt@postbank.de | business@postbank.de | firmenkunden@postbank.de | www.postbank.de | USt.-IdNr. DE169824467

1.14 Abschreibungen

1.14.1 Ursachen der Abschreibung

Anlagegüter wie z. B. ein Gebäude, einen Aktenschrank, eine Maschine, einen Gabelstapler oder einen Lkw nutzt das Unternehmen langfristig. Durch den täglichen Gebrauch verlieren diese Güter an Wert **(abnutzbare Güter[1])**. Um ihren Wert auf dem Schlussbilanzkonto richtig darstellen zu können, ist ein bestimmter Betrag als **Wertminderung von den Anschaffungskosten** abzuschreiben. Da die Wertminderung immer nur geschätzt werden kann (lediglich beim Verkauf des Anlagegutes könnte der Wertverlust genau festgestellt werden), ist der auf dem Schlussbilanzkonto ausgewiesene Rest-Vermögenswert ebenfalls nur ein Schätzwert.

Merke:

Durch die **Abschreibung** werden die Anschaffungskosten (aufgrund der geschätzten jährlichen Wertminderung) auf die Jahre der Nutzung als Aufwand verteilt.[2]

Für die Bemessung der Höhe der Abschreibung können folgende Gründe eine Rolle spielen:

Gebrauch	Jeder Gebrauchsgegenstand hat eine begrenzte Lebensdauer, die u. a. von der Häufigkeit der Nutzung abhängt. Je häufiger ein Gegenstand genutzt wird, desto schneller verschleißt er und desto mehr verliert er an Wert. Ein Auto, das 100 000 km gefahren wurde, ist weniger wert als das sonst gleiche Auto, das nur 50 000 km gefahren wurde.
Technischer Fortschritt	In unserer durch hohe Technisierung und starken Konkurrenzdruck gekennzeichneten Wirtschaft werden die Produkte immer weiter verbessert. Sobald ein verbessertes Produkt auf den Markt kommt, verliert das alte Produkt schlagartig an Wert.
Wirtschaftliche Überholung	Geht die Nachfrage nach einem Gut aufgrund neuer Erfindungen oder aufgrund des Modewechsels zurück, so hat das wertmindernde Rückwirkungen sowohl auf die Güter selbst als auch auf die zu ihrer Herstellung benötigten Maschinen.
Natürlicher Verschleiß	Selbst wenn ein Gegenstand überhaupt nicht genutzt würde und auch die übrigen Ursachen der Abschreibung nicht infrage kämen, würde z. B. durch Witterungseinflüsse (Wechsel von Wärme und Kälte, Nässe und Trockenheit) eine wertmindernde Veränderung des Gegenstandes eintreten.

1 Nicht abnutzbare Gegenstände des Anlagevermögens sind zum Beispiel Beteiligungen, unbebaute Grundstücke und der Wert des Grund und Bodens bebauter Grundstücke. Da unbebaute Grundstücke im Allgemeinen im Wert nicht sinken, ist eine planmäßige Abschreibung darauf nicht erlaubt. Bei bebauten Grundstücken ist daher immer nur vom Gebäudewert abzuschreiben.

2 Die Abschreibungen werden bei der Kalkulation der Erzeugnisse als Kosten in den Verkaufspreis eingerechnet. Beim Verkauf der Erzeugnisse kommt damit die Abschreibung wieder in Form von Geldmitteln zurück. Sofern die Geldmittel nicht anders verwendet werden, stehen sie dem Unternehmen wieder für den Kauf von Anlagegütern zur Verfügung. Anlagegüter können unter dieser Bedingung teilweise über Abschreibungsrückflüsse finanziert werden.

Infolge der Abschreibung vermindern sich die Anschaffungskosten jährlich um die mit der Abschreibung erfassten Wertminderung, sodass sich der Buchwert von Jahr zu Jahr verringert.

Anschaffungskosten – Abschreibung = Buchwert

1.14.2 Berechnung der Abschreibung[1]

Eine genaue Berechnung der Höhe der Abschreibung ist angesichts der verschiedenen Ursachen der Wertminderung kaum möglich. Man ist dabei immer auf Schätzungen angewiesen. Da aber die Berechnung der Höhe der Abschreibung Auswirkungen auf die Vermögens- und Ertragslage eines Unternehmens hat, machen Handels- und Steuerrecht aufgrund ihrer verschiedenen Interessenlage unterschiedliche Vorgaben.

(1) Berechnung der Abschreibung nach der linearen Methode

Bei der linearen Abschreibung wird ein jährlich gleichbleibender Betrag von den **Anschaffungskosten** des Anlagegutes abgeschrieben. Auf diese Weise werden die gesamten Anschaffungskosten gleichmäßig auf die Nutzungsdauer verteilt. Nach Ablauf der Nutzungsdauer ist der Buchwert gleich null.

Beispiel:

Die Anschaffungskosten eines Kombiwagens zu Beginn der Geschäftsperiode betragen 30000,00 EUR. Es wird eine Nutzungsdauer von sechs Jahren angenommen. In diesem Fall beträgt der jährliche Abschreibungsbetrag 5000,00 EUR und der Abschreibungssatz $16\,^2/_3\,\%$.

Aufgabe:

Führen Sie rechnerisch die Abschreibung über die gesamte Laufzeit durch!

Lösung:

	Anschaffungskosten	30000,00 EUR
–	$16^2/_3$ % Abschreibung 1. Jahr	5000,00 EUR
	Buchwert Ende 1. Jahr	25000,00 EUR
–	$16^2/_3$ % Abschreibung 2. Jahr	5000,00 EUR
	Buchwert Ende 2. Jahr	20000,00 EUR
–	$16^2/_3$ % Abschreibung 3. Jahr	5000,00 EUR
	Buchwert Ende 3. Jahr	15000,00 EUR
–	$16^2/_3$ % Abschreibung 4. Jahr	5000,00 EUR
	Buchwert Ende 4. Jahr	10000,00 EUR
–	$16^2/_3$ % Abschreibung 5. Jahr	5000,00 EUR
	Buchwert Ende 5. Jahr	5000,00 EUR
–	$16^2/_3$ % Abschreibung 6. Jahr	5000,00 EUR
	Buchwert Ende 6. Jahr	0,00 EUR

1 Das Steuerrecht spricht von **Absetzungen für Abnutzung (AfA)**. Der Bundesfinanzminister hat im Einvernehmen mit den Finanzverwaltungen der Bundesländer **AfA-Tabellen** für bewegliche Anlagegüter der einzelnen Wirtschaftszweige herausgegeben, die bei der Feststellung der Nutzungsdauer durch das Unternehmen berücksichtigt werden sollten.

$$\text{Jährlicher Abschreibungsbetrag} = \frac{\text{Anschaffungskosten}}{\text{Nutzungsdauer}}$$

$$\text{Jährlicher Abschreibungssatz} = \frac{100\,\%}{\text{Nutzungsdauer}}$$

Bei der linearen Abschreibung geht man davon aus, dass sich das Wirtschaftsgut gleichmäßig abnutzt. Ein eventuell höherer Wertverlust durch technische oder wirtschaftliche Überholung oder infolge eines unterschiedlich hohen Verschleißes durch unterschiedliche Nutzung in den verschiedenen Nutzungsjahren wird dabei nicht berücksichtigt.

Die lineare Abschreibungsmethode hat insbesondere folgende Vorteile:

- einfache und nur einmalige Berechnung des Abschreibungsbetrags;
- gute Vergleichbarkeit der aufeinanderfolgenden Erfolgsrechnungen;
- gleichmäßige Aufwandsbelastung bzw. Belastung der Kostenrechnung mit Abschreibungen.

(2) Berechnung der Abschreibung nach der degressiven Methode

Bei der degressiven Abschreibung wird die Abschreibung durch einen gleichbleibenden Prozentsatz auf den jeweiligen Buchwert (Restbuchwert) ermittelt. Da der Buchwert von Jahr zu Jahr geringer wird, werden bei einem gleichbleibenden Prozentsatz auch die Abschreibungsbeträge von Jahr zu Jahr geringer.

Beispiel:

Die Anschaffungskosten eines Kombiwagens zu Beginn der Geschäftsperiode betragen 30000,00 EUR. Die betriebsgewöhnliche Nutzungsdauer beträgt 6 Jahre.

Aufgaben:

1. Wie viel EUR betragen bei degressiver Abschreibung die jährlichen Abschreibungsbeträge im Laufe der Nutzungsdauer, wenn von einem Abschreibungssatz von 25 % ausgegangen wird?
2. Berechnen Sie die Abschreibungsbeträge, wenn im vierten Nutzungsjahr von der degressiven zur linearen Abschreibung übergegangen wird!

Lösungen:

	Zu 1.: degressive Abschreibung		Zu 2.: Übergang zur linearen Abschreibung
Anschaffungskosten	30000,00 EUR		
– 25 % Abschreibung 1. Jahr	7500,00 EUR		
Buchwert Ende 1. Jahr	22500,00 EUR		
– 25 % Abschreibung 2. Jahr	5625,00 EUR		
Buchwert Ende 2. Jahr	16875,00 EUR		
– 25 % Abschreibung 3. Jahr	4218,75 EUR		
Buchwert Ende 3. Jahr	12656,25 EUR	→	12656,25 EUR
– 25 % Abschreibung 4. Jahr	3164,06 EUR		4218,75 EUR
Buchwert Ende 4. Jahr	9492,19 EUR		8437,50 EUR
– 25 % Abschreibung 5. Jahr	2373,05 EUR		4218,75 EUR
Buchwert Ende 5. Jahr	7119,14 EUR		4218,75 EUR
– Abschreibung 6. Jahr (Restwert)	7119,14 EUR		4218,75 EUR
Buchwert Ende 6. Jahr	0,00 EUR		0,00 EUR

Wie man an der Lösung des Beispiels erkennt, verbleibt im letzten Jahr der Nutzungsdauer noch ein relativ hoher Abschreibungsbetrag, mit dem die Erfolgsrechnung belastet wird. Um diesen Nachteil zu vermeiden, kann zu einem **beliebigen Zeitpunkt** ein **Wechsel zur linearen Abschreibung** vorgenommen werden.

Dadurch wird dann der vorhandene Restwert gleichmäßig auf die noch verbleibende Nutzungsdauer verteilt. Angenommen, der Wechsel findet am Ende des vierten Jahres (also nach der dritten Abschreibung) statt, ergibt sich für die Restlaufzeit der drei Jahre folgende Berechnung für die jährlichen Abschreibungsbeträge: 12656,25 EUR : 3 = 4218,75 EUR.

Für die degressive Abschreibungsmethode sprechen folgende Argumente:

- Die degressive Abschreibung geht von der Überlegung aus, dass der Wertverlust eines Wirtschaftsgutes in den ersten Nutzungsjahren wesentlich höher ist als in den Folgejahren.
- Dem Risiko, dass durch den technischen Fortschritt das Wirtschaftsgut schnell an Wert verlieren kann, wird durch die anfangs hohe Abschreibung entsprochen.
- Durch die Addition der jährlich abnehmenden Abschreibungsbeträge mit den jährlich ansteigenden Wartungs- und Reparaturaufwendungen (durch die Abnutzung des Wirtschaftsgutes) wird eine etwa gleichmäßige Gesamtbelastung der Erfolgs- und Kostenrechnung in den einzelnen Jahren erreicht.

Beachte:

Die **degressive Abschreibung** ist **steuerrechtlich nicht erlaubt.**

(3) Buchung der Abschreibung nach erbrachten Leistungseinheiten

Wenn es praktisch möglich ist, kann bei beweglichen Wirtschaftsgütern des Anlagevermögens die Abschreibung auch aufgrund der im Geschäftsjahr erbrachten Leistungseinheiten (z. B. Stückzahl, Maschinenlaufstunden, gefahrene Kilometer) berechnet werden. Voraussetzung dafür ist, dass

- der Umfang der insgesamt möglichen Leistungseinheiten (LE) geschätzt werden kann und
- die auf den Abschreibungszeitraum entfallenden Leistungseinheiten nachgewiesen werden können.

Dabei ergeben sich folgende Berechnungen:

$$\text{Abschreibungsbetrag je Leistungseinheit} = \frac{\text{Anschaffungskosten}}{\text{mögliche Gesamtleistungseinheiten}}$$

$$\text{Jährlicher Abschreibungsbetrag} = \text{Menge der jährlichen LE} \cdot \text{Abschreibungsbetrag je LE}$$

Übungsaufgaben

71 1. Die Anschaffungskosten eines Warenautomaten zu Beginn der Geschäftsperiode betragen 6550,00 EUR.

Aufgabe:

Berechnen Sie den jährlichen Abschreibungsbetrag bei linearer Abschreibung und einer angenommenen Nutzungsdauer von fünf Jahren!

2. Eine Frankiermaschine wird am Ende des 3. Nutzungsjahres linear mit 930,00 EUR abgeschrieben, Abschreibungssatz: $12\frac{1}{2}$ %.

Aufgabe:

Berechnen Sie die Anschaffungskosten für die Frankiermaschine!

3.

Anlagegüter	Buchwert am 31. Dez. 20..	Anschaffungskosten zu Beginn des Geschäftsjahres	Nutzungsdauer
Ladeneinrichtung für Fabrikverkauf	52500,00 EUR	84000,00 EUR	8 Jahre
Fuhrpark (Kombiwagen)	38000,00 EUR	57000,00 EUR	6 Jahre

Aufgaben:

3.1 Wie viel Prozent beträgt bei linearer Abschreibung der jeweilige Abschreibungssatz?

3.2 Wie viel Jahre sind die beiden Anlagegüter bisher abgeschrieben worden?

4. Ein Bauunternehmer erwirbt zu Beginn des Geschäftsjahres einen Betonmischer. Die Anschaffungskosten betragen 6726,00 EUR. Die geschätzte Nutzungsdauer beträgt sechs Jahre.

Aufgabe:

Erstellen Sie die Abschreibungstabelle für die gesamte Nutzungsdauer bei linearer Abschreibung!

72 1. Die Anschaffungskosten für die Ladeneinrichtung zu Beginn der Geschäftsperiode betragen 35000,00 EUR. Die betriebsgewöhnliche Nutzungsdauer beträgt 8 Jahre.

1.1 Führen Sie rechnerisch die degressive Abschreibung mit einem Abschreibungssatz von 20 % ohne Übergang zur linearen Abschreibung über die gesamte Laufzeit durch!

1.2 Führen Sie rechnerisch die degressive Abschreibung mit einem Abschreibungssatz von 20 % mit Übergang zur linearen Abschreibung nach dem vierten Jahr über die gesamte Laufzeit durch!

2. Ein zu Beginn der Geschäftsperiode angeschaffter Gabelstapler wird mit 15 % degressiv abgeschrieben. Sein Buchwert beträgt am Ende des 2. Jahres (nach der Abschreibung) 16545,25 EUR.

Wie viel EUR betragen die Anschaffungskosten?

3. Die Anschaffungskosten einer Stanzmaschine zu Beginn der Geschäftsperiode betragen 180180,00 EUR. Die Gesamtleistung wird während der Nutzungsdauer von 14 Jahren vom Hersteller mit 234000 Stanzteilen angegeben.

3.1 Ermitteln Sie die Abschreibung in den ersten vier Jahren bei folgenden Jahresleistungen: 1. Nutzungsjahr: 16000 Stück, 2. Nutzungsjahr: 18400 Stück, 3. Nutzungsjahr 21900 Stück, 4. Nutzungsjahr 11500 Stück.

3.2 Was spricht betriebswirtschaftlich für eine Abschreibung nach Leistungseinheiten?

4. Für eine Verpackungsmaschine liegen folgende Informationen vor:

Anschaffungskosten:	15300,00 EUR
betriebliche Nutzungsdauer:	13 Jahre
geschätzte Gesamtkapazität:	2448000 Teile
geschätzte Maschinenleistung im 1. Nutzungsjahr:	194195 Teile
geschätzte Maschinenleistung im 2. Nutzungsjahr:	210480 Teile
geschätzte Maschinenleistung im 3. Nutzungsjahr:	244100 Teile

Aufgaben:

Erstellen Sie einen Abschreibungsplan für die ersten drei Nutzungsjahre

4.1 nach der linearen Abschreibung,

4.2 nach der degressiven Abschreibung bei einem Abschreibungssatz von 15% sowie

4.3 nach der Abschreibung nach erbrachten Leistungseinheiten!

(4) Beginn der Abschreibung abnutzbarer Anlagegüter im Jahr der Anschaffung

Die Abschreibung beginnt mit der **Anschaffung des Anlagegutes.** Wird ein Anlagegut im Laufe des Geschäftsjahres angeschafft, kann in diesem Jahr die **Abschreibung nur zeitanteilig** verrechnet werden, wobei allerdings in der Praxis monatsgenau gerechnet wird und der Monat der Anschaffung mitgezählt wird.

Beispiel:

Kauf von Lagerregalen am 30. September 2011 im Wert von 20000,00 EUR. Nutzungsdauer: 14 Jahre (Abschreibungssatz von 7,14%). Eine Abschreibung auf die Lagerregale ist im Anschaffungsjahr nur für 4 Monate möglich.[1]

$$\text{Abschreibung} = \frac{20000 \cdot 7{,}14 \cdot 4}{100 \cdot 12} = \underline{\underline{476{,}00 \text{ EUR}}}$$

Übungsaufgabe

73 1. Am 9. Juni 20.. wurde eine computergesteuerte Wasserenthärtungsanlage im Werk installiert. Die Anschaffungskosten betrugen 24624,00 EUR. Die Nutzungsdauer beträgt zwölf Jahre. Es wird linear abgeschrieben.

Ermitteln Sie den Restbuchwert zum Ende des 8. Nutzungsjahres!

2. Die Anschaffungskosten für ein am 17. Oktober 20.. gekauftes Reinigungsgerät betragen 4200,00 EUR. Die Nutzungsdauer wird auf sieben Jahre geschätzt. Der Abschreibungssatz beträgt 20%.

Erstellen Sie die Abschreibungstabelle für die gesamte Nutzungsdauer bei degressiver Abschreibung mit Übergang zur linearen Abschreibung nach dem dritten Jahr!

3. Die Anschaffungskosten für einen am 15. Juli 20.. gekauften Großrechner betragen 42000,00 EUR. Die Nutzungsdauer wird auf 7 Jahre geschätzt.

Erstellen Sie die Abschreibungstabelle für die gesamte Nutzungsdauer bei linearer Abschreibung!

1 Nach Ablauf von 14 Jahren fehlen noch 8 Monate an Abschreibungen. Diese Abschreibungszeit wird im 15. Jahr nachgeholt. Die Abschreibungszeit für die Lagerregale läuft somit vom September 2011 bis einschließlich August 2025.

1.14.3 Buchung der Abschreibung

Die Wertminderung des Anlagevermögens stellt einen **betrieblichen Aufwand** dar. Er wird buchhalterisch auf dem Konto **Abschreibungen auf Sachanlagen** erfasst.

Beispiel:

Die Anschaffungskosten zu Beginn der Geschäftsperiode für eine EDV-Anlage betragen 21 000,00 EUR. Am Ende der Geschäftsperiode werden 7 000,00 EUR abgeschrieben.

Aufgaben:

1. Buchen Sie die Abschreibung auf Konten und schließen Sie die Konten ab!
2. Bilden Sie die Buchungssätze!

Lösungen:

Zu 1.: Buchung auf den Konten

S Betriebs- u. Geschäftsausst. H

AB	21 000,00	Abs. a. S.	7 000,00
		SBK	14 000,00
	21 000,00		21 000,00

S Abschreib. a. Sachanlagen H

BGA	7 000,00	GuV	7 000,00

S SBK H

BGA	14 000,00		

S GuV H

Abs. a. S.	7 000,00		

Wirkungen

1. Erfassung der Wertminderung bei den Vermögensgegenständen.
2. Dadurch richtiger Ausweis der Vermögenswerte in der Bilanz.

1. Erfassung der Vermögensminderung als Aufwand.
2. Dadurch Verringerung des Gewinns.

Zu 2.: Buchungssätze

Geschäftsvorfälle	Konten	Soll	Haben
Buchung der Abschreibung:	Abschreib. a. Sachanlagen	7 000,00	
	an Betr.- u. Geschäftsausstattung		7 000,00
Buchungen beim Abschluss:	SBK	14 000,00	
	an Betr.- u. Geschäftsausstattung		14 000,00
	GuV	7 000,00	
	an Abschreib. a. Sachanlagen		7 000,00

Erläuterungen:

Für die ergebniswirksame Erfassung der jährlichen Abschreibungen auf das abnutzbare Anlagevermögen richten wir das Aufwandskonto **Abschreibungen auf Sachanlagen** ein. Das Abschreibungskonto erfasst am Jahresende den festgestellten Abnutzungsbetrag als Aufwand. Dieser erscheint auf der **Sollseite.**

Die **Gegenbuchung** erfolgt direkt auf dem entsprechenden **Anlagekonto auf der Habenseite,** in unserem Fall auf dem Konto Betr.- u. Geschäftsausstattung. Dort bewirkt sie, dass der entsprechende Anlageposten auf den jeweils gültigen **Zeitwert** fortgeschrieben wird.

9 Waltermann-Speth - ISBN 978-3-8120-0458-9

Übungsaufgaben

74 Richten Sie folgende Konten ein: Werkstätteneinrichtung 580000,00 EUR; Betriebsausstattung 371400,00 EUR; Büromaschinen 115600,00 EUR; Lager- und Transporteinrichtungen 220000,00 EUR; Fuhrpark 92000,00 EUR. Führen Sie außerdem noch die Konten Abschreibungen auf Sachanlagen, SBK und GuV!

Aufgaben:

1. Buchen Sie die folgenden Abschreibungsbeträge: auf Werkstätteneinrichtung 145000,00 EUR; auf Betriebsausstattung 37140,00 EUR; auf Büromaschinen 11560,00 EUR; auf Lager- und Transporteinrichtungen 20000,00 EUR; auf Fuhrpark 18400,00 EUR.
2. Schließen Sie die Konten ab!

75 Wir kaufen zu Beginn des Geschäftsjahres einen Pkw zum Nettoanschaffungspreis von 48500,00 EUR. Der Autohändler gewährt uns einen Rabatt von 8 % sowie 2 % Skonto. Die Überführungskosten betragen 410,00 EUR, die Kosten für die Zulassung 118,40 EUR.

Aufgaben:

1. 1.1 Berechnen Sie die Anschaffungskosten!
   1.2 Wie viel EUR beträgt der jährliche Abschreibungsbetrag bei linearer Berechnung und einer angenommenen Nutzungsdauer von sechs Jahren?
2. 2.1 Buchen Sie den Geschäftsvorfall und die Abschreibung auf den Konten und schließen Sie die Konten ab!
   Hinweise: Die Konten SBK und GuV sind nicht zu führen.
   2.2 Bilden Sie die Buchungssätze für die Abschreibung und für den Abschluss der Konten!

76 Für die Anschaffung einer Verpackungsmaschine erhalten wir am 25. Januar folgende Rechnung:

Listeneinkaufspreis 70000,00 EUR. Auf den Listeneinkaufspreis erhalten wir 8% Rabatt. Für den Transport und die Montage werden 1094,00 EUR in Rechnung gestellt.

Aufgaben:

1. Berechnen Sie den jährlichen Abschreibungsbetrag bei linearer Abschreibung und einer angenommenen Nutzungsdauer von dreizehn Jahren!
2. 2.1 Richten Sie die folgenden Konten ein: Maschinen, Abschreibungen auf Sachanlagen, GuV, SBK!
   2.2 Tragen Sie die Anschaffungskosten auf dem Maschinenkonto als Anfangsbestand vor und buchen Sie die Abschreibung im ersten Jahr! Schließen Sie anschließend die Konten ab!
3. Beantworten Sie kurz die folgenden Fragen:
   3.1 Wie wirken sich die Abschreibungen auf den Gewinn bzw. Verlust eines Unternehmens aus?
   3.2 Welche Ursachen liegen der Abschreibung zugrunde?
   3.3 Welche Wirkung hat die Abschreibung auf der Aktivseite der Bilanz?

2 Grundlagen des Wirtschaftsrechnens

2.1 Dreisatzrechnung

2.1.1 Einfacher Dreisatz mit geradem Verhältnis

Beispiel:

Der Verkaufserlös für 108 kg eines Artikels beträgt 345,60 EUR.

Aufgabe:

Wie viel EUR beträgt der Verkaufserlös für 42 kg?

Lösung:

Gegebene Größen: 108 kg bringen einen Erlös von 345,60 EUR ← Bedingungssatz

Gesuchte Größen: 42 kg bringen einen Erlös von x EUR ← Fragesatz

$$x = \frac{345{,}60 \cdot 42}{108} = \underline{\underline{134{,}40 \text{ EUR}}}$$ ← Bruchsatz

Ergebnis: Der Verkaufserlös von 42 kg beträgt 134,40 EUR.

Allgemeiner Lösungsweg

1. Schreiben Sie den Bedingungssatz so auf, dass die gefragte Größe am Ende des Satzes steht.
2. Schreiben Sie den Fragesatz darunter. Achten Sie darauf, dass gleiche Bezeichnungen (z.B. kg, EUR, m usw.) immer untereinander stehen.
3. Bei der Erstellung des Bruchsatzes ist von dem gegebenen Wert **(Erlös für 108 kg)** auszugehen. Er ist dann immer auf den Wert **einer** Einheit zurückzuführen **(Erlös für 1 kg)**, und anschließend ist der Wert für die gesuchte Mehrheit zu berechnen **(Erlös für 42 kg** ≙ x EUR).

Die Erstellung des Bruchsatzes erfolgt über die folgenden drei Sätze:

1. Satz: 108 kg bringen einen Erlös von 345,60 EUR

2. Satz: 1 kg bringt einen Erlös von $\frac{345{,}60}{108}$ EUR

3. Satz: 42 kg bringen einen Erlös von $\frac{345{,}60 \cdot 42}{108}$ EUR

(1. → 2. Satz: je weniger, desto weniger; 2. → 3. Satz: je mehr, desto mehr)

Beachte:

- Beim 2. Satz gilt im Verhältnis zum 1. Satz: **Je weniger, desto weniger.** (Je weniger verkauft wird, desto niedriger ist der Erlös.) Es handelt sich um ein **gerades Verhältnis.** Es wird dividiert.
- Beim 3. Satz gilt im Verhältnis zum 2. Satz: **Je mehr, desto mehr.** (Je mehr verkauft wird, desto höher ist der Erlös.) Es handelt sich um ein **gerades Verhältnis.** Es wird multipliziert.

Übungsaufgabe

77 1. Eine Großhandlung bezieht eine Wagenladung Kartoffeln mit einem Gesamtnettogewicht von 785 kg zu 439,60 EUR.

   Wie viel EUR kostet ein Beutel mit 2,5 kg Nettogewicht?

2. Ein Mitarbeiter im Außendienst erhält für den Verkauf von 180 Stück eine Provision von 992,00 EUR.

   Wie viel EUR beträgt seine Provision bei einem Verkauf von 315 Stück?

3. Eine Aushilfskraft erhält für 26 Arbeitsstunden einen Bruttolohn von 364,00 EUR.

   Wie viel EUR beträgt der Bruttolohn, wenn die Arbeitszeit 34 Stunden beträgt?

4. Bei der Herstellung von 78 m^2 Teppichfliesen beträgt der Abfall 4,5 m^2.

   Wie viel m^2 Abfall fallen an, wenn 273 m^2 Teppichfliesen hergestellt werden?

5. Der Heizölvorrat von 8410 Litern reicht bei normalem Verbrauch 145 Tage.

   Wie viel Tage reicht ein Vorrat von 5180 Litern?

6.

Nr.	Menge der eingekauften Waren	Gesamte Kosten	Wie viel kosten ...
6.1	42 m^2	1470,20 EUR	18 m^2
6.2	184 Stück	470,60 EUR	265 Stück
6.3	62 kg	155,20 EUR	78 kg
6.4	310 Liter	2720,00 EUR	158 Liter
6.5	48 Säcke	245,00 EUR	112 Säcke

7. Ein Lebensmittelgroßhändler hat 1920 Gemüsedosen am Lager.

   Wie viel Tage reicht der Vorrat, wenn wöchentlich (6 Tage) im Durchschnitt 480 Gemüsedosen verkauft werden?

8. Für eine Sendung verschiedener Rohstoffe im Gegenwert von 22000,00 EUR wurden Frachtkosten in Höhe von 1430,00 EUR gezahlt.

   Wie viel EUR beträgt der Frachtanteil für eine Lieferung im Werte von 9000,00 EUR?

9. Ein Großhändler beliefert in regelmäßigen Abständen seine 5 Filialen. Er legt hierbei eine Strecke von 200 km zurück. Seine Durchschnittsgeschwindigkeit beträgt 50 km. Aufgrund einer Umleitung muss er einen Umweg von 30 km fahren.

   Wie viel Minuten muss er früher abfahren, wenn er seine ursprüngliche Durchschnittsgeschwindigkeit beibehalten möchte?

2.1.2 Einfacher Dreisatz mit ungeradem Verhältnis

Beispiel:

Der Vorrat an einer bestimmten Warenart reicht bei einem täglichen Verkauf von 42 kg noch 18 Tage.

Aufgabe:
Wie viel Tage reicht der Vorrat, wenn es sich herausstellt, dass pro Tag nur 36 kg verkauft werden?

Lösung:

Gegebene Größen:	42 kg täglicher Verkauf → Verbrauchszeit 18 Tage	←	Bedingungssatz
Gesuchte Größen:	36 kg täglicher Verkauf → Verbrauchszeit x Tage	←	Fragesatz
	$x = \frac{18 \cdot 42}{36} = \underline{\underline{21 \text{ Tage}}}$	←	Bruchsatz

Ergebnis: Bei einem täglichen Verkauf von 36 kg reicht der Vorrat 21 Tage.

Allgemeiner Lösungsweg

Für die Aufstellung der 3 Sätze gilt die gleiche Vorgehensweise wie beim Dreisatz mit geradem Verhältnis.

Die Erstellung des Bruchsatzes erfolgt über die folgenden drei Sätze:

1. Satz: Bei einem täglichen Verkauf von 42 kg beträgt die Verbrauchszeit 18 Tage

2. Satz: Wird täglich nur 1 kg verkauft, reicht der Vorrat $18 \cdot 42$ Tage

3. Satz: Werden täglich 36 kg verkauft, reicht der Vorrat $\frac{18 \cdot 42}{36}$ Tage

(1. → 2. Satz: je weniger, desto mehr; 2. → 3. Satz: je mehr, desto weniger)

Beachte:

- Beim 2. Satz gilt im Verhältnis zum 1. Satz: **Je weniger, desto mehr.** (Je weniger an einem Tag verkauft wird, desto mehr Tage reicht der Vorrat.) Es handelt sich um ein **ungerades Verhältnis.** Es wird multipliziert.
- Beim 3. Satz gilt im Verhältnis zum 2. Satz: **Je mehr, desto weniger.** (Je mehr der Tagesverkauf zunimmt, desto weniger Tage reicht der Vorrat.) Es handelt sich um ein **ungerades Verhältnis.** Es wird dividiert.

Übungsaufgaben

78

1. Der Vorrat an Gemüsedosen reicht bei einem täglichen Verkauf von 48 Stück 24 Tage.
   Wie viel Tage reicht der gleiche Vorrat, wenn aufgrund einer Werbeaktion der tägliche Verkauf auf 72 Stück ansteigt?
2. 20 Arbeiter brauchen für einen bestimmten Auftrag 15 Tage zu je 8 Stunden.
   Wie viel Arbeiter müssten noch hinzugezogen werden, wenn der Auftrag in 10 Tagen fertig sein soll, die tägliche Arbeitszeit jedoch nicht erhöht werden kann?
3. Die monatliche Spesenpauschale für einen Mitarbeiter reicht für 26 Tage, wenn er täglich 24,00 EUR ausgibt.
   Wie viel Tage reichen die Spesen, wenn er täglich nur 20,00 EUR ausgibt?

4. Zum Belegen der Geschäftsräume mit Teppichboden benötigen wir 32 Rollen mit einer Breite von 1,20 m.
   Wie viel Rollen braucht man, wenn die Breite 1,80 m beträgt?
5. Bei einem täglichen Bedarf von 140 Blatt reicht das Fotokopierpapier noch 66 Tage.
   Wie viel Tage reicht der Vorrat, wenn der Tagesbedarf auf 180 Blatt ansteigt?
6. Zum Auffüllen eines Ladenregals benötigen 4 Angestellte 6 Stunden.
   Wie viel Zeit wird benötigt, wenn nur 3 Angestellte für die Arbeit verfügbar sind?

Dreisatzaufgaben mit geradem und ungeradem Verhältnis

79

1. Die Lederwaren Kuhn OHG bezahlte für ihre Geschäftsräume bei einem Mietpreis von 13,50 EUR je m^2 bisher monatlich 2767,50 EUR.
   Wie viel EUR beträgt die künftige Monatsmiete, wenn der Hauseigentümer die Miete um 0,80 EUR je m^2 erhöht?
2. Die Glasversicherung für die Schaufensterscheiben der Fritz Weber KG wird nach m^2 berechnet. Bei einer Glasfläche von 18 m^2 beträgt sie 225,00 EUR jährlich. Durch den Ladenausbau erweitert sich die Glasfläche um $4^1/_2$ m^2.
   Wie viel EUR beträgt die jährliche Versicherungssumme?
3. Die Farbengroßhandlung Franz Bunt e.Kfm. füllt 400 Liter Farbe in 2-l-Dosen ab und erhält somit 200 Dosen.
   Wie viel Dosen können abgefüllt werden, wenn der Doseninhalt $^1/_2$ l beträgt?
4. Der Weinvorrat einer Weingroßhandlung reicht bei einem täglichen Verkauf von 45 Litern 60 Tage.
   In wie viel Tagen ist der Vorrat erschöpft, wenn der Tagesverbrauch auf 50 Liter ansteigt?
5. Das Lederwarenhaus Heinz Schöne e.Kfm. hat bei einem Lieferer 25 Lederjacken zu je 270,80 EUR bestellt. Wegen schlechter Verarbeitung schickt er sie an den Lieferer zurück. Der Lieferer hat lediglich noch höherwertige Lederjacken am Lager, und zwar zum Stückpreis von 310,60 EUR.
   Wie viel Stück kann das Lederwarenhaus beziehen, wenn Heinz Schöne nicht mehr Geld als den ursprünglichen Rechnungsbetrag ausgeben will?
6. Ein Unternehmen bestellt 2430 Werbezettel und erhält hierfür eine Rechnung über 109,35 EUR. Zum gleichen Einzelpreis werden 1070 Werbezettel nachbestellt.
   Über wie viel EUR lautet die Rechnung für die Nachbestellung?
7. Zur Dekoration des Ausstellungsraumes benötigen wir 36 m Gardinenstoff, falls dieser 150 cm breit ist.
   Wie viel m brauchen wir, wenn der Stoff nur 120 cm breit ist?
8. Einer unserer Lkw verbraucht auf 100 km durchschnittlich 12,8 Liter Dieselkraftstoff.
   Wie viel Liter verbraucht er für eine Strecke von 420 km?

2.1.3 Zusammengesetzter Dreisatz (Vielsatz)

Der zusammengesetzte Dreisatz besteht aus mehreren Dreisätzen (mit geradem oder ungeradem Verhältnis), die in einem Rechenvorgang gelöst werden. Man löst den Vielsatz daher mit den gleichen Überlegungen und in der gleichen Darstellungsweise wie einzelne Dreisätze.

Beispiel:

Zum Umbau der Geschäftsräume werden 6 Aushilfskräfte an 8 Tagen täglich 5 Stunden beschäftigt.

Aufgabe:
Wie viel Stunden müsste täglich zusätzlich gearbeitet werden, wenn dieselbe Arbeit von 3 Aushilfskräften in 10 Tagen bewältigt werden soll?

Lösung:

Gegebene Größen: 6 Aushilfskräfte in 8 Tagen bei 5-stündiger Arbeitszeit ← Bedingungssatz

Gesuchte Größen: 3 Aushilfskräfte in 10 Tagen bei x-stündiger Arbeitszeit ← Fragesatz

$$x = \frac{5 \cdot 6 \cdot 8}{3 \cdot 10} = \underline{\underline{8 \text{ Arbeitsstunden}}}$$ ← Bruchsatz

Ergebnis: Es müssen täglich 3 Arbeitsstunden mehr geleistet werden.

Erläuterungen zur Aufgabe

Der vorliegende Vielsatz ist aus zwei Dreisätzen zusammengesetzt. Diese sind darauf zu untersuchen, ob ein gerades oder ein ungerades Verhältnis vorliegt, und sie sind dann nacheinander, über einen Bruchstrich, zu lösen.

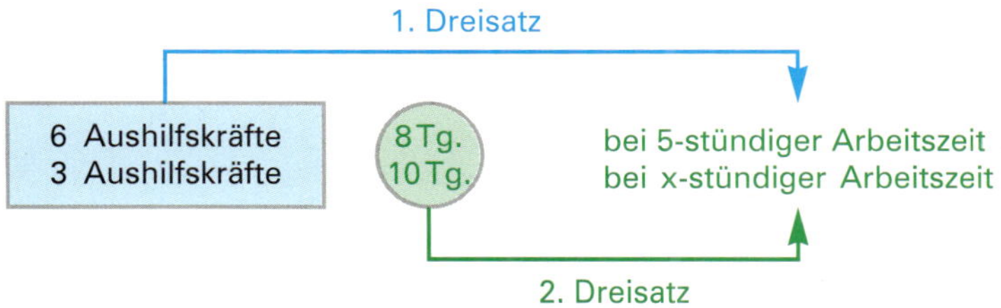

1. Dreisatz:

(1) Bei 6 Aushilfskräften werden 5 Arbeitsstunden je Tag benötigt.

(2) Bei 1 Aushilfskraft werden 5 · 6 Arbeitsstunden je Tag benötigt.

(3) Bei 3 Aushilfskräften werden $\frac{5 \cdot 6}{3}$ Arbeitsstunden je Tag benötigt.

2. Dreisatz:

(4) Bei 8 Tagen werden $\frac{5 \cdot 6}{3}$ Arbeitsstunden je Tag benötigt.

(5) Steht nur 1 Arbeitstag zur Verfügung, werden $\frac{5 \cdot 6 \cdot 8}{3}$ Arbeitsstunden je Tag benötigt.

(6) Erhöhen sich die zur Verfügung stehenden Arbeitstage auf 10, wird weniger Arbeitszeit je Tag benötigt: $\frac{5 \cdot 6 \cdot 8}{3 \cdot 10}$

Allgemeiner Lösungsweg

1. Erstellung des Bedingungs- und des Fragesatzes.
2. Auflösung des erstellten Vielsatzes in die einzelnen Dreisätze.
3. Feststellung bei jedem Dreisatz, ob ein gerades oder ein ungerades Verhältnis zugrunde liegt.
4. Die Lösung der einzelnen Dreisätze auf einen Bruchstrich schreiben und in einem Rechenvorgang lösen.

Übungsaufgabe

80

1. 20 Arbeiter brauchen für die Bearbeitung eines bestimmten Auftrags 15 Tage zu je 8 Stunden.

   Wie viel Stunden täglich müssten 24 Arbeiter arbeiten, wenn der Auftrag in 12 Tagen ausgeführt werden soll?

2. Im Lager einer Früchtegroßhandlung werden mit 6 Maschinen in 5 Tagen bei einer täglichen Arbeitszeit von 8 Stunden 3500 Beutel mit Obst und Gemüse abgepackt.

   Wie viel Stunden täglich müssten 9 Maschinen laufen, wenn 6300 Beutel in spätestens 8 Tagen abgepackt sein müssen?

3. Anlässlich einer Werbekampagne werden den Kunden Kostproben angeboten. Im Vorjahr wurden bei einer solchen Veranstaltung 5 kg Wurst benötigt. Die Veranstaltung dauerte 6 Stunden, wobei durchschnittlich 45 Kostproben je Stunde verteilt wurden. Die neue Werbekampagne dauert 14 Stunden, wobei geplant ist, durchschnittlich 50 Kostproben je Stunde zu verteilen.

   Wie viel kg Wurst wird benötigt?

4. Eine Backwarenfabrik arbeitete bisher mit 8 Backöfen und stellte 6300 Brote bei 12-stündiger Arbeitszeit her. Die Fabrik erhöht die Zahl der Backöfen auf 10 und die tägliche Arbeitszeit wird auf 2 Schichten je 8 Stunden ausgedehnt.

   Wie viel Brote können nach der Umstellung gebacken werden?

5. Zur Herstellung von 56 m Stoff von 160 cm Breite werden 42 kg Garn benötigt.

   Wie viel m Stoff von 120 cm Breite können aus 114 kg Garn hergestellt werden?

6. Für Revisionsarbeiten sind alljährlich 6 Angestellte 30 Tage zu je 8 Stunden täglich beschäftigt. Krankheitsbedingt fallen 2 Revisoren kurzfristig vor Beginn der Arbeiten aus.

   Wie viel Tage benötigen die einsatzfähigen 4 Angestellten, wenn sie 9 Stunden täglich arbeiten?

7. Um eine Warensendung von 100 Kartons versandfertig zu machen, benötigen 4 Versandarbeiter $2^1/_2$ Stunden. Für die Abfertigung eines Auftrages von 250 Kartons werden vorübergehend 2 Arbeiter zusätzlich eingestellt. Zur gleichen Zeit erkrankt jedoch ein Arbeiter. Der Auftrag soll möglichst in 3 Stunden erledigt werden.

   Wie viele Kartons werden in dieser Zeit nicht fertig?

8. In einem Supermarkt mit 920 m^2 Einkaufsfläche putzen fünf Reinigungskräfte von 19:00 bis 23:00 Uhr. Die Verkaufsfläche wird auf 1127 m^2 ausgeweitet und die Arbeitszeit um 30 Minuten gekürzt.

   Wie viel Reinigungskräfte müssen jetzt zusätzlich eingestellt werden?

9. Zur Bewältigung der Inventur waren im vergangenen Jahr 12 Mitarbeiter bei einer täglichen Arbeitszeit von 10 Stunden 2 Tage beschäftigt. In diesem Geschäftsjahr stehen nur 5 Mitarbeiter mit einer täglichen Arbeitszeit von 8 Stunden zur Verfügung.

   Nach wie viel Tagen ist die Inventur beendet?

10. Im vorigen Geschäftsjahr benötigte ein Unternehmen während der Heizperiode von 5 Monaten 8400 Liter Öl für eine Gesamtfläche von 400 m^2. Die durchschnittliche Raumtemperatur lag bei 21° C.

    Wie viel Liter Öl müssen bestellt werden, wenn die Gesamtfläche um 100 m^2 erweitert wurde, die Heizperiode voraussichtlich nur 4 Monate dauert und die Raumtemperatur um 1° C abgesenkt wird?

2.2 Währungsrechnen

2.2.1 Kurzinformation zur Einführung des Euro

Am 1. Januar 1999 wurde in elf europäischen Ländern der **Euro** als gemeinsame Währung eingeführt. Dadurch bilden diese elf Länder in währungspolitischer Hinsicht ein einheitliches Gebiet, die sogenannte **Europäische Währungsunion (EWU)** oder auch als Europäische Wirtschafts- und Währungsunion (EWWU) bezeichnet. Auch die Bezeichnung **Euroland** ist üblich. Sofern die Konvergenzkritierien (Aufnahmebedingungen) erfüllt werden, können auch weitere europäische Länder dieser Währungsunion beitreten. Diesen Schritt haben inzwischen Griechenland und Slowenien vollzogen sowie Malta, Zypern (griechischer Landesteil), die Slowakei und Estland, sodass sich die ursprüngliche Zahl von elf auf siebzehn Mitgliedstaaten erhöht.[1] Mit der Schaffung einer einheitlichen gemeinsamen Währung in diesen Staaten ist ein großer Schritt in Richtung einer europäischen Vereinigung getan. Dieser Schritt bedeutet für die Mitgliedstaaten die Übertragung der geld- und währungspolitischen Maßnahmen an eine unabhängige supranationale Institution, die **Europäische Zentralbank (EZB).**

Damit stellt das Gebiet dieser siebzehn Länder in währungspolitischer Hinsicht „Inland" dar. Dem Euro als Inlandswährung (Binnenwährung) dieser siebzehn Länder stehen die Währungen der übrigen Länder, die nicht diesem Währungsverbund angehören, als Fremdwährungen gegenüber.

EWU	andere Länder (Nicht-EWU-Länder)
Binnenwährung (Euro)	Fremdwährung (z. B. US-Dollar, Schweizer Franken)

2.2.2 Grundbegriffe zum Währungsrechnen

(1) Währung

Merke:

Unter der **Währung** versteht man das gesetzliche Zahlungsmittel eines Staates bzw. einer Staatengemeinschaft.

Beispiele:

Staat/Staatengemeinschaft	Währung
Dänemark	Kronen
Großbritannien	Pfund
USA	Dollar
Europäische Wirtschafts- und Währungsunion	Euro

(2) Wechselkurs

Merke:

Unter dem **Wechselkurs** versteht man das Austauschverhältnis zwischen verschiedenen Währungen.

1 Die siebzehn Länder der Europäischen Währungsunion sind (seit 2011): Belgien, Deutschland, Estland, Finnland, Frankreich, Irland, Italien, Luxemburg, Malta, Niederlande, Österreich, Portugal, Griechenland, Slowakei, Slowenien, Spanien und Zypern (griechischer Landesteil).

(3) Kursnotierung

Die **Mengennotierung** ist die heute übliche Notierungsform in der Praxis der Kursnotierungen. Bei der Mengennotierung gibt der Kurs an, welchen Betrag an **Fremdwährung** man für einen bestimmten Betrag **inländischer Währung** erhält bzw. bezahlen muss. Bezogen auf die EWU (Inland) geht man bei der Mengennotierung jeweils von einem Euro aus. Die Frage lautet daher, welchem Wert ein Euro in der Fremdwährung entspricht.

Beispiele:

Einheit	EWU-Länder	Währung	Nicht-EWU-Länder	Währung	Kurs
1		Euro	USA	USD	1,2845
1		Euro	Dänemark	DKK	7,7754

Die Beispiele sagen aus, dass z.B. am Devisenmarkt ein Euro dem Wert von 1,2845 USD entspricht.

Oder kurz: Kurs für 1 Euro 1,2845 Dollar
Kurs für 1 Euro 7,7754 DKK

(4) Ankaufskurs (Geldkurs), Verkaufskurs (Briefkurs)[1]

Die Bezeichnungen verstehen sich aus der Sicht einer im eigenen Währungsgebiet ansässigen Bank. Da die Bank genauso wie ein Warenhändler an dem Handel mit Fremdwährungen verdienen möchte, ist der **Verkaufskurs höher als der Ankaufskurs**. Der Betrag, der sich aus der Differenz beider Kurse ergibt (Kursspanne), ist der **Gewinn (Rohgewinn)** der Bank aus dem Handel mit Fremdwährungen.

Will z.B. ein Deutscher bei seiner Bank eine bestimmte Menge einer **Fremdwährung gegen Euro kaufen,** so berechnet ihm die Bank den **niedrigeren Ankaufskurs (Geldkurs),** denn die Bank kauft Euro an. Will der Deutsche einen bestimmten Betrag einer **Fremdwährung gegen Inlandswährung eintauschen,** dann legt die Bank den **höheren Verkaufskurs (Briefkurs)** zugrunde, denn die Bank verkauft Euro.

Beispiel:

Einheit	EWU-Länder	Währung	Nicht-EWU-Länder	Währung	Ankauf	Verkauf
1		Euro	USA	USD	1,2845	1,3010

Das Beispiel besagt, dass der Ankauf von einem Euro 1,2845 USD kostet und der Verkauf von einem Euro 1,3010 USD kostet. Wenn die Bank USD verkauft, kauft sie Euro an. Daher gilt der Ankaufskurs.

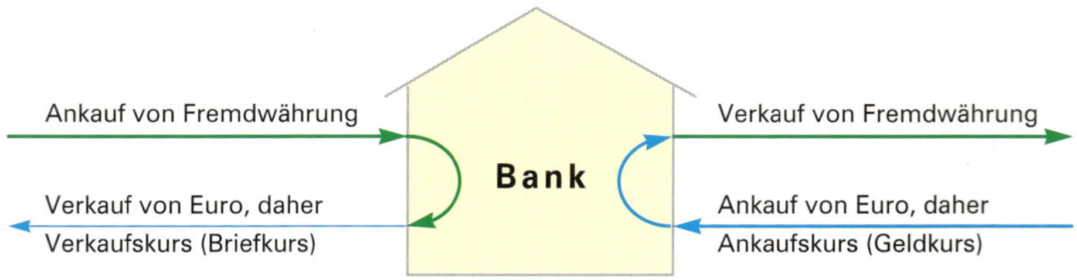

1 Im Sortenhandel werden in der Regel die Begriffe Ankauf und Verkauf verwendet, im Devisenhandel die Begriffe Geld und Brief.

(5) Sorten und Devisen

Sorten

Als **Sorten** bezeichnet man **Banknoten und Münzen einer Fremdwährung.**

Sorten werden von den Banken für den privaten und geschäftlichen Reiseverkehr in Fremdwährungsgebiete bereitgestellt.

Devisen

Unter **Devisen** versteht man **fremde Zahlungsmittel in Form von Buchgeld** (z.B. Schecks, Wechsel, Zahlungsanweisungen).

Sie spielen insbesondere im Import- und Exportgeschäft mit Fremdwährungsländern eine Rolle. Die Kursbildung auf den Devisenmärkten vollzieht sich nach den gleichen Grundsätzen, wie die Preisbildung auf den Gütermärkten. Die täglich in den Wirtschaftsteilen der Zeitungen veröffentlichten Wechselkurse sind **Referenzkurse.** Sie werden von der EZB ermittelt. Die von den privaten Banken aufgrund des Devisenangebots und der Devisennachfrage ermittelten „Orientierungspreise" weichen nicht wesentlich von den Referenzkursen ab.

2.2.3 Sortenhandel und Sortenkurse

Die Mengennotierung führt zu der folgenden Sortenkursnotierung, wie sie auszugsweise aus einer Sortenkurstabelle einer Bank dargestellt wird.

Ausschnitt aus einer Sortenkurstabelle

Land	Währung	1 Euro	
		Ankauf	Verkauf
USA	USD	1,2220	1,3450
Kanada	CAD	1,4860	1,6360
Großbritannien	GBP	0,9028	0,9729
Schweiz	CHF	1,5610	1,6210
Dänemark	DKK	7,1200	7,7700
Norwegen	NOK	8,3100	9,2100
Australien	AUD	1,5720	1,7320
Japan	JPY	129,3000	137,5000

Beispiel:

Herr Reiter, Geschäftsführer der Josef Reiter GmbH, tauscht bei seiner deutschen Bank für eine Geschäftsreise in die Schweiz zu einer Verkaufsmesse 1 250,00 EUR um.

Aufgabe:

Wie viel Schweizer Franken bekommt Herr Reiter lt. obiger Sortenkurstabelle ausbezahlt?

Lösung:

$$1{,}00 \text{ EUR} \mathrel{\hat{=}} 1{,}5610 \text{ CHF}$$
$$1\,250{,}00 \text{ EUR} \mathrel{\hat{=}} x \text{ CHF}$$

$$x = 1{,}5610 \cdot 1\,250{,}00$$
$$x = \underline{\underline{1\,951{,}25 \text{ CHF}}}$$

Ergebnis: Für seine 1 250,00 EUR erhält Herr Reiter 1 951,25 CHF.

Übungsaufgabe

81 1. Ein kanadischer Geschäftsmann befindet sich auf seiner Europareise in Deutschland. Sein nächstes Reiseziel ist die Schweiz. Vor Antritt seiner Reise in die Schweiz tauscht er bei einer deutschen Bank 1 000,00 kanadische Dollar in Schweizer Franken um. Die Notierungen lauten wie folgt:

Land	Währung	1 Euro	
		Ankauf	Verkauf
Kanada	CAD	1,2980	1,4010
Schweiz	CHF	1,5210	1,5940

Wie viel CHF erhält der kanadische Geschäftsmann ausbezahlt?

2. Herr Krause tauscht vor seiner Geschäftsreise nach Norwegen bei seiner Bank 3250,00 EUR in norwegische Kronen um.

   Es gilt folgender Kurs: NOK, Ankauf: 8,9562, Verkauf: 9,6721

   2.1 Wie viel NOK erhält Herr Krause?

   2.2 Bei seiner Rückkehr nach Deutschland hat Herr Krause noch 875,00 NOK, die er bei seiner Bank bei folgenden Kursen zurücktauscht:
   NOK, Ankauf: 8,9134, Verkauf: 9,6140
   Wie viel EUR erhält er?

3. Herr Fröhlich, Geschäftsführer der Fröhlich GmbH, beabsichtigt eine Geschäftsreise nach Skandinavien zu unternehmen. Vor seiner Abreise deckt er sich über seine Bank mit den entsprechenden Währungen dieser Länder ein.

   Er kauft: 3500,00 NOK und 5500,00 SEK.

   Es liegen die folgenden Kursnotierungen vor:

Land	Währung	1 Euro	
		Ankauf	Verkauf
Norwegen	NOK	7,8165	8,8165
Schweden	SEK	10,4907	11,3907

   Erstellen Sie für Herrn Fröhlich die Abrechnung der Bank!

4. Nach ihrer Rückkehr aus den USA tauscht Frau Becker bei ihrer Bank 2150,00 USD in EUR um. Es gilt folgender Kurs: USD, Ankauf 1,2480 Verkauf 1,3380.

2.2.4 Devisenhandel und Devisenkurse

(1) Allgemeines

Im geschäftlichen Verkehr mit dem Ausland werden keine Sorten, sondern Devisen gehandelt. Dementsprechend werden auch bei der Zahlungsabwicklung von Export- und Importgeschäften die entsprechenden Devisenkurse zugrunde gelegt.

Ausschnitt aus einer Devisenkursnotierung

Währung	1 Euro	
	Geld	Brief
USD	1,2878	1,2884

Erläuterung:

Die Kursnotierung bedeutet, dass beim Ankauf von **einem** Euro der niedrige Geldkurs von 1,2878 USD und beim Verkauf von **einem** Euro der höhere Briefkurs von 1,2884 USD zugrunde gelegt wird.

(2) Umrechnung von ausländischen Währungen in Euro auf der Grundlage der Devisenkurse

Ausschnitt aus einer Notierung von Devisenkursen			
Land	Währung	1 Euro	
		Geld	Brief
USA	USD	1,2955	1,2985
Japan	JPY	114,5500	114,6800
England	GBP	0,9437	0,9442
Schweiz	CHF	1,5205	1,5213
Kanada	CAD	1,5298	1,5304
Schweden	SEK	10,6205	10,6213
Norwegen	NOK	9,0318	9,0614
Dänemark	DKK	7,4232	7,4632

Beispiel 1: Export nach USA

Ein deutscher Maschinengroßhändler liefert eine Maschine in die USA. Vereinbarungsgemäß erfolgt die Fakturierung in USD. Der Preis für die Maschine beträgt 45000,00 USD.

Aufgabe:

Welchen Eurobetrag schreibt die Bank (ohne Berücksichtigung von Bankgebühren) ihrem Kunden für den Ankauf der 45000,00 Dollar gut?

Lösung:

In diesem Beispiel verkauft die Bank EUR, da sie USD ankauft. Daher legt sie den höheren Briefkurs zugrunde.

1,2985 USD ≙ 1,00 EUR
45000,00 USD ≙ x EUR

x = 45000 : 1,2985 = 34655,37 EUR

Ergebnis: Die Bank schreibt dem Kunden 34655,37 EUR gut.

Beispiel 2: Import aus USA

Ein deutscher Importeur bezieht aus USA einen Spezialbagger. Der vereinbarte Preis beträgt 45000,00 USD.

Aufgabe:

Mit welchem Eurobetrag belastet die Bank ihren Kunden? Von Nebenkosten wird abgesehen.

Lösung:

In diesem Fall kauft die Bank EUR an, da sie USD verkauft. Daher legt sie den niedrigeren Geldkurs zugrunde.

1,2955 USD ≙ 1,00 EUR
45000,00 USD ≙ x EUR

x = 45000 : 1,2955 = 34735,62 EUR

Ergebnis: Die Bank belastet den Kunden mit 34735,62 EUR.

Zusammenfassende Erkenntnis aus beiden Beispielen:

- Beim Ankauf von 45000,00 USD (Verkauf von Euro) schreibt die Bank dem Kunden aufgrund des geltenden Briefkurses 34655,37 EUR gut.

- Beim Verkauf des gleichen Betrages belastet die Bank den Kunden aufgrund des notierten Geldkurses mit 34735,62 EUR.
- Da die Bank dem Kunden einen höheren Betrag belastet als sie ihm gutschreibt, hat die Bank aus dem An- und Verkauf von Euro einen Ertrag (Rohgewinn) in Höhe der Differenz beider Beträge erzielt. Das sind 80,25 EUR.

Merke:

- Beim **Ankauf von Fremdwährung** verkauft die Bank EUR. Daher erfolgt die Gutschrift auf dem Kundenkonto zum Briefkurs.
- Beim **Verkauf von Fremdwährung** kauft die Bank EUR. Daher erfolgt die Lastschrift auf dem Kundenkonto zum Geldkurs.
- Die **Lastschrift** aufgrund des Geldkurses ist **immer höher als die Gutschrift** aufgrund des Briefkurses.

Übungsaufgaben

82

1. Berechnen Sie aufgrund der vorliegenden Kurse von Seite 141 für einen deutschen Exporteur die Bankgutschriften für die folgenden in der jeweiligen Auslandswährung ausgestellten Rechnungsbeträge:

   1.1 1875,00 USD

   1.2 74980,00 CHF

2. Berechnen Sie aufgrund der Devisenkurse von Seite 141 für einen deutschen Importeur die einzelnen Banklastschriften für die folgenden in der jeweiligen Auslandswährung vorliegenden Rechnungsbeträge:

   2.1 34000,00 CAD

   2.2 7850,00 GBP

   2.3 46850,00 DKK

3. Eine deutsche Möbelgroßhandlung bezieht aus der Schweiz 150 Bürostühle zu je 420,00 CHF. Vereinbarungsgemäß wird die Rechnung in CHF ausgestellt.

   Mit welchem Betrag wird die Möbelgroßhandlung aufgrund der vorliegenden Devisenkursnotierungen von Seite 141 auf ihrem Bankkonto belastet?

4. Wir haben an einen kanadischen Kunden eine Spezialmaschine verkauft und erhalten vereinbarungsgemäß einen Scheck über 16580,00 CAD.

   Welchen EUR-Betrag schreibt uns die Bank aufgrund der vorliegenden Devisenkurse von Seite 141 gut?

5. Auf der Messe wurden Waren an einen Messebesucher aus der Schweiz und an einen aus England verkauft. Die Preise wurden jeweils in der ausländischen Währung vereinbart. Der Schweizer hat 9800,00 CHF und der Engländer 26500,00 GBP zu zahlen.

   Welcher EUR-Betrag wird unserem Bankkonto aufgrund der vorliegenden Kursnotierungen von Seite 141 gutgeschrieben?

6. Ein deutscher Textilgroßhändler bezieht Seide aus Japan. Als Rechnungspreis wurde ein Betrag von 1350000,00 JPY vereinbart.

   Mit welchem Betrag wird unter Zugrundelegung der Devisenkurse von Seite 141 der Großhändler von seiner Bank belastet?

7. Für einen gleichwertigen Artikel liegen einem Großhandelskaufmann zwei Angebote vor. Der Artikel kann bezogen werden aus Großbritannien für 392,00 GBP je Stück und aus Norwegen für 4793,60 NOK je Stück.

   Welches Angebot ist unter Berücksichtigung der vorliegenden Devisenkurse von S. 141 günstiger?

8.

GYSIN
ZAHNRÄDER UND GETRIEBE

Kern GmbH
Elektromotoren
Gutenbergstraße 1
D-88046 FRIEDRICHSHAFEN 1

RECHNUNG NR. 5100-04414 CH-4452 Itingen, 28.03.20..

Kunden-Nr. 20717 Unser Ref.: Fritz Sutter/tf MWSt-Nr. 115839
Ihre Bestellung Nr. 107543 vom 21.03.20.. I/Ref. A. Bucher
Lieferkonditionen EXW ab Werk CH-4452 Itingen, unverpackt, unverzollt
Zahlungskonditionen 30 Tage netto/15 Tage 2% Skonto
Lieferdatum 25.03.20..

POS.	BEZEICHNUNG	MENGE	PREIS	%	BETRAG CHF
10	GYSIN-Planetengetriebe PLC 42-1 Untersetzung 3.5:1, einstufig Art. Nr. 300a-906 Standard-Ausführung mit spez. Abgangswelle PLC-Ausführung Sonderflansch passend an Motor Typ BLSM 40 Lieferfrist 14.00	1 Stk.	493,00	15,00	419,05
	TOTALBETRAG BESTÄTIGUNG			CHF	419,05

GYSIN AG CH-4452 ITINGEN
ZELGLIWEG

TEL. 0619765555 FAX 06197655
WWW.GYSIN.COM E-MAIL:INFO@GYSIN.COM

Mit wie viel EUR wird die Kern GmbH von der Bank belastet, wenn sie den Rechnungsbetrag unter Abzug von 2 % Skonto begleicht und die Bank 4,80 EUR Gebühren berechnet?

Legen Sie bei der Berechnung den Devisenkurs von S. 141 zugrunde!

83 1. Ein international tätiges deutsches Handelsunternehmen kauft in Norwegen Spezialbohrer zum Preis von 16 275,00 NOK je Stück.
Währung: NOK, Geld: 8,1683, Brief: 8,1763

Anschließend werden 10 Bohrer mit einem Preisaufschlag von 15% nach Singapur verkauft. Die Rechnung wird vereinbarungsgemäß in Singapur-Dollar ausgestellt.
Währung: SGD, Geld: 2,0435, Brief: 2,0475

1.1 Über welchen Betrag lautet die Rechnung an den Abnehmer in Singapur?

1.2 Wie viel verdient das Handelsunternehmen, wenn die Bank für die Abwicklung der Zahlung 12,68 EUR berechnet?

2. Eine Maschinengroßhandlung in Dresden hat an einem Tag folgende Zahlungseingänge: aus Kanada 22850,00 CAD, aus Japan 820000,00 JPY, aus der Schweiz 16480,00 CHF.
Berechnen Sie aufgrund der Devisenkurse von S. 141 die Bankgutschriften in EUR!

3. Welche Bankbelastung ergibt sich für eine Überweisung in die USA in Höhe von 36000,00 USD bei folgender Devisenkursnotierung:
Währung: USD, Geld: 1,2711, Brief: 1,2729

4. Ein englisches Unternehmen hat am 8. Januar des Jahres bei der Bamberger Maschinen AG eine Webmaschine bestellt. Als Rechnungspreis wurden 120500,00 GBP vereinbart, zahlbar bei Lieferung. Die Lieferung erfolgte am 28. Januar des Jahres. Am 28. Januar ergab sich folgende Devisenkursnotierung:
Währung: GBP, Geld: 0,8882, Brief: 0,8993

4.1 Welcher Eurobetrag wird der Bamberger Maschinen AG von ihrer Bank gutgeschrieben?

4.2 Welcher Gutschriftsbetrag würde sich ergeben, wenn vereinbart worden wäre, die Zahlung am Tag der Bestellung zu leisten, an dem sich folgende Notierung ergab:
Währung: GBP, Geld: 0,9142, Brief: 0,9184

5. Die Sparkasse Unna zahlt für 2180,00 EUR 2886,32 USD aus.
Errechnen Sie den Umtauschkurs!

2.3 Verteilungsrechnung

2.3.1 Verteilung nach ganzen Anteilen

Beispiel 1:

Ein Kaufmann hat für das Geschäftshaus eine monatliche Miete von 4032,00 EUR zu bezahlen. Um für die einzelnen Abteilungen eine genaue Kalkulation vornehmen zu können, teilt der Kaufmann die Geschäftsmiete auf die einzelnen Abteilungen nach folgendem Schlüssel auf: Warenabteilung I: 80 m^2, Warenabteilung II: 56 m^2, Büro: 48 m^2 und Lager: 72 m^2.

Aufgabe:

Welcher Mietanteil entfällt auf die einzelnen Abteilungen?

Lösung:

Aufteilungsgrund → Abteilungen; Verteilungsschlüssel → Größe in m²; Teile → gekürzte Anteile; Anteile → Kostenanteile

Abteilungen	Größe in m^2	gekürzte Anteile	Kostenanteile	
Warenabteilung I	80 →	10	1 260,00 EUR	10 · 126
Warenabteilung II	56 →	7	882,00 EUR	7 · 126
Büro	48 →	6	756,00 EUR	6 · 126
Lager	72 →	9	1 134,00 EUR	9 · 126

Summe der Teile: 32 Teile ≙ 4 032,00 EUR Miete (Gesamtwert)

1 Teil ≙ 4 032,00 EUR : 32 = 126,00 EUR

Ergebnis: Die verschiedenen Abteilungen werden durch die Miete wie folgt belastet: Warenabteilung I: 1 260,00 EUR, Warenabteilung II: 882,00 EUR, Büro: 756,00 EUR, Lager: 1 134,00 EUR.

Probe: Die Addition der Kostenanteile ergibt wiederum die Gesamtmiete: 1 260,00 EUR + 882,00 EUR + 756,00 EUR + 1 134,00 EUR = 4 032,00 EUR.

Allgemeiner Lösungsweg

1. Es ist zu überprüfen, ob sich der Verteilungsschlüssel durch Kürzen vereinfachen lässt.
2. Addition der Teile.
3. Über die Division des Gesamtwertes durch die Summe der Teile erhält man den Wert **eines** Teils.
4. Durch die Multiplikation der einzelnen Teile mit dem Wert eines Teiles erhält man den Wert für die Anteile. **Probe:** Die Addition der einzelnen Anteile muss wiederum den Gesamtwert ergeben.

Beispiel 2:

Bei der Liquidation (Auflösung) eines Unternehmens wird das Vermögen im Wert von 350 000,00 EUR aufgeteilt. Jeder der drei Gesellschafter A, B und C soll gleich viel erhalten. Der Gesellschafter B hat jedoch für eine private Investition schon 31 000,00 EUR entnommen. Gleiches gilt für C, der für den Kauf eines Grundstücks 90 000,00 EUR entnommen hatte.

Aufgabe:

Wie viel EUR erhält jeder Gesellschafter ausbezahlt?

Lösung:

Gesellschafter	Teile	Vorleistungen	Auszahlungsbetrag	
A	1		157 000,00 EUR	1 · 157 000 EUR
B	1	– 31 000,00 EUR	126 000,00 EUR	1 · 157 000 EUR – 31 000 EUR
C	1	– 90 000,00 EUR	67 000,00 EUR	1 · 157 000 EUR – 90 000 EUR

3 – 121 000,00 EUR ≙ 350 000,00 EUR

3 Teile ≙ 471 000,00 EUR

1 Teil ≙ 157 000,00 EUR

10 Waltermann-Speth - ISBN 978-3-8120-0458-9

Erläuterungen zur Aufgabe

Bei dieser Aufgabe haben 2 Gesellschafter schon vor der Liquidation Gelder (Anteile ihres Vermögens) erhalten. Diese Vorauszahlungen sind selbstverständlich zu dem zu verteilenden Vermögen zunächst **hinzuzurechnen.** Wären nämlich die Zahlungen nicht erfolgt, wäre das Vermögen *größer,* d.h., ohne Hinzurechnung der schon gezahlten Beträge würden diese gar nicht zur Verteilung kommen. Bei der Berechnung der einzelnen Auszahlungsbeträge sind die bisherigen Zahlungen dann abzuziehen, da der Gesellschafter diesen Teil des ihm zustehenden Betrages ja schon erhalten hat.

Übungsaufgabe

84 1. Verteilen Sie die folgenden Kapitalien im angegebenen Verhältnis!

1.1 7 200,00 EUR Kapital im Verhältnis 3 : 4 : 2

1.2 975,00 EUR Kapital im Verhältnis 2 : 5 : 7 : 1

1.3 38 000,00 EUR Kapital im Verhältnis 3 : 2 : 9 : 5

1.4 2 400,00 EUR Kapital im Verhältnis 3 : 4 : 5

2. Aus Anlass des 25-jährigen Geschäftsjubiläums zahlt der Geschäftsinhaber an seine Mitarbeiter 8 400,00 EUR. Der Betrag wird nach der Betriebszugehörigkeit der Mitarbeiter gezahlt.

Mitarbeiter A arbeitet seit 25 Jahren, B seit 20 Jahren, C seit 9 Jahren und D seit 2 Jahren im Geschäft.

Wie viel EUR erhalten die einzelnen Mitarbeiter?

3. An einem Unternehmen sind drei Geschwister beteiligt.

A mit 144 000,00 EUR B mit 216 000,00 EUR C mit 360 000,00 EUR

Der Reingewinn beläuft sich auf 88 560,00 EUR und wird entsprechend der Beteiligung verteilt.

Wie viel EUR des Reingewinns erhält C?

4. Ein Kaufmann hat neben seinem Hauptgeschäft noch zwei Filialen. Im laufenden Geschäftsjahr wurden 37 120,00 EUR für Werbeaktionen ausgegeben. Aus kostenrechnerischen Gründen sind diese Ausgaben auf die drei Geschäfte zu verteilen. Verteilungsgrundlage sind die Jahresumsätze.

Hauptgeschäft:	720 000,00 EUR
Filiale I:	480 000,00 EUR
Filiale II:	540 000,00 EUR

Wie viel EUR Werbekosten entfallen auf jedes Geschäft?

5. Ein Filialunternehmen hat aus Konkursbeständen 1 419 Stück Baumwollhemden aufkaufen können. Die Ware soll entsprechend dem Umsatz auf die vier Filialen aufgeteilt werden. Für das vergangene Geschäftsjahr liegen folgende Umsatzzahlen vor:

Filiale 1:	260 000,00 EUR	Filiale 3:	156 000,00 EUR
Filiale 2:	390 000,00 EUR	Filiale 4:	312 000,00 EUR

Wie viel Baumwollhemden erhalten jeweils die Filialen?

6. Aus den Betriebsunterlagen eines Unternehmens gehen folgende Beteiligungen hervor: Franz Abt ist mit 36 400,00 EUR, Holger Bär mit 44 800,00 EUR und Fritz Ceh mit 67 200,00 EUR beteiligt. Ceh ist Geschäftsführer und erhält von dem auszuschüttenden Gewinn eine Zusatzleistung von 4 200,00 EUR. Da Bär einen Großverkauf vermittelt hat, erhält er eine Zusatzprämie von 2 500,00 EUR. Der Bilanzgewinn beläuft sich auf 88 320,00 EUR. Verteilungsgrundlage sind die Kapitalanteile.

Welchen Gewinnanteil erhält jeder Gesellschafter gutgeschrieben?

2.3.2 Verteilung nach Bruchteilen

Beispiel:

Aufgrund der guten Geschäftslage und der verstärkten Mitarbeit der 3 Angestellten verteilt der Geschäftsinhaber eine Prämie an seine Mitarbeiter. Adelheid erhält $^1/_5$, Berta $^1/_4$ und Cäcilie den Rest. Das entspricht 880,00 EUR.

Aufgabe:
Wie viel EUR Prämie erhalten die einzelnen Angestellten und welchen Gesamtbetrag schüttet der Inhaber aus?

Lösung:

Angestellte	Verteilungs-schlüssel	Teile	Anteile	
Adelheid	1/5 →	4/20 = 4	320,00 EUR	← 80 · 4
Berta	1/4 →	5/20 = 5	400,00 EUR	← 80 · 5
Cäcilie	Rest →	11/20 = 11	880,00 EUR	
	Summe der Teile:		1600,00 EUR	← 80 · 20

11 Teile ≙ 880,00 EUR

1 Teil ≙ 880,00 EUR : 11 = 80,00 EUR

Ergebnis: Die Angestellten erhalten folgende Prämien: Adelheid 320,00 EUR, Berta 400,00 EUR und Cäcilie 880,00 EUR. Die gesamte Ausschüttungssumme beträgt 1600,00 EUR.

Probe:	Die Summe der Anteile ergibt wiederum die Gesamtprämie: 320,00 EUR + 400,00 EUR + 880,00 EUR = 1600,00 EUR.

Erläuterungen zur Aufgabe

1. Da der Verteilungsschlüssel in ungleichnamigen Brüchen angegeben ist, muss zunächst der Hauptnenner gesucht werden. Er beträgt 20. Die Brüche werden auf den Hauptnenner 20 erweitert. Der Bruchanteil für Cäcilie (Restanteil) ergibt sich durch Subtraktion der einzelnen Teile von dem Ganzen (20/20). Da es hier nur um das Verhältnis der einzelnen Teile geht, kann der gemeinsame Nenner weggelassen werden.
2. Der Anteil für Cäcilie beträgt 880,00 EUR, was 11 Teilen entspricht. Durch Division erhält man den Wert eines Teils (880,00 : 11 Teile = 80,00 EUR). Durch Multiplikation mit den jeweiligen Teilen können nun die einzelnen Anteile errechnet werden. Die Summe der Anteile ergibt den Gesamtbetrag.

Übungsaufgabe

85 1. Drei Kaufleute gründen eine Großhandlung. A bringt 4100000,00 EUR, B $^1/_4$ und C $^1/_3$ des Gesamtkapitals auf.

1.1 Wie viel EUR betragen die Einlagen von B und C?

1.2 Wie viel EUR erhält jeder Kaufmann, wenn der Reingewinn in Höhe von 492000,00 EUR im Verhältnis der Kapitalanteile verteilt wird?

2. Die Brüder Franz, Fritz und Fabian Schlau sind die Gesellschafter der Schlau GmbH. Franz ist mit $^1/_5$, Fritz mit $^1/_7$ und Fabian mit 120 000,00 EUR beteiligt.

   Wie viel EUR betragen die Anteile der Gesellschafter Franz und Fritz?

3. Für eine Messe schließen sich drei Unternehmen zusammen und mieten gemeinsam einen Werbestand. Die anfallenden Kosten werden wie folgt aufgeteilt:

   A zahlt $^1/_3$, B zahlt $^2/_5$ des Gesamtbetrages und C zahlt 3 740,00 EUR.

   Wie viel EUR betragen die Gesamtkosten?

4. Ein Industrieunternehmen wird von drei Personen gegründet. A bringt eine Kapitaleinlage von 107 100,00 EUR auf. B übernimmt $^1/_3$ und C $^1/_5$ des Gesamtkapitals.

   4.1 Wie viel EUR beträgt jeweils die Kapitaleinlage von B und C?

   4.2 Im ersten Geschäftsjahr erzielen sie zusammen einen Gewinn von 147 000,00 EUR.

   Wie viel Gewinn erhält jeder, wenn die Gewinnverteilung nach der jeweiligen Einlage erfolgen soll?

5. Vier Einzelhandelsbetriebe bauten gemeinsam ein Parkhaus. Das Kaufhaus Abel war mit 430 700,00 EUR beteiligt. Die übrigen 3 Betriebe trugen folgende Anteile an den Kosten: Textilhaus Bauer $^1/_6$, Sporthaus Canz $^1/_8$, Uhren-Diehm $^1/_{10}$.

   5.1 Wie viel EUR mussten Bauer, Canz und Diehm jeweils an Baukosten aufbringen?

   5.2 Wie viel EUR betrugen die gesamten Baukosten des Parkhauses?

6. Ein Vermögen über 146 880,00 EUR soll unter vier Berechtigten aufgeteilt werden. Marion erhält $^1/_4$, Andreas $^2/_5$, Christoph $^1/_3$ und Ralf den Rest der Summe.

   Wie viel EUR bekommt jeder Berechtigte?

7. Agnes, Birgit und Manuela betreiben gemeinsam eine Boutique für junge Mode. Den erwirtschafteten Gewinn in Höhe von 37 230,00 EUR wollen sie wie folgt aufteilen:

   Agnes erhält $^2/_7$, Birgit $^1/_3$ und Manuela den Rest, wobei Agnes vorweg vom Reingewinn für die Erledigung der Verwaltungsaufgaben monatlich 250,00 EUR erhält.

   Welchen EUR-Betrag erhält jede der drei Damen ausbezahlt?

8. An einem Parkhaus sind fünf Kaufleute beteiligt: Merten mit $^1/_5$, Bary mit $^1/_{10}$, Fest mit $^1/_4$, Hertel mit $^2/_5$ und Schneider mit dem Rest. Der Reingewinn in Höhe von 42 540,00 EUR wird entsprechend den Anteilen verteilt.

   8.1 Welchen EUR-Anteil am Reingewinn erhält jeder?

   8.2 Wie viel EUR betragen die Gewinnanteile der Kaufleute Merten und Bary, wenn beide die Einlage von Schneider zu gleichen Teilen übernehmen?

2.3.3 Bezugskostenverteilung nach Mengen und Werten

Werden mehrere Warenarten in einer Lieferung bezogen und fallen hierbei gemeinsame Bezugskosten an, müssen diese, um eine genaue Kalkulation der einzelnen Waren zu ermöglichen, aufgeteilt werden. Dies geschieht entweder nach dem **Wert der einzelnen Waren** oder nach dem **Gewicht der einzelnen Waren.** Daher unterscheidet man:

Gewichtspesen	Wertspesen
Sie werden nach dem Bruttogewicht der einzelnen Waren aufgeteilt. **Beispiele:** Fracht, Anfuhr, Gewichtszoll, Auslade- und Wiegekosten, Hausfracht.	Sie werden nach dem Einkaufspreis der einzelnen Waren aufgeteilt. **Beispiele:** Verpackungskosten, Wertzoll, Transportversicherung, Provisionen.

Vom rechnerischen Ablauf her ist die Kostenverteilung nach Mengen und Werten eine Verteilungsrechnung.

Beispiel:

Ein Unternehmen bezieht zwei Sorten Rohstoffe in einer Lieferung: Rohstoff I: 610 kg zum Nettopreis von 5,10 EUR je kg (brutto für netto) und Rohstoff II: 450 kg zum Nettopreis von 1,40 EUR je kg (brutto für netto). An Fracht und Kosten der Zufuhr (Gewichtspesen) fallen 196,10 EUR und an Verpackungs- und Versicherungskosten (Wertspesen) 187,05 EUR an.

Aufgabe:

Verteilen Sie die Gewicht- und Wertspesen anteilig auf die Rohstoffarten!

Lösung:

Verteilung der Gewichtspesen:

	Gewicht je Rohstoffart		Gewichtspesen je Rohstoffart	
Rohstoff I	610 kg		112,85 EUR	← 610 · 0,185
Rohstoff II	450 kg		83,25 EUR	← 450 · 0,185
Gesamtgewicht	1 060 kg	≙	196,10 EUR	

196,10 EUR : 1060 = 0,185 EUR Gewichtspesenanteil je kg

Verteilung der Wertspesen:

	Gewicht je Rohstoffart		Einzelpreis		Wert je Rohstoffart		Wertspesen je Einheit	
Rohstoff I	610 kg	·	5,10 EUR	=	3 111,00 EUR		155,55 EUR	← 3 111 · 0,05
Rohstoff II	450 kg	·	1,40 EUR	=	630,00 EUR		31,50 EUR	← 630 · 0,05
Gesamtwert der Rohstoffe				=	3 741,00 EUR	≙	187,05 EUR	

187,05 EUR : 3 741,00 = 0,05 EUR

Wertspesenanteil je 1 EUR

Allgemeiner Lösungsweg

- **Gewichtspesen** werden errechnet, indem man die Gewichte der einzelnen Rohstoffe addiert **(Gesamtgewicht).** Die Gesamtgewichtspesen werden durch das Gesamtgewicht dividiert und damit der Gewichtspesenanteil je Einheit ermittelt. Durch Multiplikation des Gewichts der einzelnen Rohstoffeinheiten mit dem Gewichtspesenanteil je Einheit erhält man die Gewichtspesen der einzelnen Rohstoffart.
- Bei den **Wertspesen** muss vor der Verteilung zunächst der Wert der einzelnen Rohstoffart errechnet werden (Menge · Preis). Die Wertspesenanteile werden sodann auf die gleiche Art und Weise wie die Gewichtspesen ermittelt.

Übungsaufgabe[1]

86 1. Für eine Warensendung betragen die Frachtkosten 748,80 EUR und die Kosten für die Transportversicherung 457,60 EUR. Die Sendung besteht aus drei Warensorten:

Sorte I: 1440 kg zu 7,50 EUR je kg
Sorte II: 1280 kg zu 3,00 EUR je 0,5 kg
Sorte III: 400 kg zu 2,75 EUR je 0,25 kg

1.1 Welcher Anteil an den Frachtkosten entfällt auf jede Sorte, wenn die Frachtkosten nach dem Gewicht zu verteilen sind?

1.2 Welcher Anteil an den Versicherungskosten entfällt auf jede Sorte, wenn die Kosten für die Transportversicherung nach dem Wert zu verteilen sind?

2. Ein Kaufmann bezieht mit der gleichen Sendung drei Warengruppen:

Warengruppe I: 168 kg zum Einkaufspreis von 1750,00 EUR
Warengruppe II: 210 kg zum Einkaufspreis von 2250,00 EUR
Warengruppe III: 315 kg zum Einkaufspreis von 3250,00 EUR

Für die gesamte Sendung müssen dem Spediteur 118,80 EUR Fracht und Anfuhr gezahlt werden. Die Transportversicherung kostet 53,65 EUR.

Wie viel EUR betragen jeweils die Gewichtspesen und die Wertspesen für die einzelnen Warengruppen?

3. Ein Großhändler bezieht:

Ware I: 25 Sack, 1345 kg brutto 32,00 EUR je kg
Ware II: 40 Sack, 2670 kg brutto 40,00 EUR je kg

Die Tara beträgt je Sack ein kg. Verteilen Sie die Frachtkosten von 3011,25 EUR nach dem Gewicht, die Versicherungskosten von 1947,10 EUR nach dem Wert der Ware.

Wie viel EUR betragen die Gewichtspesen und die Wertspesen für die einzelnen Warengruppen?

4. Ein Unternehmen bezieht in einer gemeinsamen Sendung drei Arten von Rohstoffen. Fracht und Anfuhr betragen 163,80 EUR, die Versicherungskosten belaufen sich auf 237,50 EUR.

Rohstoff I: 144 kg zu insgesamt 720,00 EUR
Rohstoff II: 36 kg zu insgesamt 320,00 EUR
Rohstoff III: 72 kg zu insgesamt 480,00 EUR

4.1 Die Gewicht- und Wertspesen für den Bezug sind auf die drei Rohstoffarten zu verteilen!

4.2 Wie viel EUR beträgt der Einstandspreis (Einkaufspreis + Bezugskosten) jeder Rohstoffart?

1 Die angegebenen Waren- und Rohstoffpreise sowie die Werte für die Bezugskosten sind als Nettowerte (Wert ohne Umsatzsteuer) zu verstehen, da die Umsatzsteuer wegen ihrer Kostenneutralität nicht in die Kalkulation einbezogen werden darf.

2.4 Durchschnittsrechnung

2.4.1 Einfacher Durchschnitt

Beispiel:

Ein Kaufmann möchte am 30. Juni den durchschnittlichen Lagerbestand einer Warenart zu Einstandspreisen für die vergangenen 6 Monate ermitteln. Für die einzelnen Monate waren folgende Werte festgehalten worden:

30. Jan.	142500,00 EUR	30. April	142090,00 EUR
28. Febr.	198610,00 EUR	31. Mai	84610,00 EUR
31. März	124080,00 EUR	30. Juni	76350,00 EUR

Aufgabe:

Wie viel EUR beträgt der durchschnittliche Lagerbestand?

Lösung:

$$\varnothing \text{ Lagerbestand} = \frac{142500 + 198610 + 124080 + 142090 + 84610 + 76350}{6} = \underline{\underline{128040{,}00 \text{ EUR}}}$$

Ergebnis: Der durchschnittliche Lagerbestand beträgt 128040,00 EUR.

Allgemeiner Lösungsweg

- In einem ersten Schritt werden die einzelnen Werte addiert.
- In einem zweiten Schritt wird die Summe der Werte durch die Anzahl der Werte geteilt.

$$\text{Einfacher Durchschnitt} = \frac{\text{Summe der Werte}}{\text{Anzahl der Werte}}$$

Übungsaufgabe

87 1. Der Lagerbestand einer Ware beträgt im zweiten Halbjahr:

Monat	Anzahl	Wert
Juli	1200	3640,00 EUR
August	940	2020,00 EUR
September	820	1590,00 EUR
Oktober	1740	4010,00 EUR
November	1020	2110,00 EUR
Dezember	742	1620,00 EUR

1.1 Welche durchschnittliche Anzahl an Waren war am Lager?

1.2 Wie viel EUR betrug der durchschnittliche Lagerbestand?

2. Ein Einzelhandelsgeschäft ermittelte in der vergangenen Woche die Kundenzahlen, um den durchschnittlichen Umsatz je Kunde zu errechnen.

Tag	Kundenzahl	Tageslosung
Montag	120	2 980,40 EUR
Dienstag	98	1 770,80 EUR
Mittwoch	105	5 160,00 EUR
Donnerstag	72	940,20 EUR
Freitag	111	4 320,00 EUR
Samstag	142	8 220,60 EUR

2.1 Wie viel EUR betrug der Durchschnittsumsatz je Tag?

2.2 Berechnen Sie die durchschnittliche Kundenzahl je Tag!

2.3 Wie viel EUR betrug der Durchschnittsumsatz je Kunde in der vergangenen Woche?

3. Eine Winzereigenossenschaft stellt fest, dass für ihren Hauswein „Das Weinreberl" in den letzten 5 Jahren folgende Preise erzielt wurden: 1. Jahr: 7,10 EUR; 2. Jahr: 6,60 EUR; 3. Jahr: 7,90 EUR; 4. Jahr: 8,20 EUR; 5. Jahr: 6,30 EUR.

Welchen Durchschnittspreis erzielte die Winzereigenossenschaft für den Wein in den vergangenen 5 Jahren?

4. Ein Unternehmen hatte im vergangenen Geschäftsjahr folgende Monatsumsätze:

Monat	Umsatz	Monat	Umsatz	Monat	Umsatz
Januar	32 400,00 EUR	Mai	45 380,00 EUR	Sept.	29 420,00 EUR
Februar	25 200,00 EUR	Juni	51 420,00 EUR	Okt.	34 370,00 EUR
März	34 150,00 EUR	Juli	28 410,00 EUR	Nov.	38 910,00 EUR
April	28 700,00 EUR	August	27 700,00 EUR	Dez.	66 720,00 EUR

4.1 Wie viel EUR betrug der Jahresumsatz?

4.2 Wie viel EUR betrug der durchschnittliche Monatsumsatz?

4.3 Wie viel EUR betrug der durchschnittliche Tagesumsatz bei 295 Verkaufstagen?

4.4 Wie viel EUR betrug der Jahresumsatz je Mitarbeiter, wenn das Geschäft 3 Mitarbeiter beschäftigt?

5. Ein Mitarbeiter im Außendienst legte in der Woche vom 2. April – 6. April mit dem Pkw folgende Tagesstrecken für Kundenbesuche zurück:

2. April	280 km	4. April	364 km	6. April	304 km
3. April	125 km	5. April	212 km		

Wie viele km ist er am Tag durchschnittlich gefahren?

6. Um sich ein Urteil über die Preisentwicklung auf dem Markt für Südfrüchte bilden zu können, notiert sich der Inhaber einer Früchtehandlung eine Woche lang die Preise für ein 5-kg-Netz Orangen auf dem Großmarkt. Die Preise an den verschiedenen Wochentagen betrugen:

Montag	10,50 EUR	Donnerstag	9,70 EUR
Dienstag	11,20 EUR	Freitag	10,80 EUR
Mittwoch	9,80 EUR	Samstag	12,40 EUR

Wie viel EUR betrug der durchschnittliche Großmarktpreis für 5 kg Orangen?

2.4.2 Gewogener Durchschnitt

Beispiel:

Ein Einzelhandelsgeschäft möchte am Eingang des Ladens einen großen Korb mit Sonderangeboten aufstellen. Die im Korb angebotenen Waren sollen zu einem Einheitspreis verkauft werden. Vorhanden sind:

Anzahl	bisheriger Verkaufspreis je Einheit
6	12,60 EUR
12	27,80 EUR
8	26,10 EUR
20	16,40 EUR

Aufgabe:

Mit welchem Durchschnittspreis muss der Einzelhändler die Waren auszeichnen, wenn der gesamte Verkaufserlös unverändert bleiben soll?

Lösung:

	Einzelmenge		Preis je Einheit		Gesamtwert je Einzelmenge
	6	·	12,60 EUR	=	75,60 EUR
	12	·	27,80 EUR	=	333,60 EUR
	8	·	26,10 EUR	=	208,80 EUR
	20	·	16,40 EUR	=	328,00 EUR
Gesamtmenge →	46		Gesamtwert →		946,00 EUR
	1				x EUR

$$x = \frac{946 \cdot 1}{46} = \underline{\underline{20{,}57 \text{ EUR}}} \text{ (genau: 20,565217)}$$

Probe:

46 · 20,565217 EUR ergibt einen Gesamterlös von 946,00 EUR.

Ergebnis: Die Ware muss mit einem Preis von 20,57 EUR ausgezeichnet werden.

Erläuterungen zur Aufgabe

Die Preise für die einzelnen Waren dürfen nicht wie beim einfachen Durchschnitt nur zusammengezählt und dann durch die Anzahl der Sorten (in unserem Beispiel 4) geteilt werden. **Begründung:** Da von der Ware zu 27,80 EUR noch 12 Stück vorhanden sind, fallen diese stärker ins Gewicht als etwa die 6 Stück zu 12,60 EUR, d.h., unterschiedliche Einzelmengen müssen bei der Berechnung eines Durchschnittspreises berücksichtigt (gewichtet) werden.

Es ist der **Gesamtwert** der jeweiligen Warenart zu ermitteln (Einzelmenge · Preis je Einheit, z.B. 6 · 12,60 EUR = 75,60 EUR). Die Summe der Gesamtwerte ist dann durch die **Gesamtmenge** zu dividieren.

Allgemeiner Lösungsweg

- Die Einzelmengen und der jeweilige Preis je Einheit sind im Lösungsschema festzuhalten.
- Die Multiplikation von Einzelmenge · Preis je Einheit ergibt den Gesamtwert je Einzelmenge.
- Durch Addition der Einzelmengen und der Gesamtwerte je Einzelmenge sind die Gesamtmenge und der Gesamtwert zu errechnen.
- Der gewogene Durchschnittspreis je Einheit wird ermittelt durch Division des Gesamtwertes durch die Gesamtmenge.
- Die Proberechnung: Gesamtmenge · Durchschnittspreis ergibt wiederum den Gesamtwert.

Übungsaufgabe

88 1. Ein Einzelhändler stellt einen Wühlkorb aus drei Warenarten zusammen, die zu einem Durchschnittspreis als Sonderangebot verkauft werden sollen.

   12 Stück zum bisherigen Preis von 3,18 EUR je Stück
   8 Stück zum bisherigen Preis von 3,40 EUR je Stück
   20 Stück zum bisherigen Preis von 2,71 EUR je Stück

   Zu welchem EUR-Betrag je Stück wird der Wühlkorb ausgezeichnet?

2. Eine Großhandlung mischt ihre beliebte Mischung „Hustenbonbons“. Dazu verwendet die Großhandlung fünf Sorten von Bonbons:

Salbeigeschmack:	5 kg	Preis je kg 13,10 EUR
Malzgeschmack:	8 kg	Preis je kg 12,40 EUR
Huflattichgeschmack:	2 kg	Preis je kg 14,10 EUR
Kamillengeschmack:	10 kg	Preis je kg 11,90 EUR
Honiggeschmack:	12 kg	Preis je kg 11,85 EUR

   Wie viel EUR beträgt der Verkaufspreis für einen 125-g-Beutel?

3. Eine Textilfabrik hat einen Sonderposten Mäntel wie folgt verkauft: 120 Stück zum regulären Preis von 99,80 EUR, 65 Stück zu einem Sonderpreis von 79,90 EUR und den Rest von 30 Stück im Winterschlussverkauf zu 59,90 EUR.

   Welchen Durchschnittspreis je Mantel erzielte die Textilfabrik?

4. Eine Kaffeerösterei mischt drei Sorten Kaffee:

   Sorte I: 16 kg zu je 18,40 EUR
   Sorte II: 24 kg zu je 16,20 EUR
   Sorte III: 12 kg zu je 13,80 EUR

   Beim Rösten entsteht ein Gewichtsverlust von 16 %.

   Wie viel EUR kostet $^1/_4$ kg der Mischung, wenn für Arbeitslohn 26,80 EUR einkalkuliert werden?

5. Drei Getreidesorten sollen zu einer Müsli-Mischung gemischt werden. Dafür vorgesehen sind 6 kg Roggen zu 1,90 EUR/kg, 10 kg Weizen zu 2,60 EUR/kg und 4 kg Hafer zu 1,60 EUR/kg.

   Wie viel EUR kosten 500 g dieser Mischung?

6. Ein Kaufhaus will am Ladeneingang Schüttkörbe mit Pralinenmischungen in Klarsichtbeuteln zu jeweils 125 g aufstellen. Folgende Mengen an Pralinen werden hierzu verwendet:

   30 kg je 5,60 EUR für $^1/_2$ kg
   16 kg je 13,20 EUR für 1 kg
   14 kg je 7,80 EUR für $^1/_2$ kg

   Für wie viel EUR kann der 125-g-Beutel angeboten werden, wenn an Verpackungsmaterial insgesamt 14,40 EUR anfallen?

2.5 Prozentrechnung

2.5.1 Einführung in die Prozentrechnung

Die Prozentrechnung ist dazu geeignet, Zahlenverhältnisse besser zu durchschauen und vergleichen zu können. Zum Vergleich benötigt man einen einheitlichen **Vergleichsmaßstab.** Beim Prozentrechnen ist es die Zahl 100. Bei der Promillerechnung ist es die Zahl 1 000.

Prozent bedeutet stets: bezogen auf 100

pro → für
centum → 100

Beispiel:

Einem Einzelhändler liegen 2 Rechnungen zur Zahlung vor:

Rechnung 1: Rechnungspreis 480,00 EUR
Rechnung 2: Rechnungspreis 1 440,00 EUR

Auf jede Rechnung wird ein Rabatt von 144,00 EUR gewährt. Obwohl der Rabatt betragsmäßig in beiden Fällen gleich hoch ist, ist der Rabatt auf der ersten Rechnung im Verhältnis zur zweiten Rechnung wesentlich höher.

Aufgabe:

Weisen Sie die Richtigkeit dieser Aussage nach!

Lösung:

Das **Verhältnis Rechnungsbetrag** zu Rabatt bei den beiden Rechnungen ist **direkt nicht vergleichbar,** da die Rechnungsbeträge unterschiedlich hoch sind. Ein Vergleich ist erst möglich, wenn der Rabatt auf einen **gleich großen Rechnungsbetrag (Vergleichszahl)** bezogen wird. Als Vergleichszahl wird zweckmäßigerweise die **Zahl 100** genommen. Daher ergibt sich folgende Fragestellung:

Neue Aufgabenstellung:

Wie viel EUR beträgt jeweils der Rabatt, bezogen auf 100,00 EUR?

Die **Lösung der Fragestellung** erfolgt mithilfe des **Dreisatzes:**

Bei 480,00 EUR Re.-Betrag 144,00 EUR Rabatt
Bei 100,00 EUR Re.-Betrag x EUR Rabatt

$$x = \frac{144 \cdot 100}{480} = \underline{\underline{30{,}00 \text{ EUR Rabatt}}}$$

Der Rabatt beträgt
30,00 EUR je 100,00 EUR Rechnungsbetrag
→ entspricht: 30 vom Hundert (pro centum)
→ kürzer: 30 v.H. → 30 Prozent → 30 %

Bei 1 440,00 EUR Re.-Betrag 144,00 EUR Rabatt
Bei 100,00 EUR Re.-Betrag x EUR Rabatt

$$x = \frac{144 \cdot 100}{1\,440} = \underline{\underline{10{,}00 \text{ EUR Rabatt}}}$$

Der Rabatt beträgt
10,00 EUR je 100,00 EUR Rechnungsbetrag
→ 10 vom Hundert (pro centum)
→ 10 v.H. → 10 Prozent → 10 %

Ergebnis: Verglichen mit einem Rechnungsbetrag von 100,00 EUR sind die beiden Rechnungsnachlässe verschieden hoch. Der Rabatt bei Rechnung 1 beträgt 30 %, bei Rechnung 2 nur 10 %.

Merke:

- Der **Prozentsatz** gibt an, wie hoch ein Wert ist, wenn man die Zahl 100 (1000) als Bezugsgrundlage wählt.
- Die **Prozentrechnung** ist damit eine **Vergleichsrechnung**. Verschiedene Werte (EUR-Beträge, kg, Liter, cm usw.) werden vergleichbar gemacht, indem man sie auf die **Vergleichszahl 100** bezieht.[1]

Die Prozentrechnung ist eine angewandte Dreisatzrechnung. Wir unterscheiden **drei Begriffe**:

Beispiel:

Ein Großhändler verkauft Waren an einen Einzelhändler im Wert von 480,00 EUR. Der Großhändler gewährt 30 % Wiederverkäuferrabatt. Das sind 144,00 EUR.

Rechnungsbetrag 480,00 EUR	Rabattsatz 30 %	Rabattwert 144,00 EUR
↓	↓	↓
Grundwert	**Prozentsatz**	**Prozentwert**
ist der Ausgangswert, der das Ganze betrifft. In Prozenten ausgedrückt, muss er immer 100 % betragen.	gibt an, wie viel Teile vergleichsweise auf 100 entfallen (Anzahl der Hundertstel).	ist der wertmäßige (absolute) Betrag (EUR, kg, Liter usw.), der dem Prozentsatz entspricht.

Von den **drei Größen** Prozentwert (bzw. Promillewert), Grundwert und Prozentsatz (bzw. Promillesatz) müssen stets **zwei Größen in der Aufgabe gegeben sein,** um die dritte Größe mithilfe des Dreisatzes errechnen zu können.

2.5.2 Prozentrechnung vom Hundert

2.5.2.1 Berechnung des Prozentwertes

Beispiel:

Auf eine Rohstoffrechnung über 1450,00 EUR erhält ein Unternehmen 3 % Skonto.

Aufgabe:
Wie viel EUR beträgt der Skontobetrag?

Lösung:

Gegeben:	Grundwert:	1450,00 EUR
	Prozentsatz:	3 %
Gesucht:	Prozentwert:	?

1 Ist die Vergleichszahl 1000, so spricht man von **Promillerechnung**. 5 ‰ entspricht 5 von 1000.

Bedingungssatz → 100 % ≙ 1450,00 EUR
Fragesatz → 3 % ≙ x EUR

Bruchsatz → $x = \frac{1450 \cdot 3}{100}$

$x = \underline{\underline{43{,}50 \text{ EUR}}}$

Ergebnis: Dem Skonto entsprechen 43,50 EUR.

Berechnung des Prozentwertes mithilfe der Formel:

$$\text{Prozentwert} = \frac{\text{Grundwert} \cdot \text{Prozentsatz}}{100}$$

$$\frac{\text{Grundwert}}{100} = 1\,\% \text{ des Grundwertes}$$

Prozentwert = 1 % des Grundwertes · Prozentsatz

Übungsaufgabe

89 1. Berechnen Sie die Rabattbeträge aus den nachfolgenden Einkaufsrechnungen:

Nr.	Einkaufsbetrag	Rabattsatz	Nr.	Einkaufsbetrag	Rabattsatz
1.1	328,40 EUR	18 %	1.4	917,40 EUR	8 %
1.2	2685,00 EUR	17 %	1.5	1012,60 EUR	14,5 %
1.3	179,50 EUR	24 %	1.6	820,10 EUR	25 %

2. Beim Rösten von Kaffee entsteht erfahrungsgemäß ein Gewichtsverlust von 19 %.

   Wie viel kg Röstkaffee erhalten wir, wenn 720 kg Rohkaffee geröstet werden?

3. Ein Kaufmann hat für den Kauf einer Registrierkasse drei Angebote vorliegen:

   Angebot 1: 3250,00 EUR bar ohne Abzug.
   Angebot 2: 3310,00 EUR bar bei 3 % Skonto.
   Angebot 3: 3380,00 EUR bar bei 5 % Rabatt.

   Welches Angebot ist das billigste?

4. Ein Fernsehgerät ist mit 999,00 EUR ausgezeichnet. Bei Barzahlung werden 2 % Skonto gewährt.

   Um wie viel EUR ist der Ratenkauf teurer, wenn der Händler 225,00 EUR Anzahlung und 8 Monatsraten zu 100,00 EUR verlangt?

5. Das Bruttogehalt eines Angestellten betrug 2680,00 EUR. Durch Tarifänderungen hat sich das Gehalt innerhalb eines Jahres zunächst um $3\frac{1}{2}$ % und dann nochmals um $1\frac{3}{4}$ % erhöht. Am Ende des Geschäftsjahres erhielt der Angestellte noch eine hausinterne Leistungszulage von $1\frac{1}{2}$ %.

   Auf welchen Betrag lautet das Bruttogehalt nach diesen Erhöhungen?

6. Wir schulden einem österreichischen Lieferanten einen Rechnungsbetrag von 1336,68 EUR. Vom Rechnungsbetrag dürfen 3 % Skonto abgezogen werden.

   Auf welchen Betrag lautet die Belastung der Bank?

7. Ein Mitarbeiter im Außendienst erhält ein monatliches Fixum (Festgehalt) von 1065,00 EUR. Außerdem erhält er eine Umsatzprovision in Höhe von 3,2 %. Im Monat Dezember betrug sein Umsatz 125600,00 EUR. Als Anerkennung für besondere Leistungen erhält er zudem eine Sonderprämie von $3\frac{1}{2}$ ‰ auf seinen Jahresumsatz in Höhe von 1250500,00 EUR.

   Wie viel EUR verdiente der Reisende insgesamt im Monat Dezember?

8. Die Telefonkosten eines Unternehmens betragen 1 250,00 EUR.

   Wie viel EUR beträgt die Privatnutzung, wenn das Finanzamt für diesen Anteil von 35 % ausgeht?

9. Ein Zulieferer hat den Einstandspreis für Motoren ab 1. Juli um $4\,^2/_3$ % angehoben. Am 15. Juni haben wir noch 75 Stück zum alten Preis in Höhe von 356,20 EUR je Stück bezogen.

   Wie viel EUR haben wir durch die Bestellung gespart?

10. Eine Stanzmaschine, deren Anschaffungskosten 18 400,00 EUR betragen, wird jährlich mit $16\,^2/_3$ % der Anschaffungskosten abgeschrieben.

    10.1 Wie viel EUR beträgt die jährliche Abschreibung?[1]

    10.2 Berechnen Sie den Buchwert der Stanzmaschine zu Beginn des 4. Jahres!

    10.3 Berechnen Sie den Buchwert der Stanzmaschine zu Beginn des 4. Jahres, wenn das Unternehmen die Abschreibung jeweils vom Buchwert vorgenommen hat!

2.5.2.2 Berechnung des Prozentsatzes

Beispiel:

Ein Textilunternehmen bestellt Garne im Werte von 1 500,00 EUR. Es erhält einen Mengenrabatt von 60,00 EUR.

Aufgabe:
Welchem Rabattsatz entspricht dies?

Lösung:

Gegeben: Grundwert: 1 500,00 EUR
Prozentwert: 60,00 EUR

Gesucht: Prozentsatz: ?

Bedingungssatz → 1 500,00 EUR ≙ 100 %
Fragesatz → 60,00 EUR ≙ x %

Bruchsatz → $x = \frac{100 \cdot 60}{1500}$

$x = \underline{\underline{4\,\%}}$

Berechnung des Prozentsatzes mithilfe der Formel:

$$\text{Prozentsatz} = \frac{100 \cdot \text{Prozentwert}}{\text{Grundwert}}$$

oder verkürzt:

Prozentsatz = Prozentwert : 1 % des Grundwertes

Ergebnis: Der Rabattsatz beträgt 4 %.

1 Durch die Abschreibung werden die Anschaffungskosten (aufgrund der geschätzten jährlichen Wertminderung) auf die Jahre der Nutzung als Aufwand verteilt.

Übungsaufgabe

90 1. Welchen Rabattsatz hat der Lieferer bei den nachfolgenden Wareneinkäufen gewährt?

Nr.	Einkaufsbetrag	Rabatt	Nr.	Einkaufsbetrag	Rabatt
1.1	2720,00 EUR	429,76 EUR	1.4	210,00 EUR	58,80 EUR
1.2	631,00 EUR	44,17 EUR	1.5	4186,00 EUR	376,74 EUR
1.3	800,00 EUR	113,60 EUR	1.6	742,00 EUR	185,50 EUR

2. Ein Mitarbeiter im Außendienst erhält die nachfolgenden Provisionen ausbezahlt.

   Wie viel Prozent vom Umsatz waren vereinbart?

Nr.	Umsatz	Provision	Nr.	Umsatz	Provision
2.1	54680,00 EUR	2734,00 EUR	2.4	31720,00 EUR	7930,00 EUR
2.2	28460,00 EUR	2134,50 EUR	2.5	42160,00 EUR	2635,00 EUR
2.3	15316,00 EUR	1914,50 EUR	2.6	27680,00 EUR	8304,00 EUR

3. Ein Kaufmann versichert sein Warenlager mit einem Wert von 92400,00 EUR. Er zahlt jährlich eine Versicherungsprämie von 115,50 EUR.

   Wie viel Promille beträgt die Prämie vom Versicherungswert?

4. Beim Abfüllen von 310 Liter Wein in Literflaschen beträgt der Abfüllverlust (Leckage) 7,75 Liter.

   Wie viel Prozent beträgt der Abfüllverlust?

5. Die Stromkosten eines Geschäftes für die Schaufensterbeleuchtung betragen monatlich 246,20 EUR. Durch Kürzung der Beleuchtungszeit um täglich eine halbe Stunde konnten die Kosten auf 230,60 EUR gesenkt werden.

   5.1 Wie viel Prozent beträgt die Ersparnis?

   5.2 Wie viel EUR der verminderten Stromkosten entfallen auf die einzelnen Schaufenstergruppen?

   Schaufenstergruppe I: 76 m^2 Ausstellungsfläche
   Schaufenstergruppe II: 42 m^2 Ausstellungsfläche
   Schaufenstergruppe III: 108 m^2 Ausstellungsfläche

6. Das Monatseinkommen unseres Mitarbeiters im Außendienst setzt sich aus einem Festgehalt (Fixum) von 880,00 EUR und einer Umsatzprovision zusammen.

   Wie viel Prozent vom Umsatz erhält er, wenn er bei einem durchschnittlichen Umsatz von 90000,00 EUR ein durchschnittliches Monatseinkommen von insgesamt 6000,00 EUR erzielt?

7. Bei einer Warenzustellung wird unser Lieferwagen in einen Unfall verwickelt. Die mitgeführte Ware ist verdorben. Die Versicherung kommt teilweise für den Schaden auf. Der Schaden beläuft sich auf 388,00 EUR. Als Entschädigung erhalten wir 318,16 EUR.

   Wie viel Prozent hat die Versicherung ersetzt?

8. Ein Hersteller von Seifen verringert bei einer Geschenkpackung das Gewicht der Seifen von 180 g auf 153 g. Form und Preis der Packung bleiben unverändert.

   Wie viel Prozent beträgt die „versteckte" Preiserhöhung?

9. Ein Industrieunternehmen weist folgende stark vereinfachte Bilanz aus:

Aktiva	Schlussbilanz zum 31. Dez. 20.. (in Mio. EUR)		Passiva
Grundstücke u. Bauten	65,40	Gezeichnetes Kapital	45,00
Techn. Anlagen u. Maschinen	9,50	Rücklagen	8,90
Roh-, Hilfs- u. Betriebsstoffe	37,40	Verb. gegen. Kreditinstituten	62,30
Forderungen a. Lief. u. Leist.	25,70	Verb. aus Lief. und Leistungen	24,90
Guthaben bei Kreditinstituten	3,10		
	141,10		141,10

   Berechnen Sie den prozentualen Anteil der einzelnen Aktiv- und Passivposten an der Bilanzsumme!

2.5.2.3 Berechnung des Grundwertes

Beispiel:

Ein Unternehmen hat für die Versicherung des Warenlagers 1692,60 EUR Prämie zu zahlen. Das sind $2\frac{1}{3}$ % der Versicherungssumme.

Aufgabe:
Wie viel EUR beträgt die Versicherungssumme?

Lösung:

Gegeben: Prozentsatz: $2\frac{1}{3}$ %
Prozentwert: 1692,60 EUR

Gesucht: Grundwert: ?

Bedingungssatz → $2\frac{1}{3}\,\% \mathrel{\widehat{=}} 1692{,}60$ EUR

Fragesatz → $100\,\% \mathrel{\widehat{=}} x$ EUR

Bruchsatz → $x = \frac{1692{,}60 \cdot 100}{2\frac{1}{3}}$

$$x = \frac{1692{,}60 \cdot 100 \cdot 3}{7}$$

$$x = \underline{\underline{72540{,}00 \text{ EUR}}}$$

Berechnung des Grundwertes mithilfe der Formel:

$$\text{Grundwert} = \frac{\text{Prozentwert} \cdot 100}{\text{Prozentsatz}}$$

Ergebnis: Die Versicherungssumme des Lagers beträgt 72540,00 EUR.

91 1. Bei einem Sonderverkauf wurden die nachfolgenden Nachlässe festgesetzt.
Berechnen Sie den ursprünglichen Verkaufspreis!

Nr.	Nachlass in %	Nachlass in EUR	Nr.	Nachlass in %	Nachlass in EUR
1.1	15 %	209,25 EUR	1.4	2,5 %	105,00 EUR
1.2	11,5 %	402,50 EUR	1.5	3 %	81,00 EUR
1.3	8 %	1081,60 EUR	1.6	18 %	2214,00 EUR

2. Wie viel EUR beträgt jeweils die Versicherungssumme, wenn die folgenden Prämien berechnet werden?

Nr.	Prämiensatz	Prämie	Nr.	Prämiensatz	Prämie
2.1	$2\,^1/_2$ ‰	134,20 EUR	2.4	$2\,^3/_4$ ‰	178,75 EUR
2.2	$3\,^1/_4$ ‰	100,75 EUR	2.5	3 ‰	93,00 EUR
2.3	$1\,^1/_3$ ‰	301,70 EUR	2.6	$3\,^1/_2$ ‰	248,50 EUR

3. Eine Unternehmung hat in der GuV-Rechnung folgende Abschreibungsbeträge ausgewiesen:

Gegenstand	Abschreibungssatz (bei linearer Abschreibung)	Abschreibung in EUR
Gebäude	2,5 %	6250,00 EUR
Büroeinrichtung	7,69 %	2829,92 EUR
Lagereinrichtung	7,14 %	3916,29 EUR
Ladeneinrichtung	12,50 %	11952,50 EUR

Wie viel EUR betragen die Anschaffungskosten der einzelnen Anlagegüter?

Anmerkung: Bei der linearen Abschreibung werden die Anschaffungskosten gleichmäßig auf die Nutzungsdauer verteilt.

4. Die veranschlagten Kosten für Renovierungsarbeiten der Büroräume wurden um 1092,25 EUR überschritten. Das sind $8\,^1/_2$ % über dem Kostenvoranschlag.
   4.1 Berechnen Sie den ursprünglichen Kostenvoranschlag!
   4.2 Wie viel EUR kosteten die Renovierungsarbeiten tatsächlich?
5. Ein Kaufmann hat eine private Hausratversicherung abgeschlossen. Die jährliche Versicherungsprämie beträgt 533,60 EUR oder 2,32 ‰.
   Wie viel EUR beträgt die Versicherungssumme?
6. Ein Kaufmann konnte im Monat August den Umsatz einer Warenart um $4\,^1/_2$ % oder 6221,25 EUR steigern.
   Wie viel EUR betrug sein Umsatz im Juli?
7. Auf der Eingangsrechnung E 61 ist ein Umsatzsteueranteil von 19 % ausgewiesen. Das sind 419,52 EUR.
   Wie viel EUR beträgt der Nettoeinkaufspreis?
8. Ein Versicherungsvertreter erhält für den Abschluss einer Lebensversicherung eine Provision von $5\,^1/_2$ ‰. Das sind 194,70 EUR.
   Über welche Versicherungssumme lautet die von ihm vermittelte Lebensversicherung?
9. Ein Geschäftsinhaber zahlt an die Feuerversicherung eine Prämie von vierteljährlich 165,00 EUR.
   Mit wie viel EUR ist das Geschäftsgebäude einschließlich Lager versichert, wenn die jährliche Versicherungsprämie $1\,^1/_4$ % der Versicherungssumme beträgt?

11 Waltermann-Speth - ISBN 978-3-8120-0458-9

2.5.3 Prozentrechnung im Hundert (verminderter Grundwert)

Beispiel:

Wegen kleiner Fehler wird ein Produkt mit einem Nachlass von 15% zum Sonderpreis von 104,55 EUR verkauft.

Aufgaben:

1. Wie viel EUR betrug der reguläre Preis?
2. Wie viel EUR beträgt die Preissenkung?

Problemstellung

Die Preissenkung von 15 % bezieht sich auf den ursprünglichen (regulären) Preis (wir sprechen hier vom **reinen Grundwert**). Der reine Grundwert entspricht 100 %. Der herabgesetzte Preis entspricht daher in Prozenten ausgedrückt 85 % **(verminderter Grundwert)**. Da der gegebene Betrag **unter** (und damit **innerhalb**) 100 % liegt, spricht man auch von **Prozentrechnung im Hundert.**

Sonderpreis 85 %		**Preissenkung** 15 %		**regulärer Preis** 100 %
verminderter Grundwert	+	**Prozentsatz**	=	**reiner Grundwert**

Lösung:

Die Lösung erfolgt mithilfe des Dreisatzes.

Gegeben: Prozentsatz: 15 %
Verminderter Grundwert in Prozent: 85 %
Verminderter Grundwert in EUR: 104,55 EUR

Gesucht: Grundwert: ?

Bedingungssatz → 85 % ≙ 104,55 EUR
Fragesatz → 100 % ≙ x EUR

Bruchsatz → $x = \frac{104{,}55 \cdot 100}{85} = 123{,}00$ EUR

	Regulärer Preis	123,00 EUR
–	Sonderpreis	104,55 EUR
	Preissenkung	18,45 EUR

Anmerkung: Es ist auch möglich, zuerst die Preissenkung von 15 % in EUR zu errechnen. Allerdings wäre es ein Umweg. Man steuert vielmehr im Ansatz direkt auf die gefragte Größe zu. Das ist der reguläre Preis, anders ausgedrückt: der reine Grundwert. Dieser entspricht 100 % (Fragesatz).

Ergebnisse:

1. Der reguläre Preis betrug 123,00 EUR.
2. Die Preissenkung beträgt 18,45 EUR.

Allgemeiner Lösungsweg

- Beginnen Sie den Rechenansatz mit dem verminderten Grundwert, für den ja der Prozentsatz (unter 100 %) und der absolute Betrag bekannt sind.
- Berechnen Sie den Grundwert bzw. den Prozentwert mithilfe des Dreisatzes.
- Tragen Sie die errechneten Werte in die Tabelle ein.

Übungsaufgabe

92 1. Im Sonderangebot wurden Waren zu folgenden Auszeichnungspreisen angeboten:

Nr.	Sonderpreis	Preisnachlass
1.1	118,90 EUR	18%
1.2	158,76 EUR	16%
1.3	152,75 EUR	35%

Wie viel EUR betrugen die ursprünglichen Verkaufspreise, wenn die angegebenen Preisnachlässe gewährt wurden?

2. Die Auszubildende Frieda bekommt vom Geschäft einen Personalrabatt von $12\,^1/_2$%.

   Mit wie viel EUR war der Artikel ausgezeichnet, wenn sie ihn für 112,00 EUR kaufte?

3. Von der Fischereigesellschaft „Frische Fische“ bezieht das Lebensmittelgeschäft „Billig-Markt“ 150 kg Heringe netto. Die Tara beträgt $6\,^1/_4$%.

   Wie viel kg beträgt das Bruttogewicht der Warensendung?

4. Ein Paar Damenhandschuhe ist am vorletzten Tag des Schlussverkaufs mit 57,00 EUR ausgezeichnet. Der ursprüngliche Verkaufspreis wurde um $16\,^2/_3$% und dann dieser um 5% ermäßigt.

   Wie teuer war das Paar Handschuhe vor Beginn des Schlussverkaufs?

5. Eine Textilfabrik verkauft von 200 Anzügen zunächst 60 Stück. Nachdem der Preis um $16\,^2/_3$% herabgesetzt wurde, konnten weitere 40 Anzüge verkauft werden. Um den Restbestand veräußern zu können, musste dieser Preis nochmals um 20% gesenkt werden, sodass der Verkaufspreis noch 180,00 EUR betrug.

   5.1 Berechnen Sie den ursprünglichen Preis!

   5.2 Berechnen Sie den Gesamterlös!

   5.3 Wie viel EUR Umsatzeinbuße musste die Textilfabrik hinnehmen?

6. Wie viel kg Rohkaffee sind geröstet worden, wenn bei $16\,^2/_3$% Röstverlust 1403,5 kg Röstkaffee übrig bleiben?

7. Eine Ausstellungshalle soll umgebaut werden. Die Preise für alle Waren werden um $12\,^1/_2$% gesenkt. Drei Wochen später werden die Preise in einer Sonderaktion nochmals um 15% gesenkt.

   Zu welchem Preis wurde eine Ware ursprünglich verkauft, wenn der jetzige Preis 431,37 EUR beträgt?

8. Der Preis einer Ware war um 20% ermäßigt worden. Da die Ware immer noch nicht verkauft werden konnte, wurde dieser Preis nochmals um 30% gesenkt. Sie kostet jetzt 24,50 EUR.

   8.1 Wie viel EUR betrug der ursprüngliche Preis?

   8.2 Um wie viel Prozent wurde die Ware insgesamt billiger?

9. Aufgrund einer Mängelrüge gewährt uns der Lieferant einen Nachlass von 15%. Nach Abzug von 3% Skonto überweisen wir 2626,86 EUR.

   Wie viel EUR betrug der ursprüngliche Rechnungsbetrag?

2.5.4 Prozentrechnung auf Hundert (vermehrter Grundwert)

Beispiel:

Der Umsatz eines Unternehmens stieg gegenüber dem Vorjahr um $8\,^1/_3$ % auf 410 150,00 EUR an.

Aufgaben:

1. Berechnen Sie den Umsatz des vergangenen Jahres!
2. Wie viel EUR beträgt die Umsatzsteigerung?

Problemstellung

Die Umsatzsteigerung von $8\,^1/_3$ % bezieht sich auf den Umsatz des vergangenen Jahres (reiner Grundwert und damit 100 %). Der diesjährige Umsatz ist daher um $8\,^1/_3$ % höher (vermehrter Grundwert). In Prozenten ausgedrückt beträgt er $108\,^1/_3$ %. Da der gegebene Betrag **über** 100 % liegt, spricht man auch von der **Prozentrechnung auf Hundert.**

vermehrter Grundwert – Prozentsatz = reiner Grundwert

Lösungen:

Die Lösung erfolgt mithilfe des Dreisatzes.

Gegeben: Prozentsatz: $8\,^1/_3$ %
vermehrter Grundwert in Prozent: $108\,^1/_3$ %
vermehrter Grundwert in EUR: 410 150,00 EUR

Gesucht: Grundwert: ?

Bedingungssatz → $108\,^1/_3$ % ≙ 410 150,00 EUR
Fragesatz → 100 % ≙ x EUR

Bruchsatz → $x = \frac{410\,150 \cdot 100}{108\,^1/_3} = \underline{\underline{378\,600{,}00 \text{ EUR}}}$

	Umsatz in diesem Jahr	410 150,00 EUR
–	Umsatz im vergangenen Jahr	378 600,00 EUR
	Umsatzsteigerung	31 550,00 EUR

Beachte: Die rechnerische Vorgehensweise entspricht dem allgemeinen Lösungsweg, der beim Rechnen mit dem verminderten Grundwert aufgezeigt wurde. Ausgangspunkt ist hier der vermehrte Grundwert, für den der Prozentsatz (über 100 %) und der absolute Wert bekannt sind.

Ergebnisse:

1. Der Umsatz des vergangenen Jahres belief sich auf 378 600,00 EUR.
2. Die Umsatzsteigerung beträgt 31 550,00 EUR.

Übungsaufgabe

93 1. Verschiedene Waren wurden neu ausgezeichnet.

Nr.	Auszeichnungspreis	Preiserhöhung
1.1	192,28 EUR	$4\frac{1}{2}$ %
1.2	33,15 EUR	2 %
1.3	297,00 EUR	$12\frac{1}{2}$ %
1.4	419,75 EUR	15 %

Berechnen Sie den bisherigen Verkaufspreis vor den angegebenen Preiserhöhungen!

2. Ein Importeur bezieht Waren aus Schweden. Einschließlich der Zölle werden die nachfolgenden Beträge gezahlt:

Nr.	Einstandspreise einschl. Zoll	Zollsatz
2.1	5507,04 EUR	12 %
2.2	14704,56 EUR	17 %
2.3	1433,25 EUR	5 %
2.4	912,71 EUR	7 %

Berechnen Sie den Listenverkaufspreis des schwedischen Exporteurs!

3. Die Monatsmiete für unsere Geschäftsräume hat sich um $6\frac{1}{4}$ % erhöht. Sie beträgt nun 2316,25 EUR.
   Um wie viel EUR ist die Miete angestiegen?

4. Der Rechnungsbetrag für einen Wareneinkauf beträgt einschließlich 19 % Umsatzsteuer 4630,29 EUR.
   Berechnen Sie den Nettowarenwert und die Umsatzsteuer!

5. Nach einer Werbeaktion für französischen Käse konnte ein Supermarkt in der Käseabteilung gegenüber dem Vormonat eine Umsatzsteigerung für den Monat Juli um $8\frac{1}{4}$ % auf 6087,98 EUR erzielen.
   Wie viel EUR beträgt die Umsatzsteigerung?

6. Eine Großhandlung hat den Listenverkaufspreis eines Artikels mit netto 22,08 EUR neu ausgezeichnet, nachdem der bisherige Listenverkaufspreis um einen Teuerungszuschlag von 5 % angehoben wurde.
   Wie viel EUR betrug der Listenverkaufspreis vor der Preiserhöhung?

7. Der Mitarbeiter Franz Helm erhält in diesem Jahr eine Gehaltserhöhung von $2\frac{1}{2}$ %. Das sind 65,00 EUR. Letztes Jahr betrug die Gehaltserhöhung 3,2 %.
   7.1 Wie viel EUR verdient er jetzt?
   7.2 Wie viel EUR betrug die Gehaltserhöhung letztes Jahr und wie hoch war sein ursprüngliches Gehalt?

8. Der Vermieter verlangt für die gemieteten Geschäftsräume auch in diesem, dem dritten Jahr, wieder eine Mieterhöhung. Der Geschäftsinhaber stellt fest, dass er für das zweite Geschäftsjahr eine um 8 % höhere Miete als im ersten Geschäftsjahr bezahlen musste und dass die Miete für das dritte Geschäftsjahr nun um $6\frac{2}{3}$ % höher ist als für das zweite Geschäftsjahr. Im dritten Geschäftsjahr beträgt die Miete 748,80 EUR monatlich.
   Wie viel EUR Miete musste der Geschäftsinhaber im ersten Geschäftsjahr für die Geschäftsräume monatlich bezahlen?

9. Nach zwei Unfällen wurde unser Geschäftswagen in der Haftpflichtversicherung aus der Schadensklasse SF4 (45 % des Beitragssatzes) in SF3 zurückgestuft (80 % des Beitragssatzes). Die neue Prämie für die Kfz-Haftpflichtversicherung beläuft sich jetzt auf 741,30 EUR. Wie viel EUR betrug die Prämie in der Schadensklasse SF4?

2.5.5 Verschiedene Aufgaben zur Prozentrechnung

Übungsaufgabe

94 1. Die Statistik eines Unternehmens weist folgende Zahlen aus:

Jahr	Umsatz	Anzahl der Mitarbeiter
Vorjahr	2400000,00 EUR	40
Geschäftsjahr	3000000,00 EUR	32

Um wie viel Prozent veränderte sich der durchschnittliche Umsatz je Mitarbeiter?

2. Bei einem Sonderangebot wird ein Artikel um 20 % herabgesetzt und für 248,80 EUR angeboten.

   Wie viel EUR kostete der Artikel vor der 20 %igen Ermäßigung?

3. Das Anlagevermögen stellt mit 178500,00 EUR 35 % des Gesamtvermögens dar.

   Wie viel EUR Eigenkapital hat das Unternehmen auf der Passivseite derselben Bilanz aufzuweisen, wenn das Fremdkapital 55 % beträgt?

4. Die Nutzungsdauer eines modernen Kassensystems beträgt sechs Jahre. Nach zweijähriger linearer Abschreibung steht das Kassensystem noch mit 17066,00 EUR zu Buche.

   Wie viel EUR betrugen die Anschaffungskosten des Kassensystems?

5. Laut Katalog bestellen wir 156 Stück einer Ware, wobei folgende Bedingungen gelten:

   Listeneinkaufspreis je Artikel: 14,20 EUR

Mengenrabatt:	bei Abnahme von mindestens 100 Stück: 5 % bei Abnahme von mindestens 200 Stück: 6 %
	Bis zu einer Abnahme von 200 Stück wird eine Frachtpauschale von 45,00 EUR erhoben.

   Wie viel EUR beträgt der Bezugspreis?

6. Die für das 1. Quartal ermittelte Umsatzsteuer (Steuersatz 19 %) beträgt 64239,00 EUR.

   Wie viel EUR betrugen die Umsatzerlöse einschließlich Umsatzsteuer?

7. Das Umlaufvermögen stellt mit 789760,00 EUR 64 % des Gesamtvermögens dar.

   Wie viel EUR beträgt das Fremdkapital, wenn es 28 % des Gesamtkapitals ausmacht?

8. Die Zahl der Mitarbeiter in einer Filialkette verringerte sich von 851 Mitarbeitern im vergangenen Jahr auf 796 in diesem Jahr. Im gleichen Zeitraum stiegen die gesamten Personalkosten von 33614 500,00 EUR auf 33957360,00 EUR an.

   Um wie viel Prozent stiegen die Personalkosten je Arbeitnehmer an?

9. Wir verkaufen einen Warenposten, wobei 630,00 EUR USt (Steuersatz 7 %) in Rechnung gestellt werden.

   Wie viel Stück wurden verkauft, wenn der Nettoverkaufspreis je Stück 18,00 EUR betrug?

10. Ein Unternehmen weist im 1. Halbjahr folgende Umsätze auf:

Januar:	80 500,00 EUR	April:	95 600,00 EUR
Februar:	91 700,00 EUR	Mai:	92 300,00 EUR
März:	78 900,00 EUR	Juni:	89 750,00 EUR

Im Juli beträgt der Umsatz 93 412,50 EUR.

Um wie viel Prozent übersteigt der Juliumsatz den Durchschnittsumsatz des 1. Halbjahres?

11. Eine Großhandlung hat einen durchschnittlichen Lagerbestand von 520 000,00 EUR. Um Versicherungskosten zu sparen, wird das Warenlager nur mit 62,5 % versichert.

11.1 Mit wie viel EUR ist das Warenlager versichert?

11.2 Nach einem Rohrbruch wird ein Wasserschaden von 112 320,00 EUR festgestellt. Wie viel EUR ersetzt die Versicherung?

12. Ein Sportartikelhersteller weist eine Umsatzsteigerung von 10,95 % gegenüber dem Vormonat auf.

Wie viel EUR betrug sein Umsatz im Mai, wenn er im Juni 637 518,70 EUR umgesetzt hat?

13. Ein Mitarbeiter erhält folgende Gehaltsabrechnung (Lohnsteuer III/1):

Bruttogehalt:	2 212,00 EUR
Lohnsteuer/Solidaritätszuschlag:	137,45 EUR
Kirchensteuer:	5,70 EUR
Sozialversicherungsabgaben:	446,82 EUR
Auszahlungsbetrag:	1 622,03 EUR

Wie viel Prozent betragen die Abzüge?

14. Ein Reisender erzielt in den ersten vier Monaten des Jahres folgende Umsätze:

Januar:	12 200,00 EUR	März:	15 400,00 EUR
Februar:	14 100,00 EUR	April:	11 100,00 EUR

Im Mai erzielt er einen Umsatz von 12 474,00 EUR.

Um wie viel Prozent hat sich der Umsatz im Mai gegenüber dem Durchschnittsumsatz der ersten vier Monate verändert?

15. Das Gehalt eines Mitarbeiters wird um 4,5 % erhöht, das sind 85,50 EUR.

Wie viel EUR beträgt das Gehalt nach der Erhöhung?

16. Unser Lieferer gewährt uns aufgrund einer Mängelrüge einen Preisnachlass von 10 %. Nach Abzug von 2 % Skonto überweisen wir ihm 2 518,99 EUR.

16.1 Wie viel EUR betrug der ursprüngliche Rechnungsbetrag einschließlich der darin enthaltenen Vorsteuer von 19 %?

16.2 Berechnen Sie die Höhe der Vorsteuer!

17. Die Inhaberin eines Geschenkladens in Regensburg und einer Filiale in Dresden hat für die letzten zwei Jahre die folgenden Umsatzzahlen (jeweils ohne Umsatzsteuer) zusammengestellt. Die Zahlen wurden jeweils auf volle 100,00 EUR aufgerundet.

Geschäft	Umsatz Vorjahr	Umsatz Geschäftsjahr
Hauptgeschäft	1 721 000,00 EUR	1 786 200,00 EUR
Filiale	918 500,00 EUR	973 800,00 EUR

17.1 Um wie viel Prozent hat der Umsatz gegenüber dem Vorjahr in jedem Geschäft zugenommen?

17.2 Mit wie viel Prozent war jedes Geschäft am Gesamtumsatz dieses Geschäftsjahres beteiligt?

2.6 Kaufmännische Zinsrechnung

2.6.1 Einführung in die Zinsrechnung

Beispiel:

Ein Kaufmann nimmt bei seiner Hausbank ein Darlehen in Höhe von 45000,00 EUR auf. Laufzeit: ein Jahr. Die Bank berechnet eine Bearbeitungsgebühr von 1,5% (675,00 EUR) und einen Zinssatz von 8% (3600,00 EUR).

Prozentrechnung →	**Grundwert**	**Prozentsatz**		**Prozentwert**
↓	↓	↓		↓
Bearbeitungsgebühr	45000,00 EUR	1,5 %		675,00 EUR
Zinsen	45000,00 EUR	8 %	1 Jahr	3600,00 EUR
↑	↑	↑	↑	↑
Zinsrechnung →	**Kapital**	**Zinssatz (Zinsfuß)**	**Zeit**	**Zinsen**

Merke:

- Bei der Berechnung von Zinsen muss der Faktor **Zeit** (Jahr, Monat, Tag) berücksichtigt werden. (Der Faktor Zeit fehlt in der Prozentrechnung.)
- **Zinsen** sind der Preis für die Nutzung eines Kapitals für eine bestimmte Zeit (entspricht dem Prozentwert in der Prozentrechnung).
- Das **Kapital** ist die zur Nutzung überlassene Geldsumme. Sie ist immer 100% (entspricht dem Grundwert in der Prozentrechnung).
- Der **Zinssatz** (Zinsfuß) sagt aus, wie viel Prozent Zinsen ein Kapital von 100,00 EUR in einem Jahr erbringt (z.B. für den Sparer) bzw. kostet (z.B. für den Kreditnehmer). Der Zinssatz bezieht sich immer auf ein Jahr (entspricht dem Prozentsatz in der Prozentrechnung).
- Der Zinssatz von z.B. 8% bedeutet, dass ein Kapital von 100,00 EUR in einem Jahr Zinsen in Höhe von 8,00 EUR erbringt bzw. kostet.

Die Zinsrechnung ist somit eine Anwendung der Prozentrechnung unter Berücksichtigung der Zeit. Von den Größen Kapital, Zinsfuß, Zinsen und Zeit müssen stets **drei Größen** in der Aufgabe gegeben sein, um die vierte Größe mithilfe des Dreisatzes errechnen zu können.

2.6.2 Berechnung der Zinsen mit der allgemeinen Zinsformel

2.6.2.1 Berechnung der Jahreszinsen

Beispiel:

Ein Industrieunternehmen plant die Erstellung einer neuen Lagerhalle. Hierzu benötigt das Unternehmen einen Bankkredit in Höhe von 270 000,00 EUR. Die Laufzeit des Kredits beträgt 5 Jahre. Die Hausbank bietet den Kredit zu einem festen Zinssatz über die gesamte Laufzeit in Höhe von 7,5 % an. Die Rückzahlung erfolgt am Ende der Laufzeit in einer Summe.

Aufgabe:

Wie viel EUR beträgt der Zinsaufwand insgesamt in den 5 Jahren?

Lösung:

Gegeben: Kapital: 270 000,00 EUR
Zinssatz: 7,5 %
Zeit: 5 Jahre

Gesucht: Zinsen: ?

Für 100,00 EUR sind in 1 Jahr 7,50 EUR Zinsen fällig
Für 270 000,00 EUR sind in 5 Jahren x EUR Zinsen fällig

$$x = \frac{7{,}5 \cdot 270\,000 \cdot 5}{100 \cdot 1}$$

$$x = \underline{\underline{101\,250{,}00 \text{ EUR}}}$$

durch Umstellung erhält man

Berechnung der Jahreszinsen mithilfe der Formel:

$$\text{Jahreszinsen} = \frac{\text{Kapital} \cdot \text{Zinssatz} \cdot \text{Jahre}}{100}$$

Ergebnis: Der Kredit kostet in 5 Jahren insgesamt 101 250,00 EUR an Zinsen.

Übungsaufgabe

95 1. Berechnen Sie die Zinsen für die folgenden Kapitalien!

Nr.	Kapital	Zinssatz	Zeit	Nr.	Kapital	Zinssatz	Zeit
1.1	4 347,00 EUR	$8\,^1/_2$ %	3 Jahre	1.4	3 480,00 EUR	$4\,^3/_4$ %	$2\,^1/_4$ Jahre
1.2	6 165,00 EUR	4 %	$2\,^1/_2$ Jahre	1.5	2 790,00 EUR	$9\,^2/_3$ %	$1\,^3/_4$ Jahre
1.3	10 185,00 EUR	$3\,^1/_3$ %	6 Jahre	1.6	9 071,00 EUR	$5\,^1/_4$ %	$3\,^1/_3$ Jahre

2. Ein Unternehmen hat seinen Kunden die nachfolgenden Kredite eingeräumt:
   2.1 5 180,00 EUR für $3\,^3/_4$ Jahre zum Zinssatz von $6\,^1/_2$ %
   2.2 8 400,00 EUR für $1\,^2/_3$ Jahre zum Zinssatz von $4\,^3/_4$ %
   2.3 3 800,00 EUR für $2\,^1/_4$ Jahre zum Zinssatz von $7\,^1/_2$ %
   2.4 4 180,00 EUR für $1\,^1/_2$ Jahre zum Zinssatz von 3 %
   Wie viel EUR betragen die zu erwartenden Zinserträge (ohne Zinseszinsen)?

3. Ein Industrieunternehmen hat zur Finanzierung eines Anbaus einen Kredit in Höhe von 260 000,00 EUR aufgenommen. Die Laufzeit beträgt $5\,^1/_2$ Jahre.
   Wie viel EUR an Zinsen müssen insgesamt aufgewendet werden, wenn das Darlehen mit $9\,^1/_2$ % verzinst werden muss?

4. Auf dem Geschäftsgebäude der Druckerei Schlecht lasten zwei Grundschulden über 24 000,00 EUR (zu $8\,^1/_2$ %) und 32 400,00 EUR (zu $7\,^5/_8$ %).

   Wie viel EUR beträgt die jährliche Zinsbelastung?

5. Ein Kaufmann hat einen Bankkredit von 8 500,00 EUR zu einem Zinssatz von 9,5 % aufgenommen. Die Bankabrechnung erfolgt vierteljährlich.

   Wie viel EUR an Zinsen muss er vierteljährlich zahlen?

2.6.2.2 Berechnung der Monatszinsen

Beispiel:

Ein Großhändler legt 48 000,00 EUR für die Zeit vom 31. Juli bis 31. Dezember als Termingeld an. Die Hausbank verzinst das Termingeld mit $6\,^1/_4$ %.

Aufgabe:
Wie viel EUR beträgt die Zinsgutschrift am Ende der Laufzeit?

Lösung:

Gegeben: Kapital: 48 000,00 EUR
Zinssatz: $6\,^1/_4$ %
Zeit: 31. Juli – 31. Dezember = 5 Monate

Gesucht: Zinsen: ?

Für 100,00 EUR erhalten wir in 12 Monaten 6,25 EUR Zinsen
Für 48 000,00 EUR erhalten wir in 5 Monaten x EUR Zinsen

$$x = \frac{6{,}25 \cdot 48\,000 \cdot 5}{100 \cdot 12}$$

$$x = \underline{\underline{1\,250{,}00 \text{ EUR}}}$$

durch Umstellung erhält man →

Berechnung der Monatszinsen mithilfe der Formel:

$$\text{Monatszinsen} = \frac{\text{Kapital} \cdot \text{Zinssatz} \cdot \text{Monate}}{100 \cdot 12}$$

Ergebnis: Die Zinsgutschrift beträgt 1 250,00 EUR.

Übungsaufgabe

96 1. Berechnen Sie die Zinsen für die folgenden Kapitalien!

Nr.	Kapital	Zinssatz	Zeit	Nr.	Kapital	Zinssatz	Zeit
1.1	287,00 EUR	$6\,^1/_2$ %	10 Monate	1.4	685,00 EUR	$7\,^1/_2$ %	5 Monate
1.2	1 460,00 EUR	$5\,^5/_8$ %	8 Monate	1.5	820,00 EUR	5 %	4 Monate
1.3	3 100,00 EUR	$3\,^2/_3$ %	11 Monate	1.6	1 260,00 EUR	$2\,^3/_8$ %	3 Monate

2. Ein Kaufmann hat zur Finanzierung eines Großeinkaufs einen Kredit in Höhe von 12 500,00 EUR zu $8\,^3/_4$ % bei seiner Hausbank aufgenommen. Die Laufzeit beträgt $4\,^1/_2$ Monate.

   Welchen EUR-Betrag hat der Kaufmann nach Ablauf dieser Zeit an die Bank zurückzuzahlen?

3. Ein Kunde hat seit $8\,^1/_2$ Monaten seinen Rechnungsbetrag in Höhe von 1 280,00 EUR nicht beglichen. Der Kaufmann treibt den Betrag per Mahnbescheid ein.

   Auf welchen EUR-Betrag lautet der Mahnbescheid, wenn der Kaufmann 8 % Zinsen und 14,60 EUR für Auslagen und Gebühren einrechnet?

4. Die Leder-Straub GmbH hat 45800,00 EUR für 3 Monate als Termingeld zu $2^3/_8$ % angelegt. Wie viel EUR beträgt die Gutschrift der Bank nach Ablauf der Anlagezeit?

5. Für eine Investition benötigt ein Industriebetrieb einen Kredit in Höhe von 19200,00 EUR für 10 Monate. Der Inhaber erhält von drei Banken folgende Angebote:

   1. Angebot der Bank A: $8^1/_4$ % Zinsen.
   2. Angebot der Bank B: $6^1/_2$ % Zinsen + $1^1/_2$ % Bearbeitungsgebühr von der Kreditsumme
   3. Angebot der Bank C: Auszahlung: 19200,00 EUR.
      Rückzahlung nach 10 Monaten 20500,00 EUR

   Welches Angebot ist das günstigste?

6. Vom Lieferer haben wir die Stundung einer Rechnung über 8140,00 EUR zu folgenden Bedingungen erhalten: Verzugszinsen $7^1/_2$ %, Laufzeit 11 Monate. Nach 3 Monaten nehmen wir eine Sonderzahlung über 3500,00 EUR vor.

   Welcher EUR-Betrag ist nach Ablauf der Stundungsdauer noch zu überweisen?

2.6.2.3 Berechnung der Tageszinsen

(1) Tageberechnung

Für die Berechnung der Zinstage haben sich **verschiedene Verfahren** herausgebildet:

- Bei der **Kaufmännischen Zinsrechnung** wird das Jahr mit 360 Tagen und jeder Monat mit 30 Tagen angesetzt. Sie ist die Zinsrechnung unter Kaufleuten.
- Bei der **„Englischen Zinsrechnung" (BGB-Zinsformel)** wird das Jahr mit 365 (366) Tagen und die Monate werden mit der genauen Tageszahl (28, 29, 30, 31) angesetzt. Sie ist die Zinsrechnung unter Privatpersonen (Nicht-Kaufleute) und von Behörden. Das BGB legt diese Art der Zinsberechnung zugrunde.
- Bei der **„Eurozinsmethode" (Französische Zinsrechnung)** wird das Jahr mit 360 Tagen und die Monate werden mit der genauen Tageszahl (28, 29, 30, 31) angesetzt. Sie wird z.B. zur Abrechnung von Bundesanleihen mit variablem Zins verwendet.

(2) Tageszinsberechnung nach der BGB-Zinsformel (Englische Methode) und nach der Euro-Zinsformel

Die BGB-Zinsformel und die Euro-Zinsformel unterscheiden sich von der Kaufmännischen Zinsformel nur durch eine andere Form der Tageberechnung. Es ergeben sich folgende Formeln:

$$\text{Kaufmännische Zinsformel} = \frac{\text{Kapital} \cdot \text{Zinssatz} \cdot \text{Tage (30)}}{100 \cdot 360}$$

$$\text{BGB-Zinsformel} = \frac{\text{Kapital} \cdot \text{Zinssatz} \cdot \text{Tage (28, 29, 30, 31)}}{100 \cdot 365\ (366)}$$

$$\text{Euro-Zinsformel} = \frac{\text{Kapital} \cdot \text{Zinssatz} \cdot \text{Tage (28, 29, 30, 31)}}{100 \cdot 360}$$

Hinweis:

In den folgenden Übungsaufgaben werden alle drei Formen der Tageberechnung geübt. Für die Berechnung von Zinsen erfolgt deshalb in der Aufgabenstellung jeweils ein Hinweis zur anzuwendenden Zinsformel (Kfm. Zinsformel oder Euro-Zinsformel oder BGB-Zinsformel).

Beispiele für die Berechnung der Tage nach der Kaufmännischen Zinsrechnung:

Vorgehensweise:

- 24. Juni – 8. Nov. = 134 Tage

24. Juni – 24. Okt. sind 4 x 30	=	120 Tage
24. Okt. – 30. Okt.	=	6 Tage
30. Okt. – 8. Nov.	=	8 Tage
		134 Tage

- 17. Jan. – 28. Febr. = 41 Tage

17. Jan. – 17. Febr. sind 1 x 30	=	30 Tage
17. Febr. – 28. Febr.	=	11 Tage
		41 Tage

- 28. Febr. – 15. März = 17 Tage
- 1. Jan. – 28. Febr. = 57 Tage

Beim Überschreiten des Monats Februar wird mit 30 Tagen gerechnet. Geht die Verzinsung bis zum 28. Februar, werden nur 28 Tage angesetzt (im Schaltjahr dementsprechend 29 Tage).

Beispiel:

Ein Unternehmen kauft Waren im Wert von 2460,00 EUR. Es erhält ein Zahlungsziel bis zum 27. Jan. Die Zahlung erfolgt erst am 2. Mai. Der Lieferer berechnet Verzugszinsen in Höhe von 6 %.

Aufgabe:
Welchen EUR-Betrag hat der Kaufmann am 2. Mai zu überweisen?

Lösung:

Gegeben:	Kapital:	2460,00 EUR
	Zinssatz:	6 %
	Tage:	27. Jan. – 2. Mai = 95 Tage
Gesucht:	Zinsen:	?

Für 100,00 EUR in 360 Tagen 6,00 EUR Zinsen
Für 2460,00 EUR in 95 Tagen x EUR Zinsen

$$x = \frac{6 \cdot 2460 \cdot 95}{100 \cdot 360}$$

durch Umstellung erhält man

$$x = 38{,}95 \text{ EUR}$$

Berechnung der Tageszinsen mithilfe der Kaufmännischen Zinsformel:

$$\text{Tageszinsen} = \frac{\text{Kapital} \cdot \text{Zinssatz} \cdot \text{Tage}}{100 \cdot 360}$$

abgekürzt:

$$Z = \frac{K \cdot p \cdot t}{100 \cdot 360}$$

Ergebnis: Der Überweisungsbetrag lautet über 2498,95 EUR (2460,00 EUR + 38,95 EUR).

Übungsaufgabe[1]

97 1. Berechnen Sie die Laufzeit eines Kredits nach der Kaufmännischen Zinsrechnung:

1.1	vom 6. Febr.	–	28. Febr.	1.5	vom 13. Juli	–	1. Mai
1.2	vom 17. April	–	1. Aug.	1.6	vom 30. Jan.	–	29. Febr.
1.3	vom 28. Sept.	–	31. Dez.	1.7	vom 23. Nov.	–	5. Juni
1.4	vom 19. Nov.	–	20. Dez.	1.8	vom 10. Dez.	–	1. April.

2. Wie viel EUR betragen die Rückzahlungsbeträge einschließlich Zinsen bei den nachfolgenden Krediten?

   2.1 5800,00 EUR vom 31. Mai – 2. Aug., Zinssatz $4^3/_4$ %

   2.2 14760,00 EUR vom 19. Sept. – 5. März, Zinssatz 8 %

   2.3 945,00 EUR vom 30. Jan. – 3. April, Zinssatz $2^1/_4$ %

3. Franz Marget schuldet seinem Freund Heinz Mennel 2480,00 EUR seit dem 12. April.

   Wie viel EUR Verzugszinsen muss Franz Marget seinem Freund Heinz Mennel am 1. Juni bei einem Zinssatz von $6^1/_2$ % überweisen, wenn die Zinsberechnung nach der BGB-Zinsformel[2] erfolgt (kein Schaltjahr)?

4. Ein Kaufmann bittet einen Lieferer um Stundung des Rechnungsbetrages vom 15. Januar – 8. April. Der Rechnungsbetrag beläuft sich auf 10580,00 EUR. Der Lieferer stimmt zu und berechnet für die Stundungszeit $5^1/_4$ % Zinsen.

   Wie viel EUR beträgt der zu zahlende Rechnungsbetrag einschließlich Zinsen, wenn die Zinsberechnung nach der Euro-Zinsformel[3] erfolgt (kein Schaltjahr)?

5. Eine Liefererrechnung über 2150,00 EUR, fällig am 20. Juli, wurde durch ein Versehen der Buchhaltung nicht rechtzeitig gezahlt. Am 10. September erfolgt eine Mahnung des Lieferers. Der Lieferer fordert 5 % Verzugszinsen und Ersatz seiner Auslagen in Höhe von 10,80 EUR.

   Über welchen EUR-Betrag lautet die Mahnung?

6. Der Möbelhändler August Braun e.Kfm. geht am 25. September die Kundenkonten durch und stellt fest, dass der Kunde Emil Mayr eine am 13. Mai fällige Rechnung über 630,00 EUR noch nicht beglichen hat.

   Über welchen EUR-Betrag ist die Mahnung auszuschreiben, wenn der Möbelhändler 6 % Verzugszinsen berechnet?

7. Igor Wetzel begleicht ein privates Darlehen seines Bekannten Fabian Pröll über 1224,00 EUR, fällig am 15. April, nicht.

   Welchen EUR-Betrag kann Fabian Pröll am 20. Juni fordern, wenn 6,6 % Verzugszinsen und 6,50 EUR Mahnkosten in Rechnung gestellt werden sollen? Die Berechnung der Zinsen erfolgt nach der BGB-Zinsformel. Es liegt ein Schaltjahr vor.

---

1 Sofern keine andere Angabe vorgegeben wird, gehen wir bei allen nachfolgenden Aufgaben von der **Kaufmännischen Zinsberechnung** aus.

2 Vgl. hierzu S. 171.

3 Vgl. hierzu S. 171.

8. Ein Sparguthaben wird mit 3,5 % verzinst. Zu Beginn des Jahres betrug das Guthaben 5 200,00 EUR. Am 20. Mai erfolgte eine Einzahlung von 1 300,00 EUR.

   Wie viel EUR an Zinsen werden uns am 31. Dezember von der Bank gutgeschrieben?

9. Ein Großhändler erweitert zum 15. Okt. sein Geschäft. Dazu nahm er am 1. Okt. bei seiner Hausbank einen Kredit von 30 000,00 EUR auf, der mit 8,25 % zu verzinsen ist.

   Wie viel EUR beträgt seine Schuld einschließlich Zinsen zum 21. September des folgenden Jahres, wenn der Zinssatz am 10. Februar auf 8,75 % angehoben worden ist und der Großhändler am 10. Februar 18 000,00 EUR zurückgezahlt hat? Die Berechnung der Zinsen erfolgt nach der Euro-Zinsformel. Es liegt ein Schaltjahr vor.

10. Ein Kaufmann erhält am 5. November von seiner Bank ein Darlehen über 20 000,00 EUR. Am 26. Februar des folgenden Jahres zahlt er 7 500,00 EUR, am 15. März 5 000,00 EUR und am 1. April weitere 2 000,00 EUR zurück. Am 23. April tilgt er den Rest. Der Zinssatz betrug bis zum 15. März $6\frac{2}{3}$ %, danach $7\frac{1}{2}$ %.

    Wie teuer kommt dem Kaufmann der gesamte Kredit, wenn die Bank noch eine einmalige Bereitstellungsgebühr von 1 % aus der Kreditsumme verlangt?

2.6.3 Berechnung der Größen Kapital, Zinssatz und Zeit

2.6.3.1 Berechnung des Kapitals

Beispiel:

Ein Kaufmann erhält am 28. Februar von einem Lieferer für eine nicht rechtzeitig bezahlte Lieferung eine Rechnung über 278,10 EUR Verzugszinsen. Der Lieferer rechnete mit einem Zinssatz von 6 %. Die Liefererrechnung ist am 15. November des Vorjahres fällig gewesen.

Aufgabe:
Über welchen EUR-Betrag lautete die Rechnung?

Lösung:

Gegeben:	Zinsen:	278,10 EUR
	Zinssatz:	6 %
	Zeit:	15. November – 28. Februar = 103 Tage
Gesucht:	Kapital:	?

6,00 EUR in 360 Tagen bei 100,00 EUR
278,10 EUR in 103 Tagen bei x EUR

$$x = \frac{100 \cdot 278{,}10 \cdot 360}{6 \cdot 103}$$

durch Umstellung erhält man

Berechnung des Kapitals mithilfe der Kaufmännischen Zinsformel:[1]

$$\text{Kapital} = \frac{\text{Zinsen} \cdot 100 \cdot 360}{\text{Tage} \cdot \text{Zinssatz}}$$

$$x = \underline{\underline{16\,200{,}00 \text{ EUR}}}$$

Ergebnis: Die Rechnung lautete über 16 200,00 EUR.

1 **BGB-Zinsformel:**

$$\text{Kapital} = \frac{\text{Zinsen} \cdot 100 \cdot 365\,(366)}{\text{Tage}\,(28, 29, 30, 31) \cdot \text{Zinssatz}}$$

Euro-Zinsformel:

$$\text{Kapital} = \frac{\text{Zinsen} \cdot 100 \cdot 360}{\text{Tage}\,(28, 29, 30, 31) \cdot \text{Zinssatz}}$$

Anmerkung: Herleitung der Formel aus der allgemeinen Zinsformel:

$Z = \frac{K \cdot p \cdot t}{100 \cdot 360}$ oder: $Z \cdot 100 \cdot 360 = K \cdot p \cdot t$

oder: $\frac{Z \cdot 100 \cdot 360}{t \cdot p} = K$

oder: $K = \frac{Z \cdot 100 \cdot 360}{t \cdot p}$

Übungsaufgabe

98 1. Berechnen Sie das Kapital aufgrund der nachfolgenden Angaben!

Nr.	Zinsen	vom – bis	Zinsfuß
1.1	16,20 EUR	15. April – 1. Juli	$4^1/_2$ %
1.2	184,40 EUR	1. Juni – 31. Oktober	8 %
1.3	144,20 EUR	22. Juni – 10. Dezember	$5^3/_4$ %
1.4	290,50 EUR	17. Januar – 31. März	$3^1/_3$ %
1.5	52,70 EUR	2. Februar – 29. Februar	$6^2/_3$ %

2. Welchen Sparbetrag muss man bei $6^1/_2$ %iger Verzinsung anlegen, damit man nach vier Monaten eine Zinsgutschrift von 220,35 EUR erhält?

3. Der Pächter einer Lagerhalle muss für die Zeit vom 2. April – 18. Juli eine Pachtsumme von 10800,00 EUR entrichten. Der Pacht ist der Gedanke zugrunde gelegt, dass sich das Objekt zu $5^3/_4$ % verzinsen soll. Die Berechnung erfolgt nach der BGB-Zinsformel. Kein Schaltjahr.

   Mit welchem Wert wurde die Lagerhalle angesetzt?

4. Ein säumiger Kunde überweist einem Lieferer insgesamt 431,00 EUR. Dieser Betrag enthält 8 % Verzugszinsen für 56 Tage sowie 5,40 EUR für Auslagen.

   Wie viel EUR betrug der Rechnungsbetrag?

5. Zum Kauf eines Lieferwagens nimmt der Zeitungsgroßhändler Klug am 15. Januar ein Darlehen zu $8^1/_2$ % bei seiner Hausbank auf. Er zahlt es am 21. Juli zurück. Für das Darlehen muss er 604,50 EUR Zinsen bezahlen. Die Abrechnung erfolgt nach der Euro-Zinsformel. Kein Schaltjahr.

   Wie viel EUR betrug das Darlehen?

6. Ein Kaufmann hat am 17. Juli einen Kredit zu $7^1/_5$ % in Anspruch genommen. Der Kredit wurde am 2. Dezember zuzüglich 145,80 EUR Zinsen zurückgezahlt. Die Zinsberechnung erfolgt nach der Euro-Zinsformel. Es liegt ein Schaltjahr vor.

   Wie viel EUR betrug der Kredit?

7. Eine Fahrradreparaturwerkstatt wird zum Verkauf angeboten. Der durchschnittliche monatliche Reingewinn beläuft sich auf 4500,00 EUR. Für langfristig angelegtes Kapital beträgt der Zinssatz derzeit 6 %.

   Wie viel EUR würde ein Käufer bei diesen Voraussetzungen höchstens bezahlen?

8. Der Kaufmann Fritz Alt möchte sich zur Ruhe setzen. Er möchte sein Geschäft verkaufen und den Erlös so anlegen, dass er monatlich 3250,00 EUR Zinserträge erhält.

   Welchen Erlös muss er beim Verkauf seines Geschäftes erzielen, wenn er mit einer durchschnittlichen Verzinsung der Anlage von 4,8 % rechnet?

2.6.3.2 Berechnung des Zinssatzes

(1) Berechnung des Nominalzinssatzes nach der Kaufmännischen Zinsrechung

Beispiel:

Für die verspätete Zahlung einer Liefererrechnung in Höhe von 6150,00 EUR wird ein Kaufmann vom Lieferer mit Verzugszinsen in Höhe von 51,25 EUR belastet. Der Zahlungstermin wurde um 60 Tage überschritten.

Aufgabe:
Welchen Zinssatz legte der Lieferer zugrunde?

Lösung:

Gegeben: Zinsen: 51,25 EUR
Kapital: 6150,00 EUR
Tage: 60 Tage

Gesucht: Zinssatz: ?

Für 6150,00 EUR in 60 Tagen 51,25 EUR Zinsen
Für 100,00 EUR in 360 Tagen x EUR Zinsen

$$x = \frac{51{,}25 \cdot 100 \cdot 360}{6\,150 \cdot 60}$$

Berechnung des Zinssatzes mithilfe der Kaufmännischen Zinsformel:[1]

$$\text{Zinssatz} = \frac{\text{Zinsen} \cdot 100 \cdot 360}{\text{Kapital} \cdot \text{Tage}}$$

x = 5,00 EUR für 100,00 EUR Kapital im Jahr; d.h., der Zinssatz beträgt 5 %.

Ergebnis: Der zugrunde gelegte Zinssatz des Lieferers beträgt 5 %.

Anmerkung: Herleitung der Formel aus der allgemeinen Zinsformel:

$$Z = \frac{K \cdot p \cdot t}{100 \cdot 360} \quad \text{oder:} \quad Z \cdot 100 \cdot 360 = K \cdot p \cdot t$$

$$\text{oder:} \quad \frac{Z \cdot 100 \cdot 360}{K \cdot t} = p$$

$$\text{oder:} \quad p = \frac{Z \cdot 100 \cdot 360}{K \cdot t}$$

1 **BGB-Zinsformel:**

$$\text{Zinssatz} = \frac{\text{Zinsen} \cdot 100 \cdot 365\,(366)}{\text{Kapital} \cdot \text{Tage}\,(28, 29, 30, 31)}$$

Euro-Zinsformel:

$$\text{Zinssatz} = \frac{\text{Zinsen} \cdot 100 \cdot 360}{\text{Kapital} \cdot \text{Tage}\,(28, 29, 30, 31)}$$

Übungsaufgabe

99 1. Berechnen Sie den Zinssatz aufgrund der nachfolgenden Angaben!

Nr.	Kapital	von – bis	Zinsen
1.1	3440,80 EUR	23. März – 29. Juli	59,70 EUR
1.2	790,50 EUR	2. Januar – 15. Mai	22,70 EUR
1.3	12970,00 EUR	15. November – 1. März	294,20 EUR
1.4	2150,80 EUR	31. März – 29. Mai	24,10 EUR
1.5	48500,00 EUR	13. März – 30. Juli	681,50 EUR

2. Ein Hersteller hat ein Kapital von 45000,00 EUR als Termingeld vom 15. Februar – 30. Juni bei der Bank angelegt und erhält eine Zinsgutschrift von 911,25 EUR.

   Welcher Zinssatz war vereinbart?

3. Zu welchem Zinssatz war ein Kapital von 43200,00 EUR ausgeliehen, das vom 15. Januar bis zum 5. September 2 070,00 EUR Zinsen brachte? Die Zinsberechnung erfolgt nach der BGB-Zinsformel. Kein Schaltjahr.

4. Zu welchem Zinssatz war ein Kapital von 18500,00 EUR ausgeliehen, das vom 12. Mai bis zum 18. Dezember 777,00 EUR Zinsen brachte?

5. Ein Kaufmann zahlt am 20. Juni ein Darlehen einschließlich der Zinsen mit 6394,44 EUR zurück, das er am 11. März in Höhe von 6240,00 EUR aufgenommen hatte.

   Zu welchem Zinssatz hatte er das Darlehen aufgenommen?

6. Eine Bank räumte einem Kunden einen kurzfristigen Kredit in Höhe von 10000,00 EUR ein, den dieser vom 15. Juni bis 30. August beanspruchte. Am 30. August zahlte der Kunde einschließlich der Zinsen 10250,00 EUR zurück. Die Zinsberechnung erfolgt nach der Euro-Zinsformel.

   Wie viel Prozent betrug der Zinssatz?

7. Die Grundsteuer über 6400,00 EUR, fällig am 26. Februar, wird am 8. April einschließlich Verzugszinsen mit 6444,80 EUR bezahlt. Die Zinsberechnung erfolgt nach der BGB-Zinsformel. Kein Schaltjahr.

   Wie viel Prozent Verzugszinsen wurden berechnet?

8. Ein Hersteller gewährt einem Kunden 30 Tage Ziel für die Bezahlung der gelieferten Waren im Werte von 11250,00 EUR mit Rechnungsdatum vom 14. September. Der Kunde zahlt die Rechnung am 29. Dezember einschließlich 187,50 EUR Verzugszinsen.

   Wie viel Prozent Verzugszinsen wurden berechnet?

9. Der Großhändler Friedrich Gut hat auf dem Geschäftsgebäude eine Grundschuld über 85400,00 EUR eingetragen. An Zinsen werden vierteljährlich 1708,00 EUR fällig.

   Zu welchem Zinssatz muss die Grundschuld verzinst werden?

10. Die Industriewerke Franz AG erhalten vom Rohstofflieferer eine Rechnung über 10720,00 EUR, zahlbar innerhalb 30 Tagen netto, Rechnungsdatum 2. Nov. 20.. Die Industriewerke AG zahlen erst am 17. März des folgenden Jahres auf eine Mahnung des Rohstofflieferers, der 187,60 EUR Verzugszinsen berechnet.

    Welchen Zinssatz hat der Rohstofflieferer bei der Berechnung der Verzugszinsen zugrunde gelegt?

12 Waltermann-Speth - ISBN 978-3-8120-0458-9

(2) Berechnung des Effektivzinssatzes

Bei der Aufnahme von Krediten werden den Kreditnehmern in der Regel nicht nur Zinsen, sondern auch eine Bearbeitungsgebühr sowie sonstige Kosten wie Auslagen für Porto u. a. berechnet.

Um alternative Kreditangebote vergleichen zu können, ist es sinnvoll, die gesamten Kreditkosten als Zinssatz auszudrücken, um so den tatsächlichen Zinssatz, d. h. den Effektivzinssatz, zu erhalten.

Die Bank kann mit dem Kreditnehmer einen geringeren Auszahlungsbetrag (z. B. 98 %) im Vergleich zur beantragten Kreditsumme (100 %) vereinbaren. Der nicht ausbezahlte Prozentsatz (z. B. 2 %) wird **Damnum (Disagio)** oder **Abschlag** genannt. Da der Nominalzins aus 100 % der Kreditsumme berechnet wird und auch 100 % getilgt werden müssen – also Auszahlungsbetrag + Damnum –, stellt das Damnum einen **zusätzlichen Zinsaufwand** dar und führt somit zu einer **höheren Effektivverzinsung.**

Beispiel:

Für einen Kredit in Höhe von 90000,00 EUR, der für 180 Tage in Anspruch genommen werden soll, berechnet die Stadtsparkasse Stuttgart 3% Zinsen und ein Disagio von 2%.

Aufgabe:

Wie viel Prozent beträgt der effektive Zinssatz?

Lösung:

Berechnung der tatsächlichen Kreditkosten

3% Zinsen von 90000,00 EUR für 180 Tage	1350,00 EUR
2% Disagio	1800,00 EUR
Kreditkosten insgesamt	3150,00 EUR

Berechnung des Effektivzinssatzes

$$\text{Effektiver Zinssatz} = \frac{3150 \cdot 100 \cdot 360}{88200 \cdot 180} = \underline{\underline{7{,}14\,\%}}$$

Ergebnis: Der Kredit kostet 3 % nominal und 7,14 % effektiv.

$$\text{Effektiver Zinssatz} = \frac{\text{Kreditkosten} \cdot 100 \cdot 360}{\text{Auszahlungsbetrag} \cdot \text{Tage}}$$

Übungsaufgabe

100 1. Ein Kredit über 10000,00 EUR wird nach 5 Jahren getilgt. Der Zinssatz beträgt 8%, das Damnum 5%.

Wie viel Prozent beträgt der effektive Jahreszinssatz?

2. Für die Erweiterung des Lagers benötigt ein Kaufmann für die Zeit vom 15. März – 20. Oktober einen Kredit in Höhe von 32000,00 EUR. Auf seine Anfrage erhält der Kaufmann folgende Angebote:

1. Angebot: 9,75 % Zinsen + 0,3 % Bearbeitungsgebühr von der Kreditsumme + 24,67 EUR Auslagenersatz.

2. Angebot: 7,75 % Zinsen + 0,8 % Bearbeitungsgebühr von der Kreditsumme.

Bei beiden Angeboten wird die Bearbeitungsgebühr jeweils von der Kreditsumme einbehalten.

Berechnen Sie für beide Angebote den Effektivzinssatz, wenn die Zinsberechnung nach der Euro-Zinsformel erfolgt!

(3) Umwandlung des Skontosatzes in einen Zinssatz

Der Skonto ist die Vergütung für den Verzicht auf das vom Lieferer gewährte Zahlungsziel. Da der Skonto in einem Prozentsatz, die Kosten für andere Kreditarten aber in einem Zinssatz angegeben werden, ist ein Kostenvergleich nur möglich, wenn man den Prozentsatz für den Skonto in einen effektiven Zinssatz umwandelt.

Beispiel 1:

Ein Großhändler erhält aufgrund einer Lieferung eine Rechnung über 2000,00 EUR. Die Zahlungsbedingungen lauten: zahlbar innerhalb von 10 Tagen mit 2% Skonto oder Zahlungsziel 30 Tage rein netto.

Aufgabe:

Welchem Zinsfuß entspricht der gewährte Skonto von 2%?

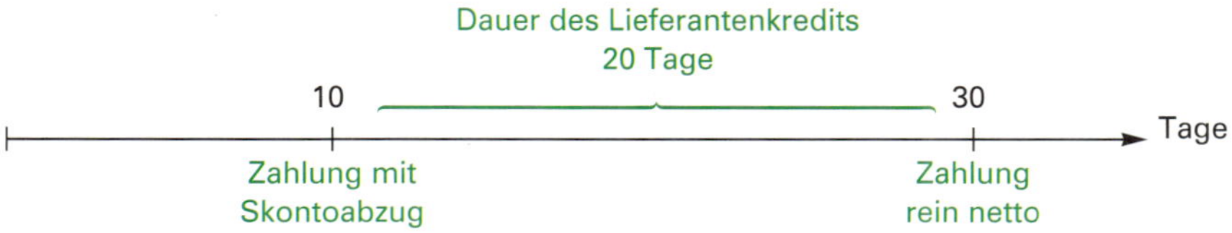

Um den Skonto in Anspruch nehmen zu können, genügt es, wenn die Rechnung am 10. Tag nach der Ausstellung beglichen wird. Der Skonto wird also dafür gewährt, dass 20 Tage vor Ablauf des Zahlungsziels gezahlt wird. Unter Berücksichtigung, dass sich der Zinssatz immer auf ein Jahr (360 Tage) bezieht, erhalten wir für die Umrechnung des Skontosatzes in einen effektiven Zinssatz folgenden Ansatz.

Lösung:

In 20 Tagen erhalten wir 2%
In 360 Tagen erhalten wir x%

$$x = \frac{2 \cdot 360}{20} = \underline{\underline{36\,\%}}$$

Ergebnis:

Dem Skontosatz von 2% für 20 Tage entspricht nach einer allgemein angewandten groben **Faustformel** ein Zinssatz von 36%.

$$\text{Zinssatz} = \frac{\text{Skontosatz} \cdot 360}{(\text{Zahlungsziel} - \text{Skontofrist})}$$

Bei einer genauen Umrechnung des Skontosatzes in einen Zinssatz ist im Zähler statt des Skontosatzes der Skontobetrag und im Nenner die effektiv beanspruchte Kredithöhe in die Berechnungsformel einzubeziehen.

$$\text{Zinssatz} = \frac{\text{Skontobetrag} \cdot 100 \cdot 360}{(\text{Rechnungsbetrag} - \text{Skontobetrag}) \cdot (\text{Zahlungsziel} - \text{Skontofrist})}$$

$$\text{Zinssatz} = \frac{40 \cdot 100 \cdot 360}{1960 \cdot 20} = \underline{\underline{36{,}73\,\%}}$$

Fehlt ein absoluter Betrag, dann kann folgende Formel angewandt werden:

$$\text{Zinssatz} = \frac{\text{Skontosatz} \cdot 360}{\frac{100 - \text{Skontosatz}}{100} \cdot (\text{Zahlungsziel} - \text{Skontofrist})}$$

Wegen der hohen Kosten, die der Verzicht auf eine Zahlung mit Skontoabzug für einen Kaufmann bedeutet, sollte er immer bestrebt sein, seine Rechnungen unter Abzug von Skonto zu begleichen. Da dem Prozentsatz für den Skonto ein sehr hoher Zinssatz entspricht, ist eine Zahlung mit Skontoabzug im Allgemeinen auch dann vorteilhaft, wenn man sich die für die vorzeitige Zahlung erforderlichen Mittel durch einen Bankkredit beschaffen muss.

Beispiel 2:

Angenommen, dem Großhändler fehlen die nötigen Finanzmittel, um die Rechnung aus Beispiel 1 (vgl. S. 179) innerhalb der Skontofrist begleichen zu können.

Aufgabe:
Lohnt es sich für den Großhändler zur Ausnutzung des Skontos einen entsprechenden Bankkredit in Anspruch zu nehmen, wenn die Bank (einschließlich aller Kosten) 12 % Zinsen verlangt?

Lösung:

Rechnungsbetrag	2000,00 EUR
– 2 % Skonto	40,00 EUR
Zahlung (benötigter Kredit)	1960,00 EUR

Gegeben: benötigter Kredit (Kapital) 1960,00 EUR
Kreditzeit 20 Tage
Zinssatz 12 %

Gesucht: Zinsen: ?

$$\text{Zinsen} = \frac{1960 \cdot 12 \cdot 20}{100 \cdot 360} = \underline{\underline{13{,}07 \text{ EUR}}}$$

Die Kosten für den beanspruchten Bankkredit betragen 13,07 EUR.

Skontoertrag bei vorzeitiger Zahlung	40,00 EUR
– Kosten des Bankkredits für 20 Tage	13,07 EUR
Nettoersparnis	26,93 EUR

Ergebnis:
Trotz des benötigten Bankkredits für die vorzeitige Zahlung hat der Großhändler noch eine Nettoersparnis in Höhe von 26,93 EUR.

Übungsaufgabe

101 1. Welchem Jahreszinsfuß entspricht der jeweils gewährte Skontoabzug in den folgenden Zahlungsbedingungen?

1.1 Zahlbar innerhalb von 8 Tagen mit 2 % Skonto oder innerhalb von 30 Tagen rein netto.

1.2 Zahlbar innerhalb von 10 Tagen mit 3 % Skonto oder innerhalb von 60 Tagen rein netto.

2. Neben Zinsen verlangt ein Kreditinstitut noch eine Bearbeitungsgebühr von $1\frac{1}{4}$ %.

Welchem Zinssatz entspricht die Bearbeitungsgebühr, wenn wir den Kredit für 6 Monate beanspruchen?

3. Der Eisenhandlung Klier OHG werden von einem Lieferer folgende Zahlungsbedingungen eingeräumt: „Zahlbar innerhalb 30 Tagen netto oder innerhalb 10 Tagen mit 3 % Skonto."

3.1 Welchem Jahreszinsfuß entspricht der Skontosatz von 3 %?

3.2 Der Rechnungsbetrag für einen Wareneinkauf beträgt 8125,00 EUR.
Wie viel EUR spart die Klier OHG bei Ausnutzung des Skontos, wenn sie für die Zahlung einen Bankkredit mit einer Verzinsung von 9,5 % in Anspruch nimmt?

4. Eine Maschinenfabrik erhält von ihrem Vorprodukte-Lieferer folgende Rechnung:

Rechnungsdatum 4. Oktober 01, Rechnungsbetrag einschließlich 19% Umsatzsteuer 10720,00 EUR, zahlbar innerhalb 30 Tagen netto oder innerhalb 8 Tagen mit 3% Skonto.

4.1 Welchem Jahreszinssatz entspricht der Skontosatz von 3% bei den gegebenen Zahlungsbedingungen?

4.2 Die Maschinenfabrik zahlt erst am 19. Februar 02 nach einer Mahnung. Der Lieferer berechnet 275,20 EUR Verzugszinsen.
Welchen Zinssatz hat der Lieferer bei der Berechnung der Verzugszinsen zugrunde gelegt?

4.3 Wie viel EUR hätte die Maschinenfabrik bei rechtzeitiger Zahlung unter Ausnutzung des Skontos bei der Inanspruchnahme eines Bankkredites zu 9,5% sparen können? Dabei ist davon auszugehen, dass der Bankkredit nur für die Zeit des Zahlungsziels (30 Tage – 8 Tage Skontofrist) benötigt wird.

2.6.3.3 Berechnung der Zeit

Beispiel:

Ein Kaufmann hat einem Kunden am 15. Januar eine Rechnung in Höhe von 4500,00 EUR zu einem Zinssatz von 6,5% gestundet. Der Rückzahlungsbetrag einschließlich Zinsen beträgt 4682,00 EUR.

Aufgaben:

1. Wie viel Tage wurde die Stundung gewährt?
2. Zu welchem Zeitpunkt ist der Rechnungsbetrag zurückgezahlt worden?

Lösungen:

Gegeben: Kapital: 4500,00 EUR
Zinssatz: 6,5%
Zinsen: 182,00 EUR

Gesucht: Tage: ?

Für 100,00 EUR erhält man 6,50 EUR in 360 Tagen
Für 4500,00 EUR erhält man 182,00 EUR in x Tagen

$$x = \frac{360 \cdot 100 \cdot 182}{4500 \cdot 6{,}5}$$

$$x = \underline{\underline{224 \text{ Tage}}}$$

durch Umstellung erhält man →

Berechnung der Tage mithilfe der Kaufmännischen Zinsformel:[1]

$$\text{Tage} = \frac{\text{Zinsen} \cdot 100 \cdot 360}{\text{Kapital} \cdot \text{Zinssatz}}$$

Ergebnis: 1. Der Rechnungsbetrag wurde 224 Tage gestundet.
2. Rückzahlungstermin: 15. Januar + 224 Tage = 29. August

Anmerkung: Herleitung der Formel aus der allgemeinen Zinsformel:

$$Z = \frac{K \cdot p \cdot t}{100 \cdot 360} \quad \text{oder:} \quad Z \cdot 100 \cdot 360 = K \cdot p \cdot t$$

$$\text{oder:} \quad \frac{Z \cdot 100 \cdot 360}{K \cdot p} = t$$

$$\text{oder:} \quad t = \frac{Z \cdot 100 \cdot 360}{K \cdot p}$$

1 **BGB-Zinsformel:** $\text{Tage} = \frac{\text{Zinsen} \cdot 100 \cdot 365\ (366)}{\text{Kapital} \cdot \text{Zinssatz}}$

Die **Euro-Zinsformel** entspricht der Kaufmännischen Zinsformel.

Übungsaufgabe

102 1. Wie viele Tage war das Kapital ausgeliehen?

Nr.	Kapital	Zinssatz	Zinsen
1.1	7800,00 EUR	$2^3/_8$ %	63,90 EUR
1.2	287,40 EUR	$3^1/_2$ %	5,60 EUR
1.3	2610,00 EUR	$6^1/_4$ %	68,40 EUR

2. Zu welchem Zeitpunkt ist ein Sparkapital von 2500,00 EUR, das am 2. April bei einer Bank zu $5^1/_4$ % angelegt wird, auf 2620,00 EUR angewachsen?

3. Am 20. August wurde eine Rechnung über 1680,00 EUR einschließlich 6 % Verzugszinsen mit 1 695,96 EUR beglichen.
   Zu welchem Zeitpunkt war die Rechnung fällig?

4. An welchem Tag wurde ein Kapital in Höhe von 8400,00 EUR ausgeliehen, das am 20. November einschließlich 5 % Zinsen mit 8522,50 EUR zurückbezahlt wurde?

5. Eine Kundin zahlt am 20. April eine Rechnung über 216,00 EUR zuzüglich 7 % Verzugszinsen mit 220,62 EUR.
   An welchem Tag war die Rechnung zur Zahlung fällig?

6. Die Kreissparkasse gewährte einer Verkäuferin zur Finanzierung eines Pkws ein Darlehen über 5400,00 EUR. Der Zinssatz betrug 7,5 %. Die Verkäuferin zahlte das Darlehen am 5. September zurück und entrichtete zusätzlich 63,00 EUR Zinsen.
   An welchem Tag hatte sie das Darlehen aufgenommen?

7. An welchem Tag war eine Rechnung über 15800,00 EUR fällig, wenn am 17. August dafür einschließlich 6 % Verzugszinsen 15971,16 EUR berechnet werden?

8. Eine Möbelfabrik zahlt am 15. Mai ein Darlehen über 13200,00 EUR mit 13450,80 EUR (einschließlich 9,5 % Zinsen) an die Bank zurück.
   An welchem Tag wurde das Darlehen aufgenommen?

9. Ein Kapital von 27000,00 EUR wurde einschließlich $5^2/_3$ % Zinsen am 30. November mit 27850,00 EUR zurückbezahlt.
   Wann wurde das Kapital ausgeliehen?

10. Zur Erweiterung seines Sortiments nimmt ein Großhändler am 12. Juni bei seiner Bank einen Kredit in Höhe von 9000,00 EUR zu einem Zinssatz von 7 % auf.
    An welchem Tage wurde der Kredit einschließlich Zinsen in Höhe von zusammen 9472,50 EUR zurückgezahlt?

11. Wir haben bei unserer Hausbank ein Darlehen in Höhe von 18000,00 EUR in Anspruch genommen. Die Bank berechnet $10^1/_2$ % Zinsen. An Zinsen wurden uns 341,25 EUR belastet.
    Für wie viele Tage haben wir das Darlehen aufgenommen?

12. Ein Kaufmann hat am 18. Januar einen Kredit einschließlich 9 % Zinsen in Höhe von 9576,25 EUR zurückgezahlt.
    An welchem Tag wurde der Kredit über 9400,00 EUR aufgenommen?

13. Ein Kaufmann nimmt einen Kredit in Höhe von 10000,00 EUR auf. Am 30. August zahlt er für diesen Kredit nachträglich 325,56 EUR Zinsen. Am 22. Juni erhöhte sich der Zinssatz von 8 % auf 9 %.
    13.1 Berechnen Sie den Zinsanteil für die Zeit vor und nach der Erhöhung!
    13.2 An welchem Tag hat der Kaufmann den Kredit aufgenommen?

2.6.4 Verschiedene Aufgaben zur Zinsrechnung

103 1. Eine Rechnung über 9600,00 EUR, fällig am 28. März, wird am 10. Mai einschließlich Verzugszinsen mit 9667,20 EUR bezahlt.

Wie viel Prozent Verzugszinsen wurden berechnet?

2. Ein Kaufmann nimmt bei seiner Bank am 1. März ein Darlehen in Höhe von 9500,00 EUR auf. Vereinbarter Zinssatz: 10,5 %.

Wie viel EUR betragen die Kreditzinsen bei der Abrechnung am 30. Juni?

3. Wir haben am 15. April bei unserer Hausbank einen Kredit in Höhe von 12240,00 EUR in Anspruch genommen. Die Bank berechnet 8 % Zinsen. Der Rückzahlungsbetrag einschließlich der Zinsen betrug 12389,60 EUR.

An welchem Tag haben wir den Kredit zurückgezahlt?

4. Zum Kauf eines neuen Lkw nimmt ein Kaufmann am 15. März ein Darlehen zu 9 % bei seiner Bank auf. Er zahlt es am 21. September zurück. Für das Darlehen muss er 1209,00 EUR an Zinsen bezahlen. Die Bank berechnet die Zinsen nach der Euro-Zinsformel.

Wie viel EUR betrug der Kredit?

5. Ein Großhändler hat zur Modernisierung seiner Geschäftsräume vor 8 Monaten ein Darlehen in Höhe von 36000,00 EUR zu 8 % Zinsen aufgenommen. 3 Monate nach der Kreditaufnahme hat er einen Teil des Darlehens in Höhe von 12000,00 EUR zurückgezahlt.

Wie viel EUR sind heute, am Ende der Kreditlaufzeit, an die Bank einschließlich der Zinsen zu zahlen?

6. Ein Rechnungsbetrag über 15300,00 EUR ist am 12. Febr. fällig. Am Fälligkeitstag können nur 6750,00 EUR gezahlt werden. Der Restbetrag wird am 24. April einschließlich 9,5 % Verzugszinsen überwiesen. Für die Berechnung der Zinsen ist die BGB-Zinsformel vereinbart. Es liegt kein Schaltjahr vor.

Wie viel EUR betragen die Verzugszinsen?

7. Ein Kaufmann nahm für die Zeit vom 15. Jan. bis 15. April ein Darlehen zu einem Zinssatz von 7,5 % auf. Bei der Rückzahlung des Darlehens zahlte er 240,00 EUR Zinsen.

7.1 Für wie viele Tage wurde das Darlehen aufgenommen?

7.2 Wie viel EUR betrug das Darlehen?

8. Ein Kaufmann nimmt einen Kredit in Höhe von 30 000,00 EUR für 6 Monate auf. Seine Bank unterbreitet ihm folgendes Angebot:

- 2 % Bearbeitungsgebühr (Disagio) von der Kreditsumme. Das Disagio wird bei der Auszahlung des Kredits einbehalten.
- 8 % Zinsen, fällig bei Rückzahlung des Kredits.
- 85,00 EUR Auslagen, fällig bei Rückzahlung des Kredits.

8.1 Wie viel EUR erhält der Kaufmann ausbezahlt?

8.2 Wie viel EUR betragen die Zinsen bei Rückzahlung des Kredits?

8.3 Wie viel EUR sind am Ende der Kreditlaufzeit insgesamt zurückzuzahlen?

9. Die Moll GmbH nimmt bei ihrer Bank ein Darlehen in Höhe von 20000,00 EUR zu $8^1/_2$ % auf, ein zweites Darlehen zu 9 %. Die Zinsen entrichtet sie halbjährlich für beide Darlehen zusammen. Für das erste Halbjahr hat sie 1930,00 EUR Zinsen zu zahlen.

   Wie viel EUR beträgt das zweite Darlehen?

10. Von unserem Lieferer erhalten wir folgende Zahlungsbedingungen: Zahlbar innerhalb 20 Tagen netto oder innerhalb 8 Tagen mit 2 % Skonto.

   10.1 Welchem Jahreszinsfuß entspricht der Skonto?

   10.2 Der Rechnungsbetrag für einen Wareneinkauf beträgt 1580,00 EUR. Wie viel EUR sparen wir bei Ausnutzung des Skontos, wenn wir für die Zahlung einen Bankkredit in Höhe von $8^3/_4$ % in Anspruch nehmen müssen?

11. Ein Kaufmann erhält von einem Lieferer eine Warenrechnung über 12450,00 EUR, fällig am 15. Mai. Da der Kaufmann erst am 15. Juli über liquide Mittel verfügt, muss er den obigen Betrag fremdfinanzieren.

   Bei der Bank kann der Kaufmann einen Kredit zu einem Zinssatz von 8 % in Anspruch nehmen, Limit 10000,00 EUR.

   Berechnen Sie die Zinsen, wenn die Bank $1^1/_2$ % Überziehungszinsen verlangt! Die Bank berechnet die Zinsen nach der Euro-Zinsformel.

12. Ein Kunde zahlt eine Rechnung über 5520,00 EUR, fällig am 13. April. Am 3. Juli zahlt der Kunde einschließlich Zinsen 5624,26 EUR durch Banküberweisung. Für die Zinsberechnung ist die BGB-Zinsformel vereinbart. Es liegt ein Schaltjahr vor.

   Wie viel Prozent Verzugszinsen haben wir berechnet?

Stichwortverzeichnis